Ursula Leppert

Ich hab eine Eins!
Und du?

Von der Notenlüge zur Praxis
einer besseren Lernkultur

ibress

Vorwort: Dilemma

Eine Schülerin auf dem Gymnasium:
Also mir wurde erst dann geholfen, als es schon klar
war, dass ich durchfliege. Dann haben sie geschaut, auf
welche Schule ich noch gehen könnte. Aber davor bin ich
eher untergegangen.

Ein Lehrer:
Kleine Kinder lernen für die Lehrerin und für die Mama.
Sie lernen aus Liebe. Eine schlechte Note bedeutet dann:
Es war nicht genug.

Ein Schüler auf der Fachoberschule:
Also ich war vorher auf dem Gymnasium und hab's nicht
geschafft und dann hab ich die M 10 der Hauptschule
besucht. Mein Lehrer wusste natürlich, dass ich vorher
auf dem Gymnasium war und der hat dann zu mir
gesagt: Du schaffst es nicht auf die FOS. Das kannst du
gleich vergessen. M-Zweig, hier ist Schluss. Ich hab ihm
dann per E-Mail mein FOS-Zwischenzeugnis geschickt.
Ich hatte da einen Schnitt von 2,8. Aber bis heute habe
ich keine Reaktion erhalten.

Eine Abiturientin mit einem Einser-Abitur:
Ich mag Noten nicht so. Ich habe mich immer unter
Druck gesetzt gefühlt, wenn man eben merkt, dass
Noten wie Einstufungen sind und ich habe ein Problem
damit, dass Menschen immer in Raster gesteckt werden.
Ich finde es auch bei mir problematisch, dass ich dann
bloß als besonders gut und als besonders intelligent
angesehen werde. Natürlich kann man jetzt keine
Analphabetin sein, wenn man 1,0 hat. Aber 1,0 sagt
nur, dass ich irgendwelche Prüfungen irgendwie hinge-
schrieben habe und dass irgendwelche Menschen diese
Prüfung bewertet haben, mit Note 1,0 letztendlich. Die
Note sagt aber über bestimmte Fähigkeiten und sagt vor
allem über den Menschen überhaupt nichts aus.

Ein Hauptschüler nach einem Assessment:
Wieso bin ich auf der Hauptschule? Ich wusste viel mehr
als die Gymnasiasten!

**Ein Schüler auf der Fachoberschule über seine Zeit
auf dem Gymnasium:**
Es wurden immer die guten Leute mehr gefördert und

die anderen sind schon durch die großen Klassen einfach nicht gesehen worden. Und irgendwann habe ich dann den Anschluss verpasst. Und das war schon schwer, sich da wieder hochzuarbeiten. Das musste ich dann alleine machen, da hat mich keiner gefördert. Es gab nur so Sprüche: Bei dir schaut's schlecht aus, lern mal mehr, du bist doch nicht doof.

Eine Mutter über ihren Sohn:
Mangel an Konzentration wird immer als Schwäche der Kinder dargestellt, nie als Schwäche des Unterrichts. Dass die Lehrerin langweiligen Unterricht macht. Auch dass der Test uninteressant ist. Das bringt für mich einen Zweifel, was dieses ADS überhaupt für einen Stellenwert hat. Sind diese Kinder wirklich krank – oder ist unser System einfach krank?
Wir bieten den Kindern vielleicht nicht das an, was sie in ihre Konzentration bringen kann. Wollen wir stattdessen etwas von ihnen, was in ihr momentanes Leben überhaupt nicht passt? In ihre geistige oder motorische Entwicklung nicht passt?

Ein Schüler auf der Fachoberschule:
Das wirklich Schlimme ist, dass die Lehrer einem selbst und auch den Eltern vermitteln, dass man faul ist. Und dabei hat man einfach nur Schwierigkeiten den Stoff zu verstehen, auch wenn man sich anstrengt. Da baut sich auch noch von den Eltern Druck auf, weil die glauben, dass man zu wenig tut.
Und wenn man dann eine schlechte Note bekommt, wird sofort das Vorurteil, dass man eben faul ist, bestätigt. Und so schaukelt sich das hoch, und irgendwann hat man einfach keine Lust mehr auf die Fächer. Irgendwann resigniert man dann.

Ein Kultusminister:
Natürlich gibt es den Hauptschüler, den Realschüler, den Gymnasiasten.

Eine junge Lehrerin über ihre Referendarzeit:
In den Seminarsitzungen haben wir viel theoretisches Material an die Hand bekommen. Es war wie in der Schule. Wir haben viel diktiert bekommen und wir haben mitgeschrieben. Und in der Theorie war das von den

Didaktikern wunderbar geschrieben, aber das hatten wir
ja alles schon in der Uni durchgenommen. Jetzt wäre
es wichtig gewesen uns zu zeigen, wie man all diese
schönen Ideen auf die Praxis überträgt. Und das haben
wir nicht bekommen. Also, wenn ich mein Gefühl und
meine Ideen nicht hätte, dann weiß ich nicht, wo ich
gelandet wäre.

**Eine Schülerin auf der Fachoberschule über ihre
Schullaufbahn:**
Dann hab ich die Siebte auf der Hauptschule gemacht. Da
hatte ich einen Einser-Schnitt und bin auf die Realschule
gegangen, ohne Aufnahmeprüfung. Nach der Realschule
hatte ich aber den Schnitt für die FOS nicht und musste
wieder eine Aufnahmeprüfung machen und hab sie
geschafft. Und jetzt war ich zum Halbjahreszeugnis
Klassenbeste. Ich kann mir das nicht erklären, dass ich
in einem Jahr so gut und im anderen so schlecht sein
soll. Also für mich hängt das immer vom Lehrer ab. Ich
bin hier die einzige, die eine Aufnahmeprüfung gemacht
hat und dass ich das geschafft habe, dass ich hier so
gut zurechtkomme, das stärkt mein Selbstbewusstsein.
Da bin ich schon stolz drauf. Und das wirkt sich wieder
positiv auf meine Leistungen aus.

FOS – Fachoberschule
M-Zug – Mittlerer-Reife-Zug an der Hauptschule

Vorwort

Messen ist eine alltägliche Angelegenheit. Alles um uns herum vermessen wir, die ganze Welt und das Weltall. Wir messen Längen, Gewichte, Temperaturen, Geschwindigkeiten, die Verteilung von Geldmengen, wie viele Menschen was essen, wie viel sie mit ihren Kindern reden. Und so weiter und so fort. Also – wo ist das Problem?

Schwierig wird es, wenn wir messen wollen, über welche Themen Eltern mit ihren Kindern reden und in welcher Weise. Ermutigend, freundlich, gleichberechtigt? Diese Einschätzung liegt im Ermessen der Eltern, und für dieses Ermessen gibt es keinen Maßstab. In der Schule soll gemessen werden, wie schlau oder wie dumm Kinder sind. Wie gut sie etwas können, und das wird gleich gesetzt, wie gut sie es ausführen, und das wird gleich gesetzt mit „Begabung". Moderner: mit ihrer Kompetenz. Die wird dann gemessen. Mit Noten.

In Deutschland studieren Lehrerinnen und Lehrer fünf Jahre an der Universität, um dann Fehler zu zählen und zu bewerten. Mit einem untauglichen Instrumentarium, denn Noten messen falsch. Das ist seit über 100 Jahren bekannt, wird aber verschwiegen, weil ohne Noten unser Schulsystem zusammenbräche.

Schüler werden dauernd miteinander verglichen, Lehrer selten. Während Kinder und Jugendliche immer wieder aus ihrer Umgebung gerissen werden – am schmerzhaftesten nach der vierten Klasse, aber auch dann, wenn sie nicht „funktionieren" –, bleiben Lehrer hocken, in ihrem Schulhaus, ihrer Schulart, ihrem Bundesland. Und wissen nichts voneinander.

Wir machen den zweiten Schritt vor dem ersten. Der erste muss das Lernen sein: entdecken, erkennen, Ziele setzen, einen Weg sehen. In einer Leistungsschule für alle. Der Blick der Lehrer muss weg vom Fehlersuchen hin zu: Was kannst du? Was ist dein nächster Schritt? Dieser Wechsel der Perspektive verlangt Kooperation mit den Kollegen und Kooperation mit Kindern, Jugendlichen und Eltern. Der erste Schritt ist eine neue Lernkultur, der zweite eine neue Feedbackkultur. Das geht nicht mit Noten, das geht nur mit Worten. Miteinander reden!

Männliche und weibliche Bezeichnungen in der deutschen Sprache sind schwierig und umständlich. In vielen Abhandlungen wird darauf verwiesen, dass die gewohnte männliche Bezeichnung für beide Geschlechter gilt. Da Schule ein weitgehend weibliches Milieu ist, vermitteln die ausschließlich männlichen Bezeichnungen ein falsches Bild. In der Grundschule arbeiten fast nur Lehrerinnen, keine „Lehrer". Auch „der" Schulleiter ist eine Frau. Der Begriff „Schüler" ignoriert die Schülerinnen zu deutlich. Daher gibt es in dieser Abhandlung ein Durcheinander/Nebeneinander von folgenden Formulierungen:

• Lehrer/Schüler, wenn es um sachliche Beziehungen geht.

• LehrerInnen und SchülerInnen verweisen auf beide Geschlechter.

• Lehrende und Lernende ist die politically korrekte Bezeichnung für beide Geschlechter.

• Lehrpersonen, in Südtirol ganz gebräuchlich, sagt deutlicher als Lehrkräfte, dass es um Menschen geht.

I. Kapitel
Die Not mit den Noten

1.
Erster Brief an Lernende

Liebe Susanne, lieber Kevin, liebe Shermin, lieber Philipp, lieber Mahmut, liebe Julia und all ihr anderen!

Es ist früher Nachmittag. Ich sehe euch, wie ihr aus der Schule kommt, heiter, leichtfüßig trotz der schweren Rucksäcke, Stimmengewirr, ihr bildet Grüppchen, plaudert miteinander. Einige rauchen auf der Straße, einige schwingen sich aufs Fahrrad, andere aufs Motorrad, Winken, tschüss und ciao, und dann seid ihr weg wie ein Vogelschwarm. Warum verlasst ihr die Schule so gern? Was ist da sechs, sieben Stunden lang geschehen, dass ihr so froh seid, diesem Haus zu entkommen? In Interviews sagt ihr: Schule ist langweilig. Immer wieder, und so, dass ich als Lehrerin erschrecke, es nicht glauben will: Schule ist langweilig. Immer das gleiche, jeden Tag, Stunde um Stunde.

Ich widerspreche: verschiedene Fächer, verschiedene Themen, manchmal so viele, dass ihr ruft: Nicht so schnell! Ihr besteht darauf: Langeweile. Und das Tempo macht es noch langweiliger, man versteht nicht mal was. Englisch und Kunst, Biologie und Sport – alles langweilig? Sport macht manchmal Spaß – nein, mir überhaupt nicht! Mathe ist manchmal interessant, für die meisten ist es das Horrorfach. Ergebnis: Jedes Fach kann interessant sein, aber meistens ist alles langweilig.

Ihr sagt: Ich gehe in die Schule, um meine Freunde zu treffen, in der Pause. Für etwas so Wichtiges eine so kurze Pause! Vor und nach und außerhalb der Schule trifft man seine Leute. Und manche Lehrer sind ganz nett, manchmal ist der Unterricht ja ganz interessant, aber insgesamt – Langeweile. Warum? Weiß ich auch nicht. Ist eben so.

Was interessiert euch in der Schule? Ihr sitzt zusammengesunken da, schweigend, große Augen, spielt mit dem Kugelschreiber. Die Schule macht, dass einen nichts mehr interessiert. Vielleicht mal ein Referat – oder neulich, als wir in Gruppen im Internet und in der Bibliothek arbeiten durften, als wir die Interviews machten, genau, das war spannend.

Und unsere Powerpointpräsentationen, die waren besser als die von unserem Lehrer! Ihr werdet lebendig. Jedem fällt etwas ein, was Spaß gemacht hat. Und immer habt ihr dabei selber etwas getan.

Es ist dieses ewige Rumsitzen, alle 45 Minuten labert einen ein anderer zu. Und jeder Lehrer meint, sein Fach sei das wichtigste. Man hat nicht immer Lust, über Freiheit und Verantwortung nachzudenken oder über Moral, da sind Biologie oder Chemie besser: Es geht um Fakten, die sind einfach so, und man muss keine Meinung zu irgendwas haben.

Am schlimmsten sind diese 45 Minuten. Jede Stunde dasselbe: abfragen, volllabern, Hausaufgabe, klingeln. Mindestens sechs Stunden am Tag, außer man hat Kunst oder Sport. Und warum seid ihr oft auch in Kunst so passiv, so angeödet? Da fragen Sie noch!

Und dann die Noten. Manchmal wär's mir lieber, die Lehrer würden würfeln und mich in Ruhe lassen. Die Noten sind eh nicht gerecht, besonders beim Abfragen. Mündliche Noten sind total ungerecht, wenn du ein Junge bist bei dem ... oder wenn du ein Mädchen bist, je nachdem. Genau, wenn du nett lächelst, dann hast du schon gewonnen. Aber nicht bei allen Lehrern.

Der Jannis kriegt auf jeden Fall eine schlechte Note, weil er so wenig redet. Der weiß alles und sagt nichts. Der findet es blöd, was er weiß, auf Befehl zu sagen. Du musst halt labern wie die Lehrer. Schreib mal einen kurzen Aufsatz, das mögen sie gar nicht, die Deutschlehrer. Voraussetzung, Begründung, Schlussfolgerung, Herleiten, Ableiten, Umleiten ... Kurz und bündig? Nein, lieber nicht, du könntest ja einem Vorurteil aufsitzen, das geht nicht in Deutschland, bei unserer Vergangenheit. Ich weiß nicht, vielleicht könnte man's auch kürzer sagen und trotzdem korrekt. Dann mach's doch mal! Lieber nicht, dann riskier' ich 'ne schlechte Note. Inhaltlich richtig, aber zu wenig ausgearbeitet. Tja. Bei Klassenarbeiten ist es nicht besser. Ich lerne nur auf Klassenarbeiten, um alles wieder zu vergessen, weil ich auf die nächste Klassenarbeit lernen muss. Immer vergessen, damit ich das Hirn frei hab' für das nächste, das ich wieder vergessen muss und so weiter.

Bei uns geht's ja gar nicht um gut oder nicht gut. Um einen Punkt geht es da, wegen einem Punkt kriege ich die Fünf statt der Vier. Bei Sprachen ist es manchmal nur ein halber Punkt. Ein halber Punkt zu wenig und ich kriege die Fünf. Da vergeht einem schon die Lust.

Und die Lehrer meinen auch noch, das ist gerecht. Sie benoten nach ihrem Punkteschema. Ganz objektiv. Und wundern sich, dass wir um jeden Punkt kämpfen, statt zu schauen, was falsch war und was wir besser machen könnten. Es heißt ja immer, aus Fehlern kann man lernen, ich lerne aber nur, dass es ein Fehler war, einen Punkt zu wenig zu haben. Und deshalb verlassen wir so gern die Schule.

2.
They don't know who they are

Ein heißer Spätnachmittag im Juli. Die Notenkonferenz ist zu Ende. Ich habe Kopfweh und gehe zum Bahnhof, komme mit einer Frau ins Gespräch. Sie spricht gebrochen Deutsch, bemerkt, dass es mir nicht gut geht, und fragt nach. Ich erzähle ihr – inzwischen reden wir Englisch – von der Notenkonferenz und dass wir, wie jedes Jahr, viele Schüler von der Schule gewiesen haben. Sie ist verwundert: Ach, wohin? Where are they going now? Ich erkläre ihr – sie ist Amerikanerin und auch Lehrerin – das deutsche Schulsystem. Als ich ihr sage: „We separate children at the age of ten", sieht sie mich erstaunt an: "At the age of ten? But they don't know who they are!" Müssen Schüler wissen, wer sie sind? Es genügt doch, dass sie wissen, wie sie sind. Das sagen wir Lehrer ihnen. Mit Noten.

3.
Wie Noten entstehen

Kein Lehrer macht gern Noten. Er muss. Durchschnittlich 1500 Noten im Jahr, bei 180 Schultagen also jeden Tag acht Noten. Eine Umfrage unter Lehrern ergab:

Zahl der Noten für schriftliche und mündliche Arbeiten, die ein Lehrer pro Jahr vergibt, in verschiedenen Schularten und Fächern	
Biologie/Physik, Realschule, 9 Klassen	*1358*
Deutsch/Geschichte/Sozialkunde, Gymnasium, 10 Klassen	*1680*
Deutsch/Mathe/Sachkunde, Grundschule 3. Klasse, 28 Kinder	*1736*
Mathe/Physik, Gymnasium, 4 Klassen	*978*
Mathe/Deutsch/Sachkunde, Grundschule, 22 Kinder	*930*
Deutsch/Geschichte/Sozialkunde/Ethik, Gymnasium, 9 Klassen	*1860*
Englisch/Geschichte/Ethik, Realschule, 7 Klassen	*1535*
Englisch/Religion, Gymnasium, 8 Klassen	*1068*
Deutsch/Mathe/Sachkunde, Förderschule, 14 Kinder	*1040*
Englisch/Französisch, Gymnasium, 6 Klassen	*1256*
Mathe/Hauswirtschaft, Realschule, 4 Klassen	*1026*
Deutsch/Englisch/Sport, Gymnasium, 6 Klassen	*2070*
Latein/Religion, Gymnasium, 9 Klassen	*2640*
Deutsch/Englisch, Gymnasium, 5 Klassen	*2742*
Deutsch/Mathe/Englisch, Förderschule, 16 Kinder	*736*

Auch wenn der Lehrer viele Noten verteilt, sind es für den Schüler wenige. In Fächern wie Biologie, Geschichte und Erdkunde sind zum Beispiel in Bayern nur vier Einzelnoten im gesamten Schuljahr für die Note im Jahreszeugnis vorgeschrieben. Für die Note, die über Vorrücken, Wiederholen oder sogar Verlassen der Schulart entscheidet. Viele Lehrer, die ein Jahr lang Kinder und Jugendliche erlebt haben in ihren Äußerungen, ihrem Arbeitsverhalten, ihrer Lebendigkeit, die sie als Menschen kennen gelernt und eine Beziehung zu ihnen aufgebaut haben, finden es unerträglich, aus vier Stichproben in zufälligen Unterrichtsstunden an zufälligen Tagen ein Urteil zu fällen über die weitere Schullaufbahn dieses jungen Menschen. Sie machen deshalb mehr Noten. Manche Lehrer haben sich aus pädagogischer Verantwortung von den Notenstufen fünf und sechs verabschiedet, andere sehen gerade im Ausschöpfen des gesamten Notenspektrums ihre pädagogische Verantwortung. Lehrerinnen der Grund- und Förderschulen wünschen sich Lernentwicklungs- berichte, weil sie dort das Positive der Entwicklung beschreiben können.

Mündliche Noten

Die übliche Quelle für mündliche Noten ist das Abfragen zu Beginn der Stunde. Das fällt je nach Lehrer sehr verschieden aus. Der eine bringt es schnell über die Runden, um zum Thema der Stunde zu kommen. Abfragen ist ihm lästige Pflicht, genau wie den Schülern. Ein anderer macht daraus ein Schauspiel. Er setzt sich hinter das Pult, schlägt das Notenbuch auf, lässt den Blick über die Klasse schweifen, steht auf, lehnt sich ans Pult, seufzt. Hält vielleicht noch eine Rede über den Noten- und sonstigen Zustand der Klasse, blickt wieder ins Buch und ruft nach kurzem Abwarten einen Schüler auf. Der kommt nach vorn und wird abgefragt, vor der Klasse stehend, in einer für ihn ungewohnten Position, die Blicke der Mitschüler auf sich gerichtet. Manche Lehrer prüfen mehrere Schüler gemeinsam. Diese bleiben auf ihrem Platz und wiederholen, durch die Fragen geführt, den Stoff der letzten Stunde. Hier fallen die Noten meistens besser aus, vor allem wenn die Schüler sich freiwillig melden. Aber auch wenn der Lehrer Schüler bestimmt, von denen er mündliche Noten braucht, sind die Noten besser, weil die Prüfungssitua- tion entspannter ist. Es wird weniger Angst gemessen.

Anders als bei schriftlichen Leistungserhebung hat der Lehrer bei mündlichen keinen Vergleich, es sei denn er fragt zwei Schüler dasselbe und schickt einen zunächst vor die Tür. Das kann sinnvoll sein, wenn die anderen Schüler mit beurteilen. Um mündliche Noten weniger zufällig zu machen, notieren Lehrer die Mitarbeit im Unterricht über einen längeren Zeitraum mit Symbolen wie + gut, - schlecht, 0 so lala. Aus mehreren Symbolen wird eine Note im Notenbogen. Der Lehrer spielt im Unterricht zwei Rollen: den Lehrenden und die Kontrollinstanz. Er kontrolliert die Schüler, nicht sich selbst.

Neue Methoden mündlicher Leistungserhebung sind Referate, Berichte, Zusammenfassungen und andere Arbeitsformen, die Lehrer und Schüler gemeinsam planen. Hier können die Schüler ihr inszenatorisches Talent zeigen und aus einem kleinen Bericht einen multimedialen Event machen. Sie wissen ja vorher, dass sie etwas zu liefern haben. Das Überraschungsmoment des Abfragens mit der Forderung, immer vorbereitet zu sein, fällt weg. Auch der Lehrer hat es leichter. Er kann der Präsentation in Ruhe folgen und sie gemeinsam mit der Klasse beurteilen. Zu objektiveren Noten führen sie allerdings nicht. Es sind oft schöne Unterrichtsereignisse, auf die Schüler und Lehrer richtig stolz sind. Der Lehrer bewertet dennoch nicht objektiv, selbst wenn die Klasse ihn unterstützt. Subjektives und Zufälliges spielen hinein: Interesse für das Thema, die Beziehung zum Referenten, dessen Ausdrucksweise, Stimme und Dialekt, seine Körpersprache. Dazu die eigene Verfassung: Bin ich müde, krank, belastet? Habe ich heute noch etwas Wichtiges vor? Ist es die 7. oder 8. Stunde und die Konzentration fehlt? Oder ist es noch zu früh am Morgen für geistige Nahrung?

Welche Methode der Lehrer im Bemühen um eine gerechte Bewertung auch anwendet, sie wird von vielen subjektiven Entscheidungen bestimmt. Von der Art seiner Fragen hängt es ab, wie die Antworten ausfallen. Manche Lehrer sind mit Ein-Wort-Antworten zufrieden. Ihre Fragen zielen auf Wissen, das man auswendig lernen kann. Glück für den Schüler, der gelernt, Pech für den, der es nicht getan hat. Sie wollen allen die gleiche Chance geben. Auswendiglernen kann jeder, unabhängig von sozialen oder psychischen Problemen. Andere Fragen zielen aufs Denken, auf den logischen Zusammenhang. Selbstbewusste, sprachgewandte

Schüler mit bildungsbürgerlichem Hintergrund und entsprechendem Allgemeinwissen punkten dabei, nicht selten aus dem Bauch heraus, mit schönen, langen Sätzen. Manche Lehrer geben nur dann eine Eins, wenn die Antwort richtig und zugleich sehr gut formuliert ist. Sachlich Richtiges in Halbsätzen, die Zwischenfragen erfordern, ist nur eine Zwei wert. „Aber ich hab doch alles gewusst!" Der Schüler protestiert. Die Unberechenbarkeit geht weiter. Welches Lernziel hat der Lehrer vor Augen? Geht es ihm um lexikalisches Wissen oder den logischen Zusammenhang, will er das Ergebnis lieber knapp oder umfangreich präsentiert haben? Sind Fehler in seinen Augen Lernquellen oder Versagen? Denkt er beim Notenmachen an die Gaußsche Kurve und verteilt nach vielen guten nur noch mittelmäßige Noten, oder will er die Sache einfach nur schnell hinter sich bringen?

Auch wenn Noten für Unterrichtsbeiträge fast immer besser ausfallen als Abfragenoten, weil schon allein die Aktivität des Schülers ein Plus bringt, so ist deren „Richtigkeit" nicht weniger zweifelhaft. Das zeigt sich besonders beim in Deutschland noch immer so beliebten Frontalunterricht. Der Lehrer bestimmt das Geschehen: Einstiegsphase, Hinführung zum – vom Lehrer festgelegten – Thema in verschiedenen Motivationsstufen, Ausarbeitung des Kernbereichs, mündliche und schriftliche Fixierung, Wiederholung und Ausblick, Hausaufgabe. Der Unterrichtsstil nennt sich fragendentwickelnd: Wer errät, was ich meine? Der Lehrer lenkt das Gespräch durch Berichte und Fragen.

Der Schüler kann ebenfalls kurze Beiträge bringen. Der Lehrer merkt sich: guter Beitrag, gute Note. Jede Antwort des Schülers birgt ein Risiko: Liegt er auf Linie? Was ist, wenn er nicht vorgesehene Antworten gibt? Die Unterrichtsentwürfe für Referendare enthalten eine Rubrik „zu erwartende Schülerantwort". Irritierend, wenn eine andere kommt. Sie wird meist als abwegig gewertet. Schlechter Beitrag, schlechte Note. Ist die Antwort wirklich so abwegig? Vielleicht ist der Schüler zwei, drei Lernschritte voraus? Vielleicht hat er eine fantasievolle, ja geniale Idee? Pech gehabt, passt hier nicht rein. Vielleicht ist die Antwort tatsächlich falsch, führt vom Thema weg, ist aber eine schöne Ergänzung und dem

Schüler wichtig. Den Lehrer stört sie auf dem Weg zum Unterrichtsziel. Die Kommunikation klappt nicht, obwohl beide aktiv am Thema arbeiten. Der Beitrag des Schülers wird nicht positiv bewertet. Beim lehrerzentrierten Unterricht ist der Schüler völlig vom Lehrer abhängig. Er muss synchron mit ihm denken, inhaltlich und zeitlich jeden Schritt, jeden Gedanken, jede Antwort auf den Lehrer fixieren. Wer selbständig arbeitet, riskiert eine schlechte Note.

Mündliche Leistungserhebungen sind nicht nur für Schüler Stress. Auch Lehrer empfinden mündliche Noten als ungenau. Etliche Kollegen fragen deshalb kaum mehr ab. Die neuere Forschung empfiehlt, mündliche Noten für Beiträge während des Unterrichts zu vergeben. Die neueste Forschung dagegen empfiehlt, im Unterricht keine Noten zu machen, da in dieser Zeit Neues erarbeitet wird; das dürfe man nicht sofort werten. Unterricht und Prüfung seien zu trennen. Wie soll das gehen? Das Ministerium schreibt noch immer vor, wie viele Noten in welchem Fach, in welchem Jahrgang und in welcher Schulart zu vergeben sind, ganz genau, außer in Grundschulen.
Es bleibt festzuhalten: Lernen und Leistungsmessung schließen einander aus. Verständnis für logische Zusammenhänge, die Anstrengung, die zur Erkenntnis führt, die Freude über ein Aha-Erlebnis sind nicht messbar. Der Lehrer soll seinen Schülern etwas beibringen oder, moderner formuliert, gute Lernbedingungen für die Schüler schaffen. Der Unterricht mag sterbenslangweilig oder hochspannend sein – immer müssen „auch noch" mündliche Noten gemacht werden. Schüler empfinden mündliche Noten als besonders ungerecht, und die Wissenschaft bestätigt: Mündliche Noten sind am stärksten vom subjektiven Urteil des Lehrers abhängig.

Schriftliche Noten

Sind schriftliche Noten objektiver? So weit Noten überhaupt objektiv sein können: ja. Welcher verwaltungsrechtliche und organisatorische Aufwand dazu betrieben werden muss, sei hier am Beispiel des bayerischen Gymnasiums gezeigt. Es gibt zwei Arten von schriftlichen Leistungserhebungen: Kleine unangekündigte Arbeiten über den Stoff der letzten Stunde und das Grundwissen, im Folgenden Ex genannt, und lange, angekündigte Arbeiten über einen umfangreicheren Stoffbereich, hier Klassenarbeit. Pro Tag darf nur eine Klassenarbeit geschrieben werden, pro Woche nicht mehr als zwei. Wird an einem Tag keine Klassenarbeit geschrieben, dürfte in jeder Stunde eine Ex geschrieben werden, also sechs Exen oder mehr an einem Tag. Die Termine aller Klassenarbeiten werden in einen großen Kalender eingetragen und möglichst gleichmäßig über das Schuljahr verteilt, schon damit die Kollegen die Exen dazwischen einbauen können. Trotzdem kommt es immer wieder zum Klassenarbeits-Stau. Der Stoff, der seit Beginn des Schuljahres durchgenommen wurde, wird vor den Herbstferien geprüft, die nächste Portion Lernstoff ist vor den Weihnachtsferien dran, denn Ferien sind Korrekturzeit. Im Januar werden nur mehr wenige Klassenarbeiten geschrieben, vor allem keine korrekturintensiven, da Ende Januar Notenschluss ist. Jeder Lehrer muss aus seinen Noten Gesamtnoten berechnet und für die Zeugnisse parat haben. Die Häufung von Klassenarbeiten, die Schüler belastet, ist also weitgehend systembedingt und dem Stellenwert der Noten zu verdanken.

Exen, die sich ja unmittelbar auf den Unterricht beziehen, erarbeitet jeder Lehrer selbst, in traditionell arbeitenden Schulen auch die Klassenarbeiten. In manchen Fächern und zu bestimmten Themen verwendet er standardisierte Tests. In kooperativ arbeitenden Schulen bereiten Jahrgangsteams die Klassenarbeiten vor. Die Teams bestehen aus Lehrern, die in Parallelklassen dasselbe Fach unterrichten. Es gibt sie für Deutsch, Englisch und Mathe, seltener für andere Fächer. Die Teams treffen sich wöchentlich und planen den Unterricht, Schwerpunkte oder Projekte, und zwei oder drei Mitglieder entwerfen die Klassenarbeiten für alle.[1] Dazu gehören Aufgaben nach dem Lehrplan beziehungsweise Lehrbuch, die Verteilung der Punkte einschließlich Notenschlüssel und der Erwartungshorizont. Im Erwartungshorizont sind die gewünschten Antworten festgelegt und wie viele Punkte es dafür gibt. Die möglichen Punkte stehen auf dem Aufgabenblatt. Der Schüler weiß, welche Antwort ihm viele Punkte bringt und beantwortet Fragen nach ökonomischen Gesichtspunkten. Die erreichbaren Punkte werden nun so auf das Notenschema - eins bis

[1] *Es handelt sich hier nicht um wirkliche Teamarbeit. Es geht hier um Arbeitserleichterung und Absicherung vor Elterneinsprüchen.*

sechs – übertragen, so dass die Hälfte der Punkte knapp ausreichend ist, also eine Vier minus. In der Oberstufe rechnen die Lehrer oder das Jahrgangsteam die maximal erreichbaren Rohpunkte am Ende nicht auf Notenstufen, sondern auf ein 15-Punktesystem um.

Wer schriftliche Aufgaben vorbereitet, muss entscheiden: Welches Lernziel ist mir wichtig, was müssen die Schüler können? Wie bewerte ich Formulierungsfehler, wie Rechtschreibfehler? Wie den Aufbau eines Textes, Gedankenführung, Fantasie und Lebendigkeit, vor allem in Deutsch und künstlerischen Fächern? Wie gewichte ich die richtige Lösung einer Matheaufgabe gegenüber einer rechnerisch falschen Lösung am Ende eines richtigen und womöglich originellen Lösungswegs?

Und wie verteile ich schließlich die Punkte auf die Notenskala? Das Lehrerteam trägt solche Entscheidungen gemeinsam. Bei Einzelvorbereitung können Klassenarbeiten in Parallelklassen völlig unterschiedlich ausfallen. Auch wenn das Anforderungsniveau durch den Lehrplan festgelegt ist – der vage formuliert, um die pädagogische Freiheit nicht einzuschränken –, kann das Ergebnis stark variieren. Manche Lehrer oder Schulen gelten dann als streng, andere als weniger streng. Das Niveau kann in der Nachbarschule, in einer anderen Region oder gar in einem anderen Bundesland ganz anders aussehen.

Schüler sehen vor allem in der Übertragung des Punktesystems auf die Notenskala Probleme. Sie beurteilen es als ungerecht, wenn die Hälfte der erreichbaren Punkte nicht der Hälfte der Noten entspricht, also Drei minus, noch befriedigend. Sie empfinden das, was sie in der Arbeit gewusst haben, als viel – immerhin die Hälfte! –, erhalten aber als Note weniger als die Hälfte, nämlich eine Vier minus. Ein einziger Punkt entscheidet über die gesamte Note – Pech, wenn er für die bessere Note fehlt, Glück, wenn es durch diesen einen Punkt gerade noch reicht. Die Oberstufe ist da gerechter. Die Punkte werden am Ende zusammengezählt, und erst die Gesamtsumme ergibt eine Note. In den normalen Klassen besteht eine Gerechtigkeitslücke, die umso schwerer wiegt, als sie in jeder schriftlichen Arbeit der gesamten Schullaufbahn droht.

Liegt der Notendurchschnitt der Klasse nicht in der Mitte der Notenskala, bekommt der Lehrer Probleme mit Schulaufsicht und Kollegen. Ein Schnitt von 4,0 muss pädagogisch begründet werden. Ist er noch schlechter, muss der Lehrer eventuell eine neue Arbeit entwerfen und korrigieren. Aber auch der Lehrer, bei dem Arbeiten gut ausfallen, bekommt Probleme. Stimmt das Anspruchsniveau? Hat er zu wenig Leistung gefordert? Kollegen vermuten, er wolle sich bei seinen Schülern durch leichte Arbeiten und nachsichtige Benotung beliebt machen. Und überhaupt verdirbt er das Niveau der Schule: Je schlechter die Schüler, desto besser die Schule. Hier wird Leistung gefordert! Strenge Lehrer sind überzeugt von ihrer Benotung.

Sie stellen ihr Urteil über die schlechten Schüler nicht in Frage und ihren Unterrichtserfolg auch nicht. So können sich Lehrer über eine ausgezeichnet ausgefallene Klassenarbeit nicht freuen. Die war nämlich nicht etwa das Ergebnis guten Unterrichts, bei dem die Schüler intensiv gearbeitet haben, um nun die Früchte ihres Lernens zu ernten. Nein, die Arbeit ist zu gut, also war sie zu leicht. Der Lehrer hatte keine „Einserbremse" eingebaut, schwierige Fragen, von denen er sicher weiß, dass auch die besten Schüler sie nicht beantworten können. Dann hätte der Schnitt gestimmt, die Gaußsche Kurve auch und das „Leistungsprinzip" wäre gewahrt geblieben. Wie wäre es mit einer Fünferbremse?

Korrekturen

Klassenarbeiten an deutschen Schulen sind keine Multiple-Choice-Arbeiten und meist keine allgemeinen Tests mit Standardantworten für die Korrektur. Die Aufgaben beziehen sich vielmehr direkt auf den Unterricht in einer bestimmten Klasse. So ist auch die Korrektur eine spezielle: Der Lehrer geht auf die persönlichen Lösungsvorschläge der Schüler ein, kommentiert sie positiv oder negativ. Er lobt Lernfortschritte und originelle Ideen, kritisiert Mängel und unzureichende Vorbereitung und vermerkt, worauf der Schüler in Zukunft besonders achten muss. Und fasst das alles dann in einer Note zusammen.

Die individuelle Beurteilung kann für die Schüler von Vorteil sein. Ein allgemeiner Test wird nach allgemeinen

Kriterien korrigiert, jede persönliche Äußerung des Schülers geht unter. Eine individuelle Korrektur wird zum Zwiegespräch mit dem Schüler. Warum hast auch du die Frage nicht richtig beantwortet? War sie nicht klar formuliert? Hast du nicht gemerkt, was hinter der Frage steckt? Warst du unaufmerksam? Oder ist die Frage tatsächlich missverständlich? Ich sehe noch einmal im Buch nach. Ja, du hast den Abschnitt wiedergegeben, gelernt und nachgeplappert. Auch du hast den Nebenaspekt, auf den meine Frage zielt, übersehen. Du verteidigst dich. Ihr solltet ja immer lernen, und du hast aus dem Buch gelernt – nun soll das falsch sein? Der kleine Nebenaspekt sei lächerlich, an ihm würde sich keine Denkleistung äußern, das Beharren darauf sei die typische Borniertheit eines rechthaberischen Fachlehrers. Das sagst du! Ich aber erinnere dich daran, dass du schon in der Grundschule gelernt hast, darauf zu achten, was gefragt ist. In der Sekundarstufe hast du knapp und präzise die Fragen zu beantworten. Und? Ist etwas falsch an dem, was ich geschrieben habe? Nein, nicht falsch, aber ... Sie haben gesagt, wir dürfen in Stichpunkten antworten. Ja, das habe ich gesagt. Aber aus den Stichpunkten muss der logische Gang ersichtlich sein. Ihr müsst also Pfeile, Daraus-folgt-Zeichen, Doppelpunkte usw. verwenden. Da ist doch ein Pfeil! Aus dem wird der logische Gang aber nicht ersichtlich. Ich finde schon.

Deine Schrift ist eine Zumutung! Ich brauche für die Korrektur deiner Arbeit die doppelte Zeit. Auch wenn ich berücksichtige, dass die Schrift Ausdruck der Seele ist, könntest du deine Antworten klarer anordnen, nummerieren, unterstreichen – mit Lineal, du, mit Lineal! –, farbig markieren und nicht über den Rand schreiben. Das ist doch pingelig, fährst du auf. Ist es pingelig, die übersichtliche Gestaltung eines Textes zu verlangen?

Es ist spät am Abend, die Familie schläft, alle schlafen, nur ich nicht, noch ein Kaffee, noch so viele Arbeiten zu korrigieren. Der Dialog wird zum Monolog. Wie war das jetzt bei den vorhergehenden Arbeiten, habe ich diesen Aspekt bei den anderen gewertet? Soll ich diese Formulierung durchgehen lassen oder nicht? Ist es berechtigt, auf diese Aufgabe so viele Punkte zu geben? Ist nicht die vorhergehende Frage viel gewichtiger? Soll ich das Punkteschema ändern? Und all die schon korrigierten Arbeiten verbessern? Wie sieht das aus? Was sagt der Fachbetreuer? Ah, jetzt kommt die Arbeit der Schülerin X. Da bin ich gespannt. Erfüllt sie meine Erwartungen? Bin ich durch meine Erwartungshaltung kritischer oder wohlwollender? Und wie reagiere ich auf die Arbeit des Schülers Y, an den ich keine Erwartungen habe? Darf ein Lehrer Erwartungen an Schüler haben? Wie gehe ich um mit der Verschiedenheit der Arbeiten? Der eloquente Formulierer, der wunderbare Sätze schreibt, angenehm zu lesen ... aber halt, hat er das Argument nun genannt oder nur angedeutet? Ich muss seine Antwort noch einmal lesen. Wie umgehen mit der Minimalistin? Knappe, schroffe Sätze, aber es ist alles da, alle Argumente. Wie umgehen mit den kreativen Ideen-sammlern, wie mit den bloß fleißigen Schülern? Gehört dieser Aspekt noch zum Thema? Gedanklich wertvoll, reflektiert, zieht Konsequenzen, nennt Probleme, enthält bedenkenswerte Lösungsvorschläge – nur war danach nicht gefragt. Wie also bewerten? Eine andere Arbeit: Die Argumente sind vollständig, so wie sie im Buch und im Heft stehen, knapp und gut gegliedert beantwortet, klare Schrift, schnell korrigiert. Was will man mehr? Geben wir beiden eine Eins, dem klaren Repetitierer und der mit Ideen wuchernden Chaotin! Aber dann kommt wieder der Notenschnitt, die Gaußsche Kurve, der Fachbetreuer, die Unterstellung, man gebe ja nur gute Noten.

Nehmen wir einen anderen Lehrer. Die Nacht ist lang, und noch immer ist der Stapel unkorrigierter Arbeiten höher als der der korrigierten. Die Arbeit wird miserabel ausfallen. Die Schüler haben nicht gelernt. Sie sind oberflächlich, interessieren sich nicht für die Schule, haben tausend andere Interessen. Sie jobben nebenher. Man fragt sich, warum sie eigentlich zu uns kommen. Sie kommen nicht nur, weil die Eltern das wollen. Sie wollen schon auch selbst. Sie wollen den guten Abschluss, das Papier. Doch ich werfe es ihnen nicht nach. Dafür müssen sie etwas tun. Wer nichts tut, trägt die Konsequenzen. Ich gehe die Arbeiten durch. Dass A. versagt, war klar. Auch von B. und C. ist nichts zu erwarten. Ich habe schon immer gesagt, wenn die Mädchen nicht ... Schönheit allein macht's auch nicht. Ah, Sophia ist besser als ich dachte. Freut mich, sie soll ihre Zwei bekommen. E. ist gut. Arbeitet mit und kann denken. Ein Schüler, der an unsere Schule gehört. Was man von vielen anderen nicht sagen kann. Dieses Geschmier, unglaublich. Wer ist das? Ach, F.? Hätte ich nicht gedacht. Was war los mit ihm? Zeitdruck? G. schwafelt. Lässt mich aus seiner Ansammlung das Richtige aussuchen. Da hat er sich aber getäuscht. Das muss schon er entscheiden. Durchgestrichen, null Punkte. Ja, insgesamt fällt die Arbeit schlecht aus. Ich habe es nicht anders erwartet.

Beim Korrigieren gibt es mehrere Phasen. Mancher Lehrer fängt streng an, voller Erwartung, seine Ansprüche erfüllt zu sehen, wird dann nachsichtiger, verliert mit beginnender Ermüdung an Urteilskraft und wird schließlich großzügig, ach, lass es durchgehen, bloß fertig werden. Eine gute Arbeit wird nach einer Reihe schlechter positiver bewertet als nach mehreren guten.

Eine schlechte Arbeit scheint nach einer Reihe guter Arbeiten negativer als sie tatsächlich ist. Deutet sich an, dass die Klassenarbeit insgesamt schlecht ausfällt, ändert der eine Lehrer sein Bewertungsschema, der andere nicht. Dann ist der Schnitt eben schlecht.

Die Perspektive ist unterschiedlich. Der eine Lehrer hat die Fehler im Blick. Fehler sind zählbar, Noten lassen sich eindeutig zuordnen. Sie werden schlechter ausfallen als bei einem Lehrer, der das Positive im Blick hat. Seiner Art der Bewertung fehlt das Eindeutige, sie ist schwieriger. Er stellt die positiven Seiten einer Arbeit den negativen gegenüber. Was hat der Schüler erreicht, trotz der Mängel? Leistungsbewertung steht immer vor der Frage: Ist das Glas halb voll oder halb leer?

Lehrer gehen unterschiedlich mit ihrer Enttäuschung um Fällt eine Klassenarbeit gut aus, freuen sich alle. Fällt sie schlecht aus, ist jeder Lehrer enttäuscht. Der eine macht die Klasse verantwortlich: Faule Schüler, sie haben nichts gelernt oder gehören nicht auf diese Schulart. Der andere Lehrer schaut auf sich: War mein Unterricht nicht gut genug? Habe ich nicht klar genug ...? Hätte ich deutlicher, mehr, öfter ...? Auch das wirkt sich auf die Notengebung aus.

Wie Prüfungen den Unterricht stören

Das viele Korrigieren und Benoten beeinträchtigt den Unterricht. Ein Lehrer, der bis spät in der Nacht über den Arbeiten sitzt, weil er die Klassenarbeit unbedingt fertig korrigieren will, stellt vielleicht die Klasse zufrieden. Sein Unterricht an diesem Vormittag wird aber nicht der kreativste sein, denn er ist übermüdet und konnte sich kaum vorbereiten. Damit das Korrigieren schneller geht, stellen Lehrer oft „einfache" Aufgaben. Einfache, untergliederte Berechnungen, einfache, untergliederte Fragen, oft mit einem Wort zu beantworten, Skizzen, in denen Einzelheiten zu benennen sind. Das freut die Schüler. Denken, analysieren, schlussfolgern üben sie so allerdings nicht. Selbst der kultusministeriell geforderte Transfer, das Übertragen eines Sachverhalts auf einen anderen Bereich, wird kurz und knapp abgeprüft. Für solche Tests kann man trainieren – teaching to the test nennen das die Amerikaner. Auch in Deutschland wird für die Klassenarbeiten und – heimlich – für die nicht angekündigten Exen gepaukt. Schülerinteressen stehen in dieser Phase völlig hinten an. Was nichts mit dem Prüfungsstoff zu tun hat, stört. Je mehr Prüfungen, desto dirigistischer der Unterricht. Das ist frustrierend für die Schüler, die nicht denken dürfen und frustrierend für die Lehrer, die den Stoff durchpauken müssen.

In Deutschland sind Klassenarbeiten die häufigste schriftliche Prüfungsform. Alle Schüler einer Klasse müssen zu einem bestimmten Termin in einer bestimmten Zeit eine bestimmte Art von Aufgabe bearbeiten. Wo der Einzelne gerade steht, was er gut oder nicht gut kann, seine besonderen Kompetenzen und Begabungen sind dabei ohne Bedeutung. Klassenarbeiten sind Einheitsprüfungen. Dieselben Anforderungen für alle, keine Privilegien. Das klingt plausibel, klingt gerecht. Doch dreißig Schülerinnen und Schüler sind nicht „alle". Sie sind eine kleine, zufällig zusammen gewürfelte Gruppe und müssen den Anforderungen gerecht werden, die ein einzelner Lehrer nach seiner individuellen Interpretation des Lehrplans gestellt hat. Schon in der Parallelklasse kann alles anders sein. Klassenarbeiten sind ja keine Tests für große Bevölkerungsgruppen und schon gar keine nationalen Standards, die ein einheitliches Niveau für das ganze Bundesgebiet vorgeben. Klassenarbeiten beanspruchen Einheitlichkeit für eine sehr kleine Gruppe. Einheitlichkeit in einem so kleinen Rahmen aber ist fragwürdig. Die einheitlichen Klassenarbeiten verlangen nun auch einen einheitlichen Unterricht. Die Lehrkraft muss den Stoff allen Schülern auf gleiche Weise anbieten. Lehrerzentrierter Unterricht ist die Folge, ein Unterricht, den Wissenschaftler so beschreiben: störanfällig, anstrengend für Schüler und Lehrer und wenig effektiv.

Glanz im Fischteich

Was mit Einzelnen in einer kleinen Gruppe geschieht, nennen Wissenschaftler den Fischteicheffekt. In einer Klasse sehr Begabter bin ich nur ein kleiner Fisch. Unter weniger Begabten oder in einer niedrigeren Schulart bin ich mit derselben Leistung ein großer Fisch. Mein Selbstbewusstsein wächst und meine Leistung auch. Also auf in eine mäßige Klasse, eine mäßige Schule oder eine niedrigere Schulart! Langsam, die Wissenschaft hat auch noch den Reflected-Glory-Effect entdeckt. Der Ruf der Schule beeinflusst mich und meine Leistung. Mäßige Schule – mäßiger Glanz. Berühmte Schule – schon strahle ich voller Stolz und meine Leistungen strahlen auch. Die Wissenschaftler streiten, welcher Effekt sich stärker auswirkt und präsentieren als Ergebnis: Es kommt darauf an, die richtige Schule zu finden.[2] Na dann mal los!

2
Aus: Die Zeit Nr. 50 vom 8.12.2005

Zeugnisse

Zweimal im Jahr gibt es Zeugnisse. Das Halbjahreszeugnis wird inzwischen häufig durch Ausdrucke des Notenbogens ersetzt. Darin erkennen Eltern und Schüler: Neigt die Drei zu Vier, oder ist sie schon fast eine Zwei? Schüler können nun planen, wie sie sich im zweiten Halbjahr verhalten. Früher waren Zeugnisse Ehrfurcht gebietende Dokumente, in denen die Noten in Schönschrift eingetragen und Striche schwungvoll mit freier Hand oder ängstlich mit dem Lineal gezogen waren. Altmodische Formulierungen dokumentieren die Würde des Blattes, auch wenn es mit dem Computer geschrieben ist, bis heute: Der Schüler/die Schülerin hat „stets" aufmerksam mitgearbeitet und sich "vorbildlich" oder „anständig" verhalten. Das Jahreszeugnis ist, egal wie nüchtern es aussieht, bedeutungsvoll. Es entscheidet über die Zukunft des Lernenden, über Vorrücken oder Wiederholen oder Verlassen der Schule. Es entscheidet über den Lebensweg eines jungen Menschen.

Im Folgenden geht es um Ziffernzeugnisse, nicht um Wortgutachten. Was da so eindeutig und klar auf dem Zeugnis als Ziffer erscheint, hat einen langen Weg hinter sich. Die Noten müssen ausgerechnet werden, aber es geschieht noch mehr mit ihnen. Meistens werden sie so berechnet: In den Fächern, in denen Klassenarbeiten geschrieben werden, ist das Verhältnis zwischen schriftlichen und mündlichen Noten 2:1. Schriftliche Noten zählen also doppelt so viel wie mündliche, und man kann sich fragen, warum. In den übrigen Fächern zählen Exen, die auch als mündliche Leistungen gelten, und „reine" mündliche Noten gleich viel. Die Zahl der Noten ist vorgeschrieben. Nach welchen Kriterien Lehrer Noten geben, muss für die Schüler transparent sein. Irgendwann hat man alle Noten beisammen, und das Notenprogramm des PC rechnet sie aus.

Das Programm ist für viele Lehrer eine Erleichterung. Sie brauchen nicht selbst zu entscheiden, das Programm spuckt die Note aus. Manchmal ist man erstaunt über das Ergebnis, aber es ist so, der Computer hat's errechnet, basta. Manchem Lehrer jedoch lässt die Computernote keine Ruhe. Er hat den Schüler im Laufe des Jahres anders kennen gelernt. Er beginnt den Notenfindungsprozess von neuem. Er fragt den Schüler noch einmal ab und hält nun, besonders wenn es um eine Fünf oder eine Sechs geht, das Ergebnis nicht nur mit Datum, sondern auch inhaltlich genau fest. Die Note ist damit zementiert. Sie ist korrekt und verwaltungsrechtlich abgesichert. Die Leistung eines Schülers an einem einzigen, genau bestimmbaren Termin hat nun über die endgültige Note entschieden. Manchen Lehrern ist diese Entscheidung zu zufällig. Sie verabreden mit dem Schüler ein Referat. Anspruchsvolles Thema, hoher Erwartungshorizont.

Meistens bereitet sich der Schüler gut vor, das Referat ist gut, und der Schüler erhält die bessere Note. Gegen dieses Vorgehen gibt es Einwände. Der Lehrer hat gegen den Gleichheitsgrundsatz verstoßen, er müsste jedem Schüler die Chance zur Verbesserung geben. Manche Lehrer haben ihre Noten lange vor Notenschluss fertig. Nun haben sie Zeit, die kritischen Fälle längere Zeit zu beobachten und zu prüfen. Ihr Unterricht dreht sich von da an um Noten für einzelne Schüler, die anderen lernen nicht mehr viel. Es gibt auch pragmatische Lehrer, die gegen die Schulordnung verstoßen. Sie verhalten sich, meist ohne sich der historischen Dimension bewusst zu sein, wie Lehrer des 19. und frühen 20. Jahrhunderts, als Noten noch keinen Anlass zu Rechenkunststückchen gaben. In Zweifelsfällen setzen sie ihren gesunden Menschenverstand ein: Welche Note soll der Schüler meines Erachtens erhalten? Welchen Eindruck habe ich von ihm? Wie hat er das Jahr über mitgearbeitet? Diese Überlegungen führen zu einem Ergebnis – bessere oder schlechtere Note. Diese Note addieren die Lehrer zu den Einzelnoten, und schon haben sie ein eindeutiges Gesamtergebnis, das sie ins Notenbuch eintragen, in Bayern fein säuberlich auf zwei Stellen hinter dem Komma.

Probleme bereitet die 5 hinter dem Komma, besonders bei 4,5 oder 5,5. Manche Schulen legen einfach fest: 4,5 ist eine Vier. Oder 4,5 ist eine Fünf. In anderen Schulen muss der kritische Bereich – in Bayern zwischen Komma 45 und Komma 55 – pädagogisch begründet werden. Auch wenn die Note exakt ausgerechnet und zusätzlich begründet wurde, steht sie noch lange nicht fest. Sie muss in der Notenkonferenz von den Lehrern mehrheitlich beschlossen werden. Schwierige Fälle, besonders Fünfen und Sechsen, werden vor der Konferenz mit den Kollegen besprochen. Es kann sein, dass die Kollegen sich bei zwei knappen Fünfen einigen. Einer gibt statt der Fünf die Vier und der Schüler bleibt nicht sitzen. Es kann aber auch anders laufen. Der Biologielehrer, knappe Fünf, kann die Physikkollegin, eindeutige Fünf, nicht leiden. „Sie ist weich, sie gibt immer zu gute Noten. Ich trete von meiner Fünf auf keinen Fall zurück. Der faule Kerl hat's nicht anders verdient."

Die Kollegin hat eine andere Meinung von dem Schüler und hält es tatsächlich nicht aus, dass er wegen einer knappen Fünf in Biologie das Jahr wiederholen muss. Sie prüft den Schüler noch einmal und ändert die Physiknote. Es kann aber auch weniger dramatisch laufen, Notenausgleich wird häufig praktiziert, nicht nur bei Zeugnisnoten. „Ich habe ihm das letzte Mal die schlechtere Note gegeben, jetzt bekommt er die bessere."

Wenn der Lehrer zwei Fächer in der Klasse unterrichtet, gibt er in dem einen die schlechtere Note, im anderen die bessere. Objektiv ist das alles nicht. Mal fällt die Entscheidung so aus, mal anders.

4.
Was sagen Schülerinnen und Schüler zu Noten?

Martina H.: Ich finde, Noten sind gar nicht so wichtig, die könnte man auch abschaffen. Es wäre viel lockerer, weil man auf Klassenarbeiten nicht so viel lernen müsste, und es wäre für die Lehrer auch weniger Stress.

Martina K.: Ich finde auch, dass Noten nicht so gut sind. Wenn ich 'ne schlechte Note habe, demotiviert mich das eher, und ich habe keine Lust, für das Fach zu lernen. Eine schlechte Note macht's nicht besser.

Iris: Ich kann den Stoff in Mathe, ich versteh's, und dann bekomme ich 'ne Fünf. Obwohl ich mich total bemüht habe. Wenn es einem einmal bei einer Ex oder Klassenarbeit nicht gut geht, dann kriegt man gleich Ärger mit den Eltern. Die sagen, ja, du musst mehr lernen, du darfst nicht mehr so oft weg. Obwohl ich doch genug gelernt hab, eigentlich.

Ilona: Also ich find's nicht so schlimm, wenn's Noten gibt. Aber ich finde das Kacke, wenn man schlechte Noten hat, und das deprimiert einen sowieso schon, und dann muss man noch das Jahr wiederholen. Also von mir aus Noten, aber dass man nicht durchfallen kann.

Lisa: Ich fände es besser, wenn's so was gäbe wie Exen, die nicht benotet werden, damit man weiß, wie viel man kann und was man nicht kann. Und wenn es dann am Ende des Jahres eine Art Grundwissentest gibt, damit man eben da eine Note drauf kriegt.

Was tun Lehrer bei schlechten Noten?

Iris: Die meisten Lehrer sagen, du musst mehr lernen, deine Schuld, und manche sagen, wenn du was nicht verstehst, dann erklär ich's dir noch mal. Und manche reden auch mit den Eltern.

Monika: Manche machen einen dann auch noch nieder, mein Gott, du bist halt so schlecht. Obwohl ich 'ne Woche vor der Schulaufgabe gelernt habe. Das wissen die Lehrer dann gar nicht.

Martina K.: Bei manchen Lehrern hat man das Gefühl, dass sie sich vorne hinstellen und was erzählen und dann erwarten, dass du es sofort kannst, sonst bist du dumm oder hast nicht gelernt, und man soll sich gefälligst woanders Hilfe besorgen.
(10. Klasse Gymnasium)

* * *

Robin: Noten – na, das zentrale Ding in einer Schule sind Noten. Bei den Lehrern ist das zumindest so. Dass die dich so drillen, dass du gute Noten schreibst. Du kannst im Prinzip alles auswendig lernen. Hinklatschen, und ob du's in einer Woche noch weißt, ist dann nicht mehr relevant.

Tobias: Also, ich habe immer das Gefühl, dass viele Schüler nichts verstehen, die Zusammenhänge, den tieferen Sinn dahinter, es einfach auswendig lernen, das runterrattern und dann bessere Noten schreiben als – ja als ich. Das sollte man anders regeln.

Fabian: Mädchen, die können eher auswendig lernen, ohne da wirklich was zu verstehen. Das Auswendiglernen fällt mir schwer.

Tobias: Das kann ich irgendwie gar nicht. Zum Beispiel Bio, Chemie, Mathe. Da kann man eine Formel auswendig lernen, aber dass man versteht, was dahinter steckt, das ist was anderes. Unser Notensystem ist darauf aus, dass du es mit Auswendiglernen schaffst und ohne Verständnis.

Fabian: Man braucht Noten, um eine Vergleichbarkeit herzustellen. Aber gerade mündliche Noten, also die finde ich ganz schlimm. Bei sechs Noten geht das ja noch. Aber jetzt, bei den 15 Punkten, das finde ich gerade bei mündlichen Noten sehr willkürlich, von der Sympathie abhängig.

Robin: Die ganze Notengebung ist einfach viel zu sehr lehrerabhängig. Die Lehrer haben viel zu viel Macht darüber, ob sie den Schüler durchfallen lassen oder nicht.

Fabian: Sie müssen sich auch nicht rechtfertigen für irgendwas. In der elften Klasse hatte ich einen Lehrer in

Englisch, der mir das ganze Jahr sagte, ich arbeite sehr gut mit. Ende des Jahres habe ich gefragt, was ich für Noten habe, und dann hatte ich eine Zwei, zwei Vierer und eine Fünf. Da habe ich ihn gefragt, warum hab ich bitte so schlechte Noten? Das steht bei mir drinnen, sagt der Lehrer, im Notenbuch. Ich denke, ich arbeite so gut mit? Ja? fragt der Lehrer, das weiß ich nicht mehr.

Fabian: Es ist schon verständlich, dass der Lehrer keinen Bock hat, sich für jede Note zu rechtfertigen, aber man müsste als Schüler mehr dagegen sagen können, wenn man sich ungerecht behandelt fühlt. Da passiert viel. Zum Beispiel jetzt in dem Kurs, wo sehr viele schlechte mündliche Noten verteilt werden, was ständig Ärger gibt, weil der Lehrer sich vor Schülern oder Eltern rechtfertigen muss.

Tobias: Beim Deutschaufsatz sagt der eine Lehrer so und der andere so. Natürlich gibt es auch da Argumente, aber ob der Schreibstil dem Lehrer gefällt, das ist wahrscheinlich der ausschlaggebende Punkt. Die Frage ist, wie wir das anders regeln können. Man kann den Aufsatz nicht vier Lehrern geben, dass sie dann eine Mittelnote machen. (Kollegstufe)

* * *

Max: Also, in der 3. Klasse, wo es dann ja los ging mit Noten, das fand ich schon ungerecht. In den ersten zwei Klassen war ich wirklich gut, und dann, wo die Noten kamen, ging's richtig bergab. Jetzt finde ich es eigentlich schon schön, dass es Noten gibt.

Joschi: Ich finde gut, dass es Noten gibt, dann weiß man, was man noch üben muss oder in was man schon gut ist.

Emre: In der 4. Klasse hat mir meine Lehrerin gesagt, dass ich es mit den Noten nicht in die Gesamtschule schaffen würde – und jetzt hab ich's geschafft!

Xaver: Ich hatte von der 1. bis zur 4. Klasse keine Noten, auf der Montessori-Schule. Das war dann schon eine große Umstellung.

Max: Also, in der Grundschule, da hat mich mein Reli-Lehrer ziemlich aufgeregt. Er hat sich nämlich bei

mir um sechs Punkte vertan, und da hat er mir eine Drei gegeben statt 'ne Zwei, und ich habe nachgerechnet. Er hat gesagt, das ist mir egal, welche Note du hast, da stehen die Punkte. Da habe ich ihm gezeigt, ich habe mehr Punkte als mein Partner und wieso hab ich dann 'ne Drei und er 'ne Zwei? Dann hat er endlich gesagt, na gut, dann verbessere ich eben.
(6. Klasse Gesamtschule)

* * *

Johannes: Ich würd eigentlich gern Gymnasial-Lehrer werden, weil – das könnte schon interessant werden, wenn man mal Macht hat über jemanden, und Noten verteilen, müsste schon Spaß machen.

Andreas: Lehrer haben Macht über Schüler. Viele missbrauchen die Macht. Viele Lehrer, die sind einfach nicht menschlich zu den Schülern. Ich hab mal geredet im Unterricht und der Lehrer hat angefangen loszubrüllen, zu schreien richtig, und da waren – 5. oder 6. Klasse – da waren ein paar Mädchen richtig verstört. Manche Lehrer werfen auch Schlüssel durch die Gegend. Mich hat auch schon mal einer getroffen. Und da kann man nichts dagegen tun. Auch wenn man zum Vertrauenslehrer geht, die sagen halt dann – die reden zwar mit denen, aber da ändert sich nichts–

Melanie: Die Lehrer beschuldigen oft die Schüler, dass sie so dumm sind. Das ist wirklich so, wenn du mal ne schlechte Arbeit schreibst – das kann mal passieren, – und wenn der Lehrer dann reinkommt, dann sind wir erst mal die dümmsten Schüler der Welt und er beschuldigt uns, was wir uns eigentlich einbilden.

Julia: Manche machen einzelne Schüler vor der ganzen Klasse fertig. Das ist auch nicht fair.

Elisabeth: Wir sind ja eigentlich in der Schule, um unser Individuum zu entfalten. Viele Lehrer wollen einem auch die eigene Meinung aufdrücken und sagen: So ist es richtig und nicht anders. Und hören einem nicht zu.

Andi: Die Lehrer sind einfach zu gestresst, sie haben ich weiß nicht wie viel Stunden die Woche, und dann kommt da ein Schüler daher und schreibt 'ne Fünf und die ganze Klasse 4,5. Der Lehrer hat einfach nicht mehr die Geduld zu sagen: Ja, ihr packt es schon noch. Wiederholen wir das mal. Da sagt er: Wir haben das so oft wiederholt. Jetzt müsst ihr das mal gecheckt haben. Ihr seid selber schuld, ihr lernt's nicht und so.

Stefanie: Vielleicht kommt sich der Lehrer verarscht vor, wenn der schon ewig wiederholt hat, und dann checken's die Schüler immer noch nicht.

Andreas: Die Klasse ist zu groß.

Angela: Es gibt Lehrer, die überfordert sind.

Manuela: Es gibt aber auch Lehrer, denen ist es total egal, wie schlecht die Schüler sind, die wollen einfach ihren Stoff durchbringen und ihr Geld verdienen. Das merkt man schon.

Stefanie: Ich fänd das gut, wenn der Lehrer auf die Schüler eingeht. Das ist zwar schwer bei einer so großen Klasse, aber das wär eigentlich nicht schlecht. Dass der Lehrer sagt, was der Schüler tun könnte, dass er sich verbessert oder so. Also jedem einzelnen Schüler.

Florian: Da gab's mal eine Lehrerin an unserer Schule, die hat das wiederholt am Nachmittag. Da konnt man dann hingehen. Die hat das freiwillig gemacht. Das war gut.

Was hält dich zu Hause ab, deine Hausaufgaben zu machen?

Florian: Zuerst mal gar nichts. Aber dann seh ich das Latein-Heft vor mir, dann schau ich's mir an, dann schau ich fünf Minuten drauf, denk mir, das kann ich nicht. Dann mach ich halt was anderes. Rechnungswesen, Wirtschaft, das kann ich. Das ganze andere Zeug, Mathe, Physik, das kann ich machen. Aber Latein und Englisch, da schau ich drauf – dann mach ich was anderes.

Angela: Also, bei mir ist das so. Ich hab zu Hause zu viel Ablenkung. Ich hab da Internet, Telefon und Fernsehen und Musik. Das ist mir zu viel Ablenkung. Jetzt hab ich das so eingeführt, seit zwei Monaten oder so, dass ich jetzt jeden Tag nach der Schule zur Nachhilfe geh, was heißt Nachhilfe, da setz ich mich halt hin, mach meine

Hausaufgabe. Das heißt Lindas Lernwelt, das ist eine Frau, da kann man jederzeit hingehen und sich hinsetzen und lernen, und dann fragt mich die Frau auch ab, und die lässt mich erst raus, wenn ich fertig bin. Das ist kostenlos. Ich mach das allein und am Schluss fragt mich die Frau ab.

Alex: Also, ich mach manchmal einfach gar nichts. Anstatt Hausaufgaben zu machen und zu lernen. Einfach so schlag ich die Zeit tot, ohne besonderen Grund. Ich weiß, ich könnte jetzt was tun. Mach ich aber einfach nicht. Ich mach nichts. Ich denk mir irgendeinen Schmarrn aus, ich denk halt einfach nach. Hausaufgaben machen ist anstrengend, und nichts tun ist nicht so viel Arbeit.

Andreas: Fragen Sie doch mal die Streber!

Julia: Ich beneide sie, ich wär gern so gut wie sie.

Bianca: Also bei mir war das so in der 7. Klasse, wo wir Latein dazu bekommen haben, hab ich von Anfang an daran gearbeitet, dass ich die ganzen Vokabeln alle kann – und bei mir ist das so, dass ich die Vokabeln einfach kann, die vergess ich nicht. Bei mir geht das mit der Hausaufgabe ziemlich schnell. Ich bin dann mit Latein früh fertig. Das ist bei den anderen Fächern auch so. Wenn man im Unterricht ein bisschen aufpasst, zwei Minuten ein bissel zuhört, dann kann man das in den Hausaufgaben schneller umsetzen, weil man sich noch daran erinnert, was die Lehrerin da gesagt hat.

Simona: In Latein und Englisch bin ich schon sehr gut. Bei Sprachen tu ich mir irgendwie leichter, aber in Wirtschaft, da fehlt mir manchmal einfach die Lust, das zu lernen. Also wenn das was Interessantes ist, das mich wirklich interessiert, dann lern ich's auch. Aber wenn das irgendwas ist, wo ich mir denk, wozu brauch ich das, dann ...
(9. Klasse Gymnasium)

* * *

Marc: Noten? Überhaupt nicht gerecht. Noten spiegeln nicht wider, was man wirklich kann. Das hängt vom Lehrer ab, wie er bewertet oder wie er die Fragen stellt.

Manchmal will er ganz andere Sachen hören, die kann man gar nicht ahnen – und mit Lehrern über Noten reden, da schalten die nur auf stur.

Also in der Klassenarbeit kann's ja sein, dass man's eigentlich kapiert, aber da haut man am Anfang irgendeinen Leichtsinnsfehler rein und dann kriegt man eine schlechte Note. Auf der anderen Seite gibt's auch viele, die es eigentlich gar nicht können und sich irgendwelche Formeln auf die Hand schreiben oder abschreiben oder so – und deshalb spiegelt die Note die Leistung nicht wider.

Florentine: Ich finde, dass in manchen Fächern keine Noten gegeben werden dürfen, zum Beispiel in Kunst oder in Sport, es gibt einfach Leute, die haben Talent zu zeichnen und es gibt Leute, die können halt nicht so gut zeichnen. Und dann find ich's nicht gerechtfertigt, dass man darauf Noten gibt.

Julia: Ich finde, dass in unserem Schulsystem das eigenständige Denken überhaupt nicht belohnt wird.

Theresa: Ja, meistens ist Benoten nur die Reproduktion von dem, was der Lehrer von sich gibt. Ich hab auch das Gefühl, dass manche Lehrer auf eigene Meinung keinen Wert legen und andere sehr viel, also da gibt's ganz schöne Unterschiede.

Florentine: Manche Lehrer wollen nicht, dass diskutiert wird, weil sie dann den Stoff nicht durchkriegen.

Thomas: Jetzt sagen wir: Selbst denken wird nicht gefördert, aber wenn dann 'ne Ex ist, wo man tatsächlich selbst denken muss, und der eine kann das in dem Fach halt einfach nicht, dann heißt's, ja, wie soll ich das machen, irgendwie muss man's ja auch lernen können und so – das ist immer ein zweischneidiges Schwert.

Alexandra: Ich find überhaupt, dass es mit dem Auswendiglernen längerfristig voll für'n Arsch ist. In der nächsten Stunde weiß man's eventuell noch, aber nach einer Woche hat man's garantiert wieder vergessen. Und alles baut halt darauf auf, dass man's längerfristig parat hat.

Könnt ihr euch eine Schule ohne Noten vorstellen?	**Thomas:** Diese Idee gibt's ja schon – mit der Montessori-Schule, die machen alles so ein bisschen pillepalle bis zum Abitur und dann fällt mindestens die Hälfte durch. Also scheint es nicht sehr effektiv zu sein und nicht in unserer leistungsorientierten Gesellschaft machbar.

Christoph: Man braucht ja einen Anhaltspunkt, wo man sehen kann, wo ich gerade steh, und Noten sind ja so ein Hilfsmittel. Die beruhen auf jahrelanger Erfahrung. Wenn ich mir einbilde, ich kann's und trotzdem eine Vier oder Fünf kriege, dann liegt ja irgendwas im Argen. Ok, das kommt selten vor. Ich kann natürlich beurteilen, ob ich was kann oder nicht. Aber nur eingeschränkt. Und ich muss mich auch mit den anderen vergleichen können.

Julia: Warum? Was bringt dir das? Steigerung?
(11. Klasse Gymnasium)

**5.
Was sagen Eltern zu Noten?**

Interview mit einem Vater, dessen Tochter die 6. Klasse des Gymnasiums besucht.

Als Ihre Tochter noch nicht zur Schule ging – was haben Sie da über Schule gedacht? Hatten Sie Bedenken?
Vater: Bedenken keine, aber ich wollte aufpassen, dass ich oder dass wir und dass sie sich selber nicht unter Druck setzt. Das ist mir heute immer noch wichtig, dass die Kinder Spaß und Interesse an der Schule finden, sich aber nicht durch Noten unter Druck setzen lassen. Also sprich, wenn sie eine Zwei oder Eins schafft, ist das schön, freut man sich auch, aber wenn sie mal 'ne Vier hat, da will ich jetzt auch keinen Weltuntergang draus machen. Und dass sie auch für sich selber ein Gefühl entwickelt, was sie möchte, dass sie Ehrgeiz entwickelt, aber sich nicht unter Druck setzen lässt. Und das hat bei der Meike super geklappt. Sie kann auch mal 'ne Vier ab, es ist nicht so, dass sie sagt, oh, jetzt geht die Welt unter.

Oder dass sie an sich selbst zweifelt ...
Vater: Genau. Wir haben ein Beispiel aus dem Nachbardorf, da ist das immer ein Riesentheater, wenn die Tochter mit 'ner Vier oder Fünf nach Hause kommt. Die muss dauernd lernen und hat inzwischen einen Nachhilfelehrer. Wir versuchen, das selber zu managen,

Mathe und Latein mach ich und Kathi, meine Frau, macht den Rest.

Warum ist es Ihnen so wichtig, dass Meike sich nicht unter Druck fühlt?
Vater: Du lernst halt am besten, wenn du selber Interesse an der Schule findest, an dem Stoff. Wenn die Schule nur Druck ist, kommt nichts dabei raus. Unter Druck hast du keinen Spaß, dann paukst du nur und vergisst das relativ schnell wieder, während das, was du mit eigenem Interesse lernst und kapierst, das bleibt viel länger hängen.

Was sagen Sie zu Noten?
Vater: In der Wissenschaft spricht man von Toleranz-grenzen. Unser System, da haben wir Eins bis Sechs. Man müsste es grober unterteilen, in drei oder vier Stufen, das genügt. Sehr gut und gut, und dann mittel und schlecht, das reicht. Ich glaub nicht, dass man auf sechs Stufen genau beurteilen kann. Benotung macht schon Sinn, auch für die Schüler zur Orientierung. Also Noten ja, aber nicht so feinmaschig.

Ihre Tochter macht sich selber kleine Bücher, in denen sie über Vögel schreibt oder über Schnecken.
Vater: Das macht sie von sich aus. Geschichten schreibt sie auch, da braucht sie keine Noten. Aber es gibt ja auch noch Mathe.

* * *

Interview mit Claire, einer Engländerin, die mit einem Deutschen verheiratet ist, zwei Kinder in der Montes-sori-Schule hat und Englisch an einer Grundschule unterrichtet.

Claire: Die englischen Lehrer schauen den ganzen Menschen an, nicht nur Noten. Deutsche Lehrer schauen immer auf Leistung. Das fängt hier ganz früh an, in der Grundschule. Ich habe in einer Grundschule unterrichtet, da sagen die Lehrerinnen schon am Anfang: Die sind schwach, die werden es nicht schaffen. Für mich ist das unglaublich. Das passiert nie in England, die Kinder so zu messen – so früh, da kann man noch nichts sagen! In England gibt's keinen Stoff, es gibt einen Lehrplan,

aber Lehrer müssen nicht zeigen, dass sie alles geschafft haben. Von fünf bis elf Jahren sind die Kinder in der Grundschule, und zweimal im Jahr gibt es einen Fachtest, nur um zu zeigen, wo die Kinder stehen, nur zur Information. In manchen Landkreisen wird das schon nicht mehr gemacht, weil die Lehrerinnen nur die Teile unterrichten, die im Test gefragt werden. Also, ich finde es schlimm, den Kindern hier in der ersten Klasse schon zu sagen –
(Claire schweigt.)

Ihr seid schwach.
Claire: Ja, oder in der zweiten oder dritten. Oder auch wenn man im Gymnasium ist, supertoll in fünf Fächern, aber wenn man in zwei Fächern schwächer ist, muss man das ganze Jahr wiederholen.

Wegen zwei Fächern! *(Claire lacht fassungslos).* Ich bin nicht böse, ich kann das einfach nicht glauben. Und was das für ein Kind bedeutet, in dieser Entwicklungsphase. Das self-concept entwickelt sich, alles entwickelt sich: Wer bin ich, wie verhalte ich mich, in was für einer Gesellschaft bin ich, bin ich ok, bin ich brav, alles. Ich denke, wenn ein Kind nicht sehr begabt ist, muss es den ganzen Tag lernen. Man spürt hier nicht die Freude an den Kindern.

Die haben Sie vermisst?
Claire: Mhm – ja, alles ist sehr ernst hier. *(Schweigen)* Ich habe Angst. Ich kann meine Kinder nehmen und irgendwo anders hingehen, weil ich Ausländerin bin, aber die, die hier sind ...

6.
Was sagen Lehrer zu Noten?

Interviews mit Gymnasiallehrern aus Sachsen

Ihre Meinung zu Noten?
Englisch- und Deutschlehrerin: Vom Arbeitsaufwand her wäre es natürlich schöner, wenn man Noten nicht bräuchte. Ich habe aber mittlerweile gelernt, dass Noten notwendig sind und gerade von den Schülern gewünscht werden. Von manchen nur, weil sie sich einschätzen wollen, von manchen aufgrund des Wettbewerbs. Wir brauchen so ein Instrument zur Einschätzung, wie wenig objektiv das auch sein mag.

Was sagen Sie zu Wortgutachten?

Englisch- und Deutschlehrerin: Ich arbeite immer mal wieder mit Wortgutachten, denn ich bin Englischlehrerin und kenne das aus dem angloamerikanischen Bereich. Ich habe sehr gute Erfahrungen gemacht, da die Schüler auch die Regeln für die Erarbeitung der jeweiligen Leistung besser durchschauen, wenn ich sage, darauf lege ich Wert. Das macht mir den Prozess klarer und den Schülern offensichtlich auch.

Schulseelsorger: Um die Ernsthaftigkeit zu betonen, sehe ich eigentlich keinen anderen Weg als Noten. Vielleicht gelingt es uns ja später auch einmal anders, dann können wir stolz darauf sein, aber im Moment noch nicht.

Lateinlehrerin: Ich bemühe mich, die Noten objektiv zu geben, aber ich weiß auch, dass es da Grenzen gibt. Ich glaube nicht, dass sie völlig subjektiv sind, aber zwischen Vier und Fünf, Drei und Vier, das ist dann mein Ermessen, und ich nehme das wahr nach meinem Gewissen, so gut ich das eben kann.

Mathematiklehrerin: Zu Noten habe ich ein gespaltenes Verhältnis. Ich gebe auch Informatik, und da können die Schüler sehr selbständig arbeiten und sich eigene Projekte ausdenken. Sie können richtig kreativ tätig werden und mit Begeisterung bei der Sache sein, so dass man sie am Stundenende betteln muss, aufzuhören. Dort finde ich den Zwang, Noten zu geben, lästig. Es wäre auch überhaupt nicht nötig, die Schüler sind ja motiviert. In Mathematik habe ich Noten schon als Ansporn für die Schüler erlebt. Ich habe Schüler mit Schwierigkeiten gezielt so mit Aufgaben gefüttert, dass sie auch mal eine gute Note bekamen. Bei manchen ist das ein Aha-Erlebnis. Da sehe ich Noten als Motivation. Die Schüler sagen: „Ich kann's ja doch!" Oft sind Noten aber auch eine Strafe dafür, dass sie es immer noch nicht können.

Biologie- und Chemielehrerin: Eine Drei bedeutet für jemanden, der eigentlich mehr kann, dass er sein Potenzial nicht ausgeschöpft hat. Für jemand anderen ist eine Drei ein Riesenerfolg. Und das steckt in der Note halt überhaupt nicht drin. Aber wenn ich mir vorstelle, ich müsste das für die ganze Klasse verbal schreiben, das würde mich überfordern. Es geht sicherlich in einer Klasse mit 20 Schülern. Ich habe aber jetzt 600 Noten gegeben.

Englisch- und Französischlehrerin: Noten von Eins bis Sechs sind nicht mehr zeitgemäß. Dass man menschliche Leistung, die immer auch an Persönlichkeit gekoppelt ist, versucht in sechs Kategorien zu pressen, entspricht nicht einem demokratischen Menschenbild, in dem das Individuum zählt. Ganz unmöglich wird es, wenn es um Kopfnoten geht. Wenn man Verhalten in Noten pressen soll, dann gehen alle pädagogischen Anliegen verloren. Wenn ich an eine Note wie Fleiß denke – ein guter Schüler muss nicht so fleißig sein wie ein schwacher, er bekommt aber in der Regel sehr gute Fleißnoten, obwohl er gar nicht fleißig ist. Das ist grotesk.

Lehrer für Philosophie, Religion, Geschichte: Noten sind ein notwendiges Übel in einer Systemschule. Das System ist ja eingerichtet, und wir sind gehalten Noten zu geben. Aber man braucht sie nicht. Sie erfüllen selten einen handgreiflichen Zweck. Sie haben eine gewisse Selektionsfunktion, eine gewisse Tarierung, sie werden auch zur Disziplinierung eingesetzt, aber das sind Dinge, die man auch auf andere Art und Weise machen könnte. Und der Aussagewert von Noten ist, denke ich, auch sehr relativ.

* * *

Interview mit einer Deutsch- und Englischlehrerin an einem Gymnasium in Bayern

Englisch und Deutsch sind angeblich die korrektur-intensivsten Fächer. Stimmt das?
Ja. Und es wird immer unangenehmer. Es geht zwar schneller als früher, aber Korrigieren ist verlorene Lebenszeit. Am Ende gucken die Schüler meist doch nur auf die Note. Die vielen Kommentare am Rand mache ich vor allem für mich selbst, um meine Einschätzung für mich zu dokumentieren. Ich weiß, dass das die Schüler nicht sorgfältig lesen. Die Arbeiten lese ich inzwischen kein zweites Mal mehr. Ich entscheide alles sofort,

schreibe sofort an den Rand, was mir missfällt oder gefällt, mache die Schlussbemerkung und lege die Note fest. Früher war ich da nicht so locker. Diese Kriterien, die man da im Kopf haben soll! Aber das lässt sich sowieso nicht mathematisch lösen. Den Gesamteindruck, den man bei so viel Erfahrung hat, ist meistens richtig. Da hatte ich mit den Schülern noch nie Probleme, auch nicht in Deutsch. Allerdings schätzt man mich in der Oberstufe als sehr streng ein. Es kam mehrfach vor, dass Schüler lieber in den Parallelkurs gingen. Denn bei Kollegin X kann man auch mal fünf Minuten einfach wegdösen. Das nehme ich als Kompliment, es macht mir aber andererseits in meinem Stand gegenüber den Schülern Schwierigkeiten. Viele Kollegen machen sich das Leben mit den Kollegiaten einfacher, indem sie zu gute Noten geben. Weil sie Stress vermeiden wollen.

Die Forschung bestätigt, dass Lehrer sehr unterschiedlich benoten.
Ich weiß das auch von den Fachbetreuern in Deutsch, wenn ich versuche, gleiche Standards einzuklagen. Da beißt man bei den Kollegen auf Granit.

Diskutieren Sie darüber im Kollegium?
Das hieße Teamarbeit. Und das Hauptproblem bei diesen Konfliktfällen ist, dass es immer Leute waren, die sich bei den Schülern angebiedert haben, wenn es um gute Noten ging, als Konfliktvermeidung. Es ist nicht so, dass die Kollegen nicht wüssten, was die Standards sind.

Gibt es denn Standards?
Den Lehrplan. Allerdings lassen wir einige philosophische Texte aus dem Oberstufenlehrplan weg, da die Schüler kein Wort davon verstehen. Den Lehrplan interpretieren wir aus der Erfahrung heraus. Es gibt viel zu wenig empirische Forschung.

Brauchen Kinder und Jugendliche Noten?
Ja, würde ich schon sagen. Da Lernen mit Lernerfolg zu tun hat, und dieser sich irgendwie einstellen muss. Was gibt es für Alternativen? Man könnte von reinen Wortbeurteilungen ausgehen, und wenn die nicht lügen sollen, dann können die viel härter sein als Noten. Und man kann sich auch nicht als Ideal vorstellen, dass diese

Wortbeurteilungen so verschlüsselt sind wie Zeugnisse in der Arbeitswelt. Also, entweder sind sie klar, dann sind sie im Zweifelsfalle auch hart, oder sie sind nicht aufschlussreich. Ziffern sind eigentlich zu wenig, aber was sie inhaltlich im Detail bedeuten, das bespricht man ja mit den Kindern und schreibt es unter die Arbeiten. So lesen sie, an welchen Punkten nachgebessert werden muss.

Und das Nachbessern? Geht das im Unterricht?
Die Intensivierungsstunden am Gymnasium sind jetzt eine Möglichkeit. Da hat man zum ersten Mal die Chance, den Kindern beim Arbeiten über die Schulter zu schauen. Aber das heißt im Grunde, dass du das in kleinen Klassen auch erreichen könntest. Mit weniger Kindern. Ohne Intensivierungsstunden, mit den jetzigen Unterrichtsbedingungen, geht das eigentlich nur mit Nachhilfe. Und das ist natürlich ein Trauerspiel. Was ich mir schon immer gewünscht habe: Summerschools wie in den USA und England. Da könnte man das organisiert auf die Reihe bekommen, was fehlt.

Ohne Noten lernen Schüler nicht – stimmt das?
Es müsste alles total anders sein, damit sie dann noch lernen. Da müsste man so viel ändern, das hätte mit der jetzigen Schule nichts mehr zu tun.

7.
Was sagen
Wissenschaftler zu Noten?

Sie sagen immer dasselbe, seit über hundert Jahren schon. Ganz früher gab es in der Schule keine Noten. Im Mittelalter konnte ein armes, aber begabtes Kind, auch ein Bauernkind, ein Benefizzeugnis bekommen für einen Freiplatz in der Klosterschule. Das Benefizzeugnis bewertete nicht die Leistung. Es war ein Empfehlungs-schreiben, in dem die guten Seiten des Jungen - Mädchen gingen damals nicht in die Schule – geschildert wurden, sein Fleiß, seine Frömmigkeit und seine Bibelkenntnis. Um 1500, als die Städte größer und die Bürger reicher wurden, brauchten Handwerker und Kaufleute junge Männer, die lesen, schreiben und rechnen konnten. Schulen wurden gegründet, in denen Jungen und bald auch Mädchen bei einem Schulmeister lernten, bis dieser meinte, dass sie genügend rechnen und buchstabieren konnten, bibelfest waren und die Kirchenlieder singen konnten. Er empfahl die Jungen einem Handwerksmeister oder einem Kaufmann, wo sie weiter lernten. Die Söhne der Bildungsbürger und der Adeligen hatten Hauslehrer. Wenn sie Latein, Philosophie und etwas Mathematik beherrschten, durften sie an die Universität. Die Töchter übten sich in Konversation, Französisch und Klavierspiel und warteten, bis ein junger Mann an die Tür klopfte, um die zarte Hand zu erbitten. An der Universität durften Frauen in Deutschland erst nach dem 1. Weltkrieg studieren, in der Weimarer Republik.

Der erste Streit um Noten wurde zu Goethes Zeiten in Preußen ausgetragen. Das aufstrebende Bürgertum brauchte für staatliche und andere Verwaltungsstellen mehr Leute mit Universitätsabschluss. Die persönlich an die Uni Empfohlenen reichten nicht mehr aus. Nun sollte, wer an die Universität wollte, das Reifezeugnis eines Gymnasiums vorlegen. Nicht mehr der Stand, sondern gemessene Leistung sollte Zugangskriterium sein. Das preußische Oberschulkollegium diskutierte erbittert, ob man Bildung messen könne oder ob eine Prüfung das Ende aller Bildung sei. Der Streit dauerte zwanzig Jahre und endete mit der Einführung des Abiturs. Obwohl Alexander von Humboldt eine Schule für alle Stände forderte, grenzte sich das Gymnasium sofort nach unten ab. Von Anfang an also zählte nicht allein Leistung, sondern Bürgertum und Adel blieben unter sich. Von Anfang an hatten Arbeiter- oder Bauernkinder kaum die Möglichkeit, das Gymnasium zu besuchen. Auch die Realschulen wollten eine staatlich anerkannte Abschlussprüfung. Sie erhielten sie in der zweiten Hälfte des 19. Jahrhunderts. Allein die Volksschulen, die nur vom gemeinen Volk besucht wurden - die Kinder der Oberschicht gingen nie dorthin, sondern in Privatschulen oder zum Hauslehrer -, entließen ihre Kinder ohne Prüfung ins Berufsleben. Aber um die Jahrhundert-wende, spätestens bei der Reichschulkonferenz von 1920, bekamen auch sie ihre Abschlussprüfung. Noten waren nun in allen Schularten üblich. „Wenn man Noten freilich mit strengem, kritischem Auge in ihrem Kern und Wesen anschaut, wenn man daran denkt, wie wenig heute starke Individualität gilt, wie man am liebsten über die Menschen auch in geistiger Beziehung einen Eichmeister setzen möchte, dann sagt man sich, dass die Prüferei und Notenjägerei nicht über Nacht aus der Welt geschafft wird." Das sagte August Friedrich Schreiber, ein Arzt, im Jahre1899.

Die Noten waren da, und die Flucht vor ihnen begann. Die Jugendbewegung um 1910 und anschließend die Reformschulbewegung der 1920er Jahre riefen: Nicht die Noten stehen im Mittelpunkt, im Mittelpunkt steht das Kind! Noten wurden nun genauer analysiert, erste empirische Untersuchungen gemacht. 1928 untersuchte die Pädagogin Maria Zillig Diktate und stellte fest, „dass bei sehr guten Schülern 39 Prozent der Fehler übersehen wurden, hingegen bei sehr schwachen Schülern nur zwölf Prozent."

Es ist ein Allgemeinplatz, dass Aufsatznoten subjektiv sind. Weniger bekannt ist, dass auch in Mathematik und naturwissenschaftlichen Arbeiten die Noten nicht übereinstimmen. Die Engländer Starch und Elliot kamen 1912 bei ihrer Untersuchung einer Geometrieprüfungs-arbeit zu dem Ergebnis, dass die Noten sogar noch mehr schwankten als bei englischen Aufsätzen. „So wurde eine Abschlussarbeit im Fach Geometrie als originalgetreue Kopie an 180 Schulen verschickt, mit der Bitte, dass die Mathematiklehrer diese Arbeit nach den Gepflogenheiten der Schule zensieren mögen. In den 128 verwertbaren Korrekturen, die die Forscher zurückbekamen, variierte die Punktezahl von 25 bis 90 (bei 100 möglichen) Punkten. In etwas mehr als der Hälfte der Schulen wäre die Arbeit als ‚bestanden' gewertet worden, in den übrigen nicht."[3]

[3]

Jachmann 2003, 48

Starch und Elliot begründeten die Unterschiede damit, dass einige Lehrer die Fehler im Blickpunkt haben, andere die richtigen Lösungen. Ihre Untersuchungen wurden 1933 von G. O. Williams bestätigt. Auch deutsche Untersuchungen aus dieser Zeit stellen fest, dass Noten nicht übereinstimmen, so W. Blumenfeld 1931 in seiner Abhandlung „Der Zusammenhang der Beurteilung mit der Individualität des Lehrers". In den 1930er Jahren war dieses Problem so virulent, dass die Carnegie-Stiftung eine internationale Konferenz zu diesem Thema veran-staltete und Forschungen in den USA, England und Deutschland finanzierte.[4] Die deutschen Untersuchungen wurden durch die Machtergreifung der Nationalsozialisten unterbrochen. Man schrieb jetzt über Deutschtum

[4]

Nach Ingenkamp 1977, 69f

und deutsches Wesen. Die Fäden zur internationalen Forschung rissen. Erst in den 1970er Jahren wurden sie wieder geknüpft.

Die Nachkriegssituation in Deutschland verhinderte erst einmal den Blick über den Zaun. Aufsehen erregte 1949 eine Untersuchung des Germanisten Robert Ulshöfer. Dieser hatte einen Abituraufsatz in einer Zeitschrift veröffentlicht und um Begutachtung gebeten. Aus neun Bundesländern kamen Stellungnahmen. Das Ergebnis gab zu denken. 42 Fachlehrer mit Oberstufen- und vor allem Oberprimaerfahrung zensierten den Aufsatz wie folgt:

1 mal sehr gut
5 mal gut
1 mal befriedigend bis gut
1 mal voll befriedigend
8 mal befriedigend
3 mal noch befriedigend
7 mal ausreichend
3 mal nicht (ganz) ausreichend
11 mal mangelhaft
2 mal ungenügend."[5]

[5]
Ziegenspeck, 1977, 95

Dieses irritierende Ergebnis hatte keine Auswirkung auf Forschung und Schulalltag. Es bestätigte, was man ohnehin wusste: Aufsatznoten sind subjektiv. Dass alle Noten subjektiv sind, wurde ignoriert.

Im Jahr 1956 ließ der österreichische Pädagoge Rudolf Weiss[6] 153 Lehrer ein und dieselbe Mathematikarbeit beurteilen. Die Noten waren folgendermaßen verteilt:

[6]
*Ingenkamp 1977, 111,
Grafik: M. Hofbauer*

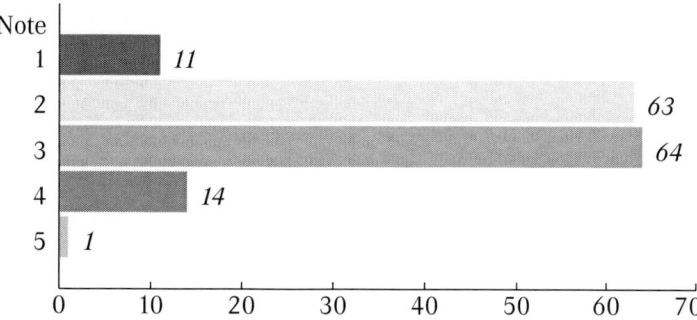

Zur Notengebung wurde auch in den folgenden Jahren wenig geforscht. Das änderte sich zu Beginn der 1970er Jahre, als man im Zuge der Bildungsoffensive der sozialliberalen Koalition erstaunt feststellte, dass Arbeiterkinder an Universitäten völlig unterrepräsentiert waren. Das ging gegen das demokratische Selbstverständnis der Republik. Vielleicht waren Arbeiterkinder ja dümmer? Man fand heraus, dass Unterschichtkinder sich nicht von Mittelschichtkindern unterschieden, was Intelligenz und mathematische Leistungen anging, diesen allerdings sprachlich unterlegen waren.

Ihre Noten waren aber nicht nur in Deutsch, sondern insgesamt schlechter. Damals veröffentlichte Karlheinz Ingenkamp den Sammelband „Die Fragwürdigkeit der Zensurengebung". Zuerst gab es kaum Resonanz. Erst als die ARD das Buch in der Sendung „Report" besprach, kamen zahllose Zuschriften, besonders von Gymnasiallehrern aus Süddeutschland. In einer späteren Ausgabe des Buches schreibt Ingenkamp: „Es war schon ein wenig bestürzend, daraus Rückschlüsse über die Bedeutung verschiedener Medien für die erziehungswissenschaftliche Information zu ziehen und zu registrieren, dass kaum einer der Briefschreiber das Buch gelesen hatte. Ich war auch ein wenig überrascht, dass fast kein Wort der Fäkaliensprache ausgelassen wurde, um meine ‚Nestbeschmutzung' zu kennzeichnen. Solche Stellungnahmen konnten aber einzelnen Außenseitern zugeschrieben werden. Deprimiert haben mich jedoch Briefe der Wortführer einer ‚schweigenden Mehrheit', die mir kollegial ins Gewissen redeten und in jeder Zeile offenbarten, dass sie noch nie etwas von den Fehlerquellen der Zensurengebung gehört hatten und auch nicht bereit waren, in entsprechenden Untersuchungen mehr als die Zahlenspielerei unredlicher Statistiker zu sehen."[7]

[7]
Ingenkamp, 1977, S.5

Noten waren und sind ein brisantes Thema. Wenn ein Wissenschaftler wie Werner Sacher gleich im ersten Kapitel seines Buchs über Noten notenfreie Räume fordert, wenn Eiko Jürgens das Leistungsprinzip in der Pädagogik in Frage stellt, und wenn Karlheinz Ingenkamp sein nun in der 9. Auflage erschienenes Buch – quasi die Bibel zu diesem Thema – „Die Fragwürdigkeit der Zensurengebung" nennt, so zeigt das: Mit den Noten ist einiges nicht in Ordnung. Das wird in der wissenschaftlichen Diskussion auch gar nicht bestritten. Was also stimmt nicht an den Noten? Sie entsprechen nicht den Messkriterien für Tests, die Bezugsnormen sind nicht eindeutig, sie dürfen nicht nach der Gaußschen Kurve (Normalverteilung) verteilt werden und die Noten selbst sind nicht eindeutig definiert.

Messkriterien

Noten sind die Maßeinheit zur Messung geistiger Leistung. Sie müssen bestimmten Messkriterien genügen: Wie genau messen sie? Wie stark wirken zufällige Fehler? Wird gemessen, was gemessen werden soll? Wird das Ergebnis von außen beeinflusst? Es ist die Frage nach Objektivität, Reliabilität und Validität des Messvorgangs.

Objektivität bedeutet:
Das Ergebnis ist unabhängig vom Prüfer.

Reliabel ist ein Ergebnis, wenn es nicht vom Zufall abhängt. Die Gefahr ist groß, dass der Zufall bei Prüfungen eine Rolle spielt. Im Extremfall stellt der Lehrer nur eine einzige Frage, die der Schüler nicht beantworten kann, obwohl er sonst alles zum Thema gewusst hätte. Oder die er beantworten kann, obwohl er sonst gar nichts gewusst hätte. Die Note, die er bekommt, sagt über sein tatsächliches Wissen also kaum etwas aus. Die Messgenauigkeit kann durch Fehler bei der Punkteverteilung oder durch unklare Formulierungen und Arbeitsanweisungen beeinflusst werden, aber auch durch äußere Umstände wie ungelüftete Räume, Lärm, schlechte Beleuchtung, Hitze, eine anstrengende Sportstunde vor der Prüfung oder durch die Nervosität des Lehrers oder des Schülers. An einem sonnigen Frühlingsmorgen nach einer ruhigen Nacht hätte der Prüfling drei Noten besser geschrieben.

Valide ist eine Messung, wenn sie das misst, was sie messen soll. Sind die Fragen knapp und so präzise, dass sie Fachwissen messen und nicht zur Hälfte das Leseverständnis? Das ist bei komplexen Aufgaben allerdings kaum zu bewerkstelligen. Ist das, was im Wesentlichen abgefragt wird, auch im Unterricht das Wesentliche gewesen? Prognosevalidität verlangt, dass das Urteil, das jetzt gefällt wird, sich in späterer Zeit als richtig erweist. Die Validität des Grundschulgutachtens am Ende der 4. Klasse wird in vielen Untersuchungen infrage gestellt.

Fehler beim Benoten

Empirische Untersuchungen zeigen, dass Noten weder objektiv noch valide noch reliabel sind, dass sie Urteilsfehler und Messfehler enthalten. Lehrer bewerten falsch, doch das ist nicht ihr persönliches Versagen, sondern dem System der Benotung geschuldet. Niemand kann sich innerhalb dieses Systems anders verhalten.

1.
Verschiedene Lehrer beurteilen ein und dieselbe Arbeit verschieden, und zwar in allen Fächern. „Allgemein bekannt sind die enormen Schwankungsbreiten in der Beurteilung mündlicher Leistungen und von Aufsätzen. Weniger bekannt ist, dass es auch in Mathematik erhebliche Divergenzen zwischen den Beurteilungen verschiedener Lehrer gibt."[8] Lehrer beurteilen dieselbe Arbeit anders, wenn sie ihnen ein zweites Mal vorgelegt wird.

[8]

Sacher 1994, 35

2.
Alter, Geschlecht, Ausbildung und Motivation des Lehrers, seine Auffassung von der Lehrerrolle und seine Position an der Schule beeinflussen das Urteil.

3.
Auftreten, Kleidung, Frisur, Sprache und Schrift des Schülers spielen eine Rolle. Man spricht vom Halo-Effekt, wenn eine Eigenschaft alles überstrahlt. Stark geschminkte Lippen wirken sich negativ, Brillen positiv auf die Note aus.[9]

[9]

Ingenkamp 1989

4.
Sympathie und Erwartungen des Lehrers wirken sich aus. Dem sympathischen Schüler schaden schlechte Leistungen nicht, dem unsympathischen nützen gute nichts. Dieselbe Leistung ist bei einem sympathischen Schüler besser als bei einem unsympathischen. Die Erwartungshaltung des Lehrers bestimmt sein Verhalten und das des Schülers. Jürgens spricht von self-fulfilling prophecy, wenn ein Lehrer einen Schüler immer als schwach einschätzt, bis dieser das negative Urteil

[10]

Jürgens 2005, 84

schließlich übernimmt und seine Schullaufbahn negativ programmiert.[10]

5.

Wiederholer werden strenger beurteilt, außer in Musik, Kunst und Sport. Ihre Leistungen können sich zuerst verbessern, pendeln sich dann aber wieder auf dem alten Niveau ein, da eine Förderung in der neuen Klasse nicht stattfindet[11] und von den Schülern gar nicht erwartet wird. Sie sehen eine Möglichkeit zur Verbesserung ihrer Leistungen nur außerhalb der Schule durch private Nachhilfe. Sie sehen Lehrer nicht als Förderer.[12]

[11]

Liegmann 2008, 38 f

[12]

Liegmann 2008, 85

6.

Das Gesetz der Reihe: Eine gute Arbeit wird nach mehreren schlechten besser bewertet als nach guten. Eine schlechte Arbeit schneidet unter guten Arbeiten schlechter ab als unter schlechten. Für Lehrer ist es ein Problem, fünf hervorragende Aufsätze hintereinander mit „sehr gut" zu bewerten. „Das kollidiert nämlich mit dem unausgesprochenen Dogma, dass es so viele Einsen hintereinander gar nicht geben kann."[13]

[13]

Sacher 1994, 43

7.

Der Strengefaktor: Strengbeurteiler gewichten Fehler stark, nehmen Positives kaum wahr und geben selten gute Noten. „Die Begründung, es handle sich um eine schlechte Klasse, ist immer dann anzuzweifeln, wenn sich solche Strengbeurteilung bei einem Lehrer in mehreren Klassen zeigt, eventuell sogar in solchen, die bei anderen Kollegen und in anderen Fächern keineswegs negativ auffällig sind."[14] Mildbeurteiler handeln genau umgekehrt.

[14]

Sacher, 1994, 41

8.

Tendenz zur Mitte oder Tendenz zum Extremurteil: Der Lehrer gibt nie Extremnoten oder nur Extremnoten. Das Phänomen ist wenig erforscht, auf jeden Fall ist das Vorgehen subjektiv.

9.

Im Laufe des Korrigierens ändert sich der Bewertungs-maßstab. Manche Lehrer bewerten am Anfang einer Korrekturperiode strenger, die anderen am Ende.

10.

Die Höchstpunktzahl und die Verteilung der Punkte auf die Noten sind unterschiedlich. Mit mehr Punkten lässt sich nicht nur differenzierter bewerten, die Noten werden auch besser.

11.

In manchen Fächern wird Leistung kritischer bewertet als in anderen und somit strenger zensiert. In der Grundschule sind das Deutsch und Mathematik, in den weiterführenden Schulen Deutsch, Mathematik und Fremdsprachen. Auf der anderen Seite sind (fast) alle Fächer gleich, was das Vorrücken und die Berechnung von Durchschnittsnoten betrifft. Die gleichzeitige Ungleich- und Gleichbehandlung der Fächer widerspricht jeder Messtheorie.

12.

Einen Durchschnitt aus Schulnoten zu bilden, ist mathematisch unsinnig, weil Noten keine mathematische Größe sind, sondern eine Reihenfolge beschreiben. Mit einer Eins ist man der Erste, mit einer Sechs der Letzte. Das sieht man leicht an folgendem Gedankenexperiment: Anstelle von Ziffern kann eine Leistung mit einem Buchstaben beschrieben werden, was viele Länder auch tun. Einen Durchschnittsbuchstaben gibt es nicht. Nur aus Werten, die gleichmäßig auf einer Skala angeordnet sind, also beim Messen von Temperatur, Geschwindigkeit und so weiter, sagt ein Durchschnittswert etwas Sinnvolles aus.

Die Noten sind auf der Notenskala aber gerade nicht gleichmäßig verteilt: Für die Hälfte des Wissens gibt es eine Vier minus, der mittlere Bereich und der Sechserbereich sind breit, der Einserbereich dagegen ist schmal. Die Verwendung von Ziffern verführt dazu, Noten als mathematische Größen zu sehen und nach mathematischen Regeln mit ihnen umzugehen. Noten sind aber Kürzel für qualitative Urteile. Dennoch werden ständig Notendurchschnitte gebildet, die dann über eine Endnote und den Zugang zur nächsten Klasse, zu den weiterführenden Schulen – hier vor allem das „Grundschulabitur" mit den Schnitten 2,33 (Gymnasium) und 2,66 (Realschule) –, zu Berufsausbildung oder Universität entscheiden.

13.

Nach der vierten Klasse der Grundschule gehen die
Kinder mit den besten Noten auf die Realschule und das
Gymnasium. Sie müssten konsequenterweise auch dort
hervorragende Noten erhalten, stattdessen erfahren sie
einen Einbruch in ihren Noten.

Es ist unsinnig zu sagen: Am Gymnasium wird auch
mehr gefordert! Das „Mehr" muss unterrichtet werden,
damit Schüler ihre Leistungsfähigkeit realisieren
können. Eine Verschiedenheit des Bewertungsmaßstabs
zu behaupten, bedeutet, Grad Celsius sei am Nordpol
etwas anderes als am Äquator.

14.

Auch in den höheren Klassen der Realschule oder des
Gymnasiums ist der Notendurchschnitt nicht besser,
obwohl die schwachen Schüler nach und nach aussortiert
werden, zur Wiederholung der Klasse oder auf die jeweils
niedrigere Schulart. Da nur die Besten übrig bleiben,
müsste der Notendurchschnitt besser werden und die
Gaußsche Kurve müsste sich nach links neigen. Das tut
sie aber nicht. Die Benotung wird also immer strenger,
was einer richtigen Messung der Leistung widerspricht.
Das Gleiche gilt für so genannte Hochbegabtenklassen.
Auch dort setzt sich die Gaußsche Normalverteilung
durch, es werden also wieder gute, mittlere und schlechte
Schüler definiert.

15.

Eine Note beschreibt den Ist-Zustand. Sie hat aber
zwei zeitliche Komponenten: den Blick zurück auf den
Lernfortschritt und den Blick in die Zukunft, auf die
Leistungsentwicklung. Der prognostische Wert von
Noten ist gering. Fast die Hälfte der Übertrittsgutachten
der 4. Klassen ist falsch. Der Bildungsbericht München
2006 nennt 40 Prozent der Gymnasiasten, also auch die
knappe Hälfte, die bis zum Abitur verloren gehen.

16.

Mädchen werden besser bewertet als Jungen.

17.

Kinder aus sozial benachteiligten Schichten werden
schlechter bewertet als Kinder aus der Oberschicht.

Diese kommen bei gleicher Intelligenz leichter aufs Gymnasium. In Sachsen ist die Chance für ein Oberschichtkind fast dreimal so groß, in Bayern fast siebenmal.[15] Inzwischen haben sich die Übertrittsquoten verbessert.

15

PISA 2003
Innerdeutscher Vergleich

18.
Migrantenkinder werden, vor allem in der Grundschule, schlechter bewertet. Sie müssen in der 4. Klasse viel besser sein als Kinder aus der Oberschicht, um für das Gymnasium empfohlen zu werden.

Rund 44 Prozent der Migrantenkinder besuchen die Hauptschule, aber nur 19 Prozent der einheimischen Kinder. Fast 20 Prozent der Jugendlichen mit Migrationshintergrund verlassen die Hauptschule ohne Abschluss – bei den einheimischen Jugendlichen sind es 8,5 Prozent.

19.
Noten sind unlogisch. Ein Schüler hat sich auf die Klassenarbeit mit dem Thema Multiplikation nicht vorbereitet und schreibt eine Fünf. Nun paukt er Multiplikation und das Thema der nächsten Arbeit, Bruchrechnen. Er beherrscht Multiplikation und Bruchrechnen sehr gut und schreibt eine Eins. Im Zeugnis bekommt er die Durchschnittsnote Drei, obwohl sein derzeitiger Wissensstand sehr gut ist.[16]

16

Siehe auch:
Huisken, 2001, 375

20.
Noten sind eindimensional. Eine Zwei in einer Fremdsprache sagt nichts darüber aus, wie ein Schüler die Sprache spricht. Ein Schüler, der sehr viel lernt, kann gute Noten erhalten. Ob er selbständig arbeiten kann, ist nicht gesagt. Schüchterne Schüler erhalten schlechtere Noten. Gemessen wird nämlich nur, was sie äußern, ihre Performanz. Ihr tatsächliches Wissen bleibt im Dunkeln, in ihrem Inneren.

„Damokles Trichter“, Greta Sedlmayr, 11. Klasse

Bezugsnormen

Um Noten nun nicht völlig willkürlich verteilen zu müssen, holte man ein anderes Hilfsmittel: die Bezugsnormen, die aber genauso fehleranfällig sind wie die Notenskala. Die Noten werden also verteilt in Bezug auf etwas anderes.

Drei Normen (ein Widerspruch in sich) stehen zur Auswahl:
1. die kriteriale Bezugsnorm, das ist der Lehrplan
2. die soziale Bezugsnorm, das ist die Klasse
3. die individuelle Bezugsnorm, das ist der einzelne Schüler.

Die kriteriale Bezugsnorm ist die von der Schulverwaltung vorgeschriebene. Sie ist die umfassendste, sie umfasst die ganze Welt. Erst einmal ist es der Unterrichtsstoff. Der orientiert sich am Lehrplan. Der Lehrplan orientiert sich am Stand der Wissenschaft und an der Kultur unserer Gesellschaft. Er enthält Sequenzen unseres Weltwissens. Aber nicht einmal der Stand der Wissenschaft ist eindeutig definiert. Wissenschaftler streiten sich. Auch die abendländische Kultur, von Konservativen gerne als Maß herangezogen, ist nicht eindeutig, hat doch das Morgenland kräftig mitgemischt.[17] Nun sollen Lehrer das Kunststück vollbringen, mit Vieldeutigkeiten normativ umzugehen.

Die soziale Bezugsnorm ist die Rangfolge in der Klasse. Die scheint klar zu sein - in der einen Klasse bei dem einen Lehrer. In der anderen Klasse bei einem anderen Lehrer ist alles wieder anders. Ein Schüler erhält in einer leistungsschwachen Klasse die Note Zwei, in einer leistungsstarken Klasse würde er für dieselbe Arbeit die Note Drei oder Vier erhalten.

Die individuelle Bezugsnorm ist der Schüler selbst. Sie beschreibt seinen individuellen Lernfortschritt. Was konnte der Schüler in dem Fach vor zwei oder drei Wochen noch nicht, was kann er jetzt? Diese Norm fördert durch den individuellen Blick auf den Schüler seine Motivation und seine Einsicht in die eigene Leistungsfähigkeit am besten. Ein mit Worten genau beschriebener Lernfortschritt erklärt mehr als die Ziffer Zwei, vor zwei Wochen noch Vier. Um Zeit zu sparen,

[17]

Nicht nur in Andalusien, auch in anderen europäischen Ländern lebten im 12. Jh. Muslime. Allein in Palermo gab es über 400 Moscheen. In Salerno lehrten arabische Professoren Medizin, auch Frauen waren zum Studium zugelassen.

können zwar auch Noten verwendet werden, solange die Beteiligten miteinander reden. Das Wesentliche ist die Kommunikation über die Lernentwicklung. Wohlgemerkt, es geht um den Fortschritt. Da sagt die Zwei bei Schüler A etwas völlig anderes aus als die Zwei bei Schüler B. Ein Prinzip, das in deutschen Schulen nicht angewendet werden darf. In englischen, finnischen, südtiroler Schulen schon, sie dürfen Schüler an sich selbst messen.

Gaußsche Kurve

Die soziale Bezugsnorm produziert immer einen Prozentsatz sehr guter Schüler, einen Prozentsatz sehr schlechter und ein Mittelfeld. Eine Gruppe von dreißig Personen kann keine Bezugsnorm sein, schon gar nicht unter dem Diktat der Normalverteilung. Jede Klasse besteht aus Schülern mit ganz unterschiedlichem Potenzial. Das wissen auch die Schulministerien und sagen, es gebe keine Anweisung, die Gaußsche Kurve anzuwenden. Sie wird aber angewendet, und wenn der Notendurchschnitt der Klasse schlecht ist, hat der Lehrer eben Leistung gefordert - seinen Unterricht hinterfragt er nicht, - das tun höchstens die Schüler und Eltern, - während Lehrer mit einem guten Schnitt Schwierigkeiten mit der Schulverwaltung bekommen können. Dass sie einen exzellenten Unterricht gehalten haben, wird nicht vermutet. Zwanzig Einser in einer Klasse können nicht sein.

Kurven entstehen in der wissenschaftlichen Arbeit anders als in der Schule. In natur- und sozialwissenschaftlichen Untersuchungen sind Kurven grafische Darstellungen von Testergebnissen. Das Ergebnis bestimmt also die Kurve. In der Schule ist es umgekehrt: Die Gaußsche Kurve steht fest und das Ergebnis der Untersuchung, die Klassenarbeit, hat sich danach zu richten. Fällt das Ergebnis anders aus, überlegt der Lehrer, was er ändern kann. Vielleicht die Punkteverteilung, vielleicht die Vergabe der Punkte auf die einzelnen Antworten der Schüler, vielleicht den Notenschritt. Diese Maßnahmen sind Manipulation. Für jeden Wissenschaftler, würde er so vorgehen, wäre das das Ende seiner Laufbahn. Er hätte nicht nur seinen Job verloren, sondern auch seinen Ruf. In der Schule ist das anders: Solche Manipulation ist normal und bestimmt das Leben von Kindern und Jugendlichen, das heißt: ihre Lebenschancen.

„Natürliche" Begabung

Der Zwang, die Noten in ihrer Klasse nach der Gaußschen Kurve zu vergeben, fördert bei Lehrern die Vorstellung von der „natürlichen Begabung". Das Bild von der Normalverteilung, das auf eine große Masse zweifellos zutrifft, ist für kleine Gruppen falsch. Eine Klasse ist eine zufällig zusammen gewürfelte Gruppe. Und doch erscheint es normal, dass in jeder Klasse ein paar gute, viele mittlere und ein paar schlechte Schüler sitzen. Das wird nicht hinterfragt.

Die Voraussehbarkeit der Normalverteilung von Noten bewirkt, gerade bei älteren Schülern, Ermüdung, Langweile, Demotivation. Jeder Lehrer und jede Lehrerin kennt die Situation: Man hat die Klassenarbeiten nach nächtelanger Korrektur verteilt, bei einigen Freuden- schreie, aber die meisten werfen einen ausdruckslosen Blick auf die Note, legen die Arbeit beiseite oder geben sie demonstrativ sofort zurück. Abgehakt. Nur wenige blättern die Arbeit durch und lesen die Bemerkung am Schluss. Auch sehr gute Schüler nehmen das „Sehr gut" mit Gleichmut hin. Sie wissen, sie haben gute Noten, schon seit Jahren ist es so. Besondere, individuelle Anerkennung erhalten sie durch dieses Notensystem nicht. Genauso wie die leistungsstarken Schüler auf ihrem Rang stehen, so haben auch die leistungsschwa- chen ihren Rang. Fatalistisch sagen sie: „Ich hab gelernt, ich bring's halt nicht. Weiß auch nicht warum."

Der Lehrer weiß es auch nicht oder er hat ein fertiges Bild von dem Schüler, und hier schleicht sich der Begriff „Begabung" ein. Wenn man nicht mehr weiter weiß, heißt es: „Mangelnde Begabung." Die Hirnforschung hat die Vorstellung von der statischen Begabung längst widerlegt. Begabung, Können, Intelligenz sind ein dynamischer und aktiver Prozess: Die Lernenden konstruieren Erkenntniswege in ihren Köpfen. In einer fördernden Umgebung steigt der IQ (siehe Oak-School- Experiment, S. 68) und in einer negativen kann er sinken: Die Schüler der 4. Klassen schneiden bei IGLU besser ab als die 15-Jährigen bei PISA. Dennoch hält sich eine Vorstellung von Begabung, als sei diese in die Wiege gelegt oder genetisch bedingt.[18] Es gebe eben von Natur aus gute und schwache Schüler. Dann kann niemand etwas dafür, niemand trägt Verantwortung.

[18]
„In den Genen liegt überhaupt nichts. Sie sind eine Klaviatur, auf der das Leben spielt." Prof. Dr. Joachim Bauer in dem Vortrag: Schüler verstehen – Gibt es eine Neurobiologie der Schule? im Bayerischen Landtag am 9.5.2007

„Definition" der Noten

Nach 1945 fielen die Schulen aufgrund der föderativen Struktur der Bundesrepublik unter die Kulturhoheit der Länder. Da aber das Grundgesetz gleiche Bildungschancen für alle fordert, beschloss die Kultusministerkonferenz (KMK), die zentrale Versammlung aller Schulminister der Länder, Noten nach einheitlichen Kriterien zu vergeben. Sie erfand dafür 1954 den „Durchschnitt" und die „Klassenstufe" und legte fest, dass Noten sich nach „dem Leistungsdurchschnitt der Klassenstufe" richten müssen. Was der „Leistungsdurchschnitt der Klassenstufe" ist, wird nirgends gesagt. 1968 beschrieb die KMK die Noten neu:

„ sehr gut (1): Die Note „sehr gut" soll erteilt werden, wenn die Leistung den Anforderungen in besonderem Maße entspricht.

gut (2): Die Note „gut" soll erteilt werden, wenn die Leistung den Anforderungen voll entspricht.

befriedigend (3): Die Note „befriedigend" soll erteilt werden, wenn die Leistung im Allgemeinen den Anforderungen entspricht.

ausreichend (4): Die Note „ausreichend" soll erteilt werden, wenn die Leistung zwar Mängel aufweist, aber im Ganzen den Anforderungen noch entspricht.

mangelhaft (5): Die Note „mangelhaft" soll erteilt werden, wenn die Leistung den Anforderungen nicht entspricht, jedoch erkennen lässt, dass die notwendigen Grundkenntnisse vorhanden sind und die Mängel in absehbarer Zeit behoben werden können.

ungenügend (6): Die Note „ungenügend" soll erteilt werden, wenn die Leistung den Anforderungen nicht entspricht und selbst die Grundkenntnisse so lückenhaft sind, dass die Mängel in absehbarer Zeit nicht behoben werden könnten." [19]

Die Gleichförmigkeit der Formulierungen klingt nach Eindeutigkeit und Stichhaltigkeit. Sieht man aber genauer hin, lösen sich die Formulierungen in Nebel auf. „Anforderungen" definiert die KMK folgendermaßen: „Der Begriff ‚Anforderungen'... bezieht sich

[19]

Beschluss der Ständigen Konferenz der Kultusminister der Länder der Bundesrepublik Deutschland vom 3.10.68, Erg.-Lfg.12 v. 21.4.69, Nr. 671, S.1

auf den Umfang sowie auf die selbständige und richtige Anwendung der Kenntnis und auf die Art der Darstellung." Der Satz klingt unklar und er ist es auch. Was heißt „bezieht sich auf den Umfang" – wo ist der beschrieben? – „sowie auf die selbstständige und richtige Anwendung der Kenntnis", die eine klare Angabe sein könnte, wenn sich „Kenntnis" eindeutig in richtig und falsch klassifizieren ließe. Das ist aber bei einem Großteil der komplexen Lernanforderungen aller Schularten nicht möglich.

Nach solchen „Definitionen" müssen sich Lehrer bei der Benotung richten. Der Erziehungswissenschaftler Jörg Ziegenspeck sagt dazu: „In keinem Bundesland ist bisher der Begriff ‚Anforderungen' ... amtlicherseits konkret bestimmt worden. Da also ein verbindlicher Bezugspunkt, ... fehlt, ist der einzelne Lehrer ... darauf angewiesen, sich weiterhin am klasseninternen und möglicherweise schulinternen Maßstab zu orientieren."[20] Lehrer müssen selbst entscheiden, und sie entscheiden unterschiedlich.

[20]
Ziegenspeck 1973,45

Untersuchungen stellen zwar fest, dass die Noten sich innerhalb einer Klasse in der Rangfolge meist so verteilen wie die Ergebnisse externer Tests, – die Ergebnisse aus verschiedenen Klassen, korrigiert von verschiedenen Lehrern, sind jedoch verschieden. Etwas richtig Erkanntes wird durch die Notwendigkeit einer ziffernmäßigen Zuordnung falsch: „Eine Eins ist eine Zwei ist eine Drei."[21] Werner Sacher beschreibt das so: „Wenn ein Schreiner die Länge einer Fensterbank misst und zu dem Ergebnis kommt, dass sie 1,83 m beträgt, dann muss er nicht unbedingt eine Feststellung darüber treffen, ob das eine gute oder eine schlechte Länge ist.

[21]
Valtin 2002, 67

Genau zu einem solchen Werturteil hat der Lehrer auf dem Weg der Benotung in aller Regel fortzuschreiten."[22] Was Schülern als Akt persönlicher Willkür erscheint – der strenge oder der milde Lehrer – hat seine Ursache darin, dass die Anforderungen an die Notenstufen nicht definiert sind und wohl auch nicht definiert sein können. Was es heißt, dennoch Ziffernurteile zu erhalten, erfahren Schüler täglich, und das noch vertrackter als beschrieben. Strenge Beurteilung heißt nämlich nicht

[22]
Sacher 1994,48

per se hohes Anforderungsniveau. Man kann auch
ein niedriges Niveau streng beurteilen. Da also weder
Ziel und Inhalt der Lehrpläne noch das Anforderungsniveau der Notenskala definiert sind, müssen Lehrer
selbst entscheiden. Sie wählen Inhalt und Ziel aus dem
Lehrplan aus, entwerfen einen Erwartungshorizont, an
den sie die Notenskala legen, die sie an der Gaußschen
Kurve orientieren - alles individuelle Entscheidungen.

Das bedeutet: Lehrer machen ihre Noten irgendwie. Sie
können nicht anders. Sie machen Noten nach bestem
Wissen und Gewissen, nach persönlichem Dafürhalten
– dass Lehrer eine Persönlichkeit haben, ist ihnen nicht
vorzuwerfen – oder ganz moralisch: Sie versuchen
gerecht zu benoten. Und das Definitionskarussell beginnt
von neuem: Was ist Gerechtigkeit?

Um diesem moralischen Anspruch zu entgehen, der den
Lehrer als gerechten Richter zur Gottähnlichkeit erhöht,
zaubern die Schulministerien einen neuen Begriff aus
dem Hut: das pädagogische Ermessen. Was ist das? Die
Ministerien definieren es nicht. Es scheint eine andere
Art der Messung zu sein, eine pädagogische, eine erzie-
herische, was immer das ist. Aber sie bestehen darauf:
„Zentrale Anweisungen seitens der Schulleitung und
Schulaufsicht zur Notenfindung, etwa die Festlegung, wie
viele Fehler im Diktat zu welcher Note führen, wäre auch
aus Sicht des Dienstherren, also des Kultusministeriums,
unsachgemäß und nicht mit der pädagogischen Verantwortung der Lehrkraft vereinbar. Für die Ermittlung der
Noten kann ein Bewertungsschlüssel verwendet werden;
er ist für die Lehrkraft jedoch nicht bindend, es sei denn
der Notenschlüssel ist vorgegeben (wie bei Abschlussprü-
fungen, U.L.).

Da die Bewertung der Leistungen der Schüler und die
Bildung der Zeugnisnoten primär pädagogische Vorgänge
sind, wäre eine feste und vorgegebene Regelung eine
inakzeptable Verrechtlichung.“[23] Auch die KMK ist dieser
Ansicht und sagt für das Grundschulzeugnis, das
wohl wichtigste Zeugnis in der Schullaufbahn eines
Kindes: „In dem Verfahren werden die Erkenntnisse
der Pädagogik und Psychologie berücksichtigt. Auf jede
schematische und mechanische Gestaltung des

[23]

*Bayerische Schule
3/2008, 28*

*KMK 2003: Übergang
von der Grundschule in
Schulen des Sekundar
bereichs I. Sekretariat des
Kultusministerkonferenz.
In: Liegmann 2008*

Verfahrens ist zu verzichten."[24] Welche Mechanik da
gemeint ist, ist unklar, klar ist aber, dass Lehrer allein
entscheiden müssen. Sie benoten so gerecht wie möglich.
In pädagogischer Verantwortung. Ohne Verrechtlichung,
ohne Schema und Mechanik. Nach persönlichem
Dafürhalten. Dass Ministerien dieses persönliche Dafürhalten zur Grundlage für Lebensentscheidungen machen,
ist mit den Prinzipien eines demokratischen Rechts-
staates nicht vereinbar.

8.
Sind Wortgutachten besser als Notenzeugnisse?

Die Leiterin der staatlichen Montessori-Gesamtschule in
Potsdam: Wer nicht lesen kann, braucht Noten. Ein
differenzierter Bericht über die differenzierten Kompetenzen von Schülern ist schwieriger zu lesen, sagt aber
mehr aus als eine eindimensionale Note. Ansonsten
können sie Fehler enthalten wie Ziffernnoten auch: Sie
sind subjektiv, sie hängen vom Niveau der Lerngruppe
ab, sie bevorzugen Mädchen und so weiter.
In einer auf Zeugnisse fixierten Umgebung werden sie
überbewertet, während sie innerhalb einer neuen Feedback-Kultur ein Mosaikstein in einem laufenden Dialog
zwischen Lehrendem und Lernendem sind.

Wortgutachten, Lernberichte, Verbalzeugnisse,
Berichtzeugnisse, wie immer sie genannt werden, sind
Mitteilungen an Schüler und Eltern, die den persönlichen
Lernfortschritt des Schülers beschreiben, persönliche
Stärken und Schwächen und wie es weiter gehen soll.
Tatsache ist: Wortgutachten sind weder bei Eltern noch
bei Schülern beliebt. Wer kritisiert was?

Was kritisieren Kinder an den Wortgutachten?

Kinder erhalten an Regelschulen nur in der 1. und
2. Klasse der Grundschule keine Ziffernnoten, und auch
das wurde in etlichen Bundesländern für das Ende
der 2. Klasse schon wieder zurückgenommen,
mit der Begründung, Eltern wollen Noten. Ohne Noten
lernen Kinder an Montessori-, Waldorf-, Sudbury-
und anderen Privatschulen und in vielen Schulen im
Ausland.

Kinder kritisieren an Wortgutachten:
• Sie können in ihrer familiären Umgebung mit Noten
besser Gratifikationen erlangen. Oma, Opa. Onkel, Tanten
und die Eltern belohnen leichter mit Geld- und anderen

Geschenken, wenn sie eindeutige Noten vor sich sehen. Mit einem „Roman" ist das schon schwieriger.

• Ziffernnoten bedeuten: "Ich bin groß!" Auch ich habe wie die Mehrzahl der SchülerInnen endlich ein „richtiges" Zeugnis.[25]

[25]

siehe Maier 2001

Die Urteile der Kinder zeigen die allgegenwärtige Selbstverständlichkeit von Noten. Sie übernehmen das Urteil ihrer notenfixierten Umgebung: Oma, Opa, Onkel, Tanten und die Eltern haben ihre eigene Schulzeit nur mit Ziffernzeugnissen verbracht. Ein Berichtzeugnis ist nicht „normal".

Was gefällt Kindern an Wortgutachten?

Sie lieben es, dass auf bis zu vier Seiten nur von ihnen gesprochen wird. Was sie ein halbes, ein ganzes Jahr lang in der Schule gemacht haben, wie sie es gemacht haben und mit welchem Erfolg, wird genau beschrieben. Wie sie mit den MitschülerInnen zusammengearbeitet, gespielt und geplant haben, was sie an Besonderheiten getan haben, all das wird dargelegt, manchmal kritisiert, meist aber freundlich mitgeteilt. Sobald die Kinder lesen können, lesen sie ihr Zeugnis immer wieder, oft können sie es auswendig. Und immer, wenn sie es lesen, rekapitulieren sie ihre Tätigkeiten in diesem Schuljahr, eine freiwillige Wiederholungsarbeit. Kinder sehen sich also klar als Adressaten, deshalb ist es so wichtig, das Zeugnis auch an sie zu richten, das heißt nicht in der dritten Person über sie zu schreiben.[26] Aber dann kommen die Einflüsse von außen, und die kleinen Kinder warten auf das „richtige" Zeugnis.

[26]

Beutel, 2005

Was kritisieren Eltern an Wortgutachten?

[27]

Maier 2001,130f

Es gibt mehrere Aspekte. An erster Stelle wird mangelnde Klarheit kritisiert, ein Wortgutachten gebe keine „exakte Rückmeldung an die Eltern", keine „klare Leistungseinordnung."[27] Sie sind häufig in einer unverständlichen Fachsprache formuliert, ohne Bezug auf die Eltern oder Kinder. Wir sind an Noten gewöhnt, so sehr, dass wir Sätze über die Kompetenzen unserer Kinder nicht verstehen, ja gar nicht interessiert sind an ihnen. Wir wollen wissen, wo steht unser Kind, oben, unten und damit basta. Wieso auch sollen wir über die Feinheiten der Lernprozesse unserer Kinder Bescheid wissen, wenn dann doch die Note entscheidet? Note Sechs heißt Durch-

Im Internet werden Formulierungen von Wortgutachten in Noten übertragen oder sie werden, als handele es sich um die Geheimsprache von Arbeitszeugnissen, in „normales" Deutsch übersetzt. Beides führt Wortgutachten ad absurdum.

Wie beurteilen Lehrer Wortgutachten?

gefallen. Solange dieses Gesetz besteht, sind Worte überflüssig.

Wenn eine Lehrerin schreibt: Florian hat sich in letzter Zeit sehr viel Mühe mit dem Schreiben gegeben und seine Schrift ist viel leserlicher geworden, dann meint sie das anerkennend.[28] Für den Jungen ist es im Moment völlig egal, ob seine Schreibleistung eine Fünf oder schon eine Vier ist, wichtig ist das Kompliment für den Fortschritt mit dem Impuls: Weiter so! Für das Zeugnis entscheidet aber nur: Fünf oder Vier. Und das Kompliment ist für die Katz.

Diejenigen, die sie schreiben, beurteilen sie positiv. Also Grundschullehrerinnen und all die LehrerInnen, die an Modellschulen arbeiten, privaten wie öffentlichen, meist Gesamtschulen.

Am kritischsten sehen sie die, die am wenigsten mit ihnen zu tun haben und gleichzeitig an den selektivsten Schularten unterrichten, die Gymnasial- und RealschullehrerInnen.

Kritikpunkte sind:
• Ein Wortgutachten zu schreiben dauert zwei bis drei Stunden länger als ein Notenzeugnis.

• Ein Wortgutachten stellt höhere diagnostische Anforderungen. SchülerInnen müssen während des Unterrichts genau beobachtet werden.

Dazu werden Beobachtungs- und Kriterienkataloge verwendet und das Pädagogische Tagebuch. Das Kind steht im Mittelpunkt, nicht der Lehrplan oder die Rangordnung in der Klasse. Es sind qualitative, nicht quantitative Beobachtungen.

• LehrerInnen kritisieren, für diese anspruchvolle Arbeit nicht genügend aus- und fortgebildet zu sein.

• LehrerInnen vermissen Formulierungshilfen.

• LehrerInnen haben Angst, beschönigend zu schreiben bzw. so verstanden zu werden.

Positiv wird gesehen:

• LehrerInnen können das individuelle Lernverhalten des Kindes beschreiben und dabei mehr Aspekte berücksichtigen, als das mit Noten möglich wäre.

• Das Urteil ergibt sich aus der Arbeit im Unterricht, nicht aus eigens angesetzten Prüfungen.

• Ohne Noten ist die Atmosphäre im Unterricht entspannt und die Kinder haben weniger Angst.

• Motivation und Lernfreude der SchülerInnen sind größer. Schwächere SchülerInnen erleben es positiv, nicht durch schlechte Noten entmutigt zu werden.

• Das Lernen steht im Mittelpunkt, nicht das Prüfen. Grundschullehrerinnen fragen nach dem Sinn von Prüfungen: „Wir brauchen alle Zeit der Welt, damit Kinder die grundlegenden Kulturtechniken lernen. Solange Kinder sie noch nicht beherrschen, nützen Prüfungen nichts. Sie brauchen keine Bestätigung durch eine benotete Prüfung, dass sie etwas nicht können."

LehrerInnen wünschen sich Formulierungshilfen. In der Tat gibt es Wortgutachten, die in solcher Wort- und Ausdrucksarmut geschrieben sind, dass sich der Verdacht aufdrängt, es wolle jemand kein Wort zu viel sagen. Welche Befürchtungen verschließen da den Mund? Bewertungen haben in Deutschland eine solche Bedeutungsschwere, dass sie auch die Formulierungen in den Wortgutachten belasten. Alles was ich sage, muss hieb- und stichfest sein. Also sage ich so wenig wie möglich.

Der Wunsch nach Formulierungshilfen zeigt: Es geht nicht um sprachliche Probleme, sondern um Beobachtungsschwierigkeiten.

Nicht nur LehrerInnen neigen dazu, alles zu bewerten, anstatt nur zu sagen, was sie sehen, hören und eventuell spüren. Je konkreter die Vorgänge beschrieben sind, desto genauer erinnert sich das Kind an den Weg des Lernens, erinnert sich an Unsicherheit und Ermutigung durch neue Lernschritte, auch an seine Enttäuschung, weil es schneller lernen wollte, aber die vorhergehenden

Schritte noch nicht beherrschte, wie es wiederholen musste und dann erst verstand, um was es ging. Das Kind wiederholt lesend den Lernprozess. Jetzt im Erinnern sieht es sich, von einer höheren Warte zurückblickend, den Weg noch einmal gehen.

Das Kind sieht nicht nur den Sachverhalt, sondern auch sich selbst, seine Lernschritte, die Art des Vorgehens, die Unsicherheit und den Lernerfolg. Es begreift, warum es plötzlich etwas verstanden hatte, wann es wen zu Hilfe geholt und wann es etwas allein gemacht hatte.

Je mehr es sich der Schritte bewusst ist, die es ging, je mehr es die damaligen Gefühle und Erwartungen wieder erlebt, je mehr es sich also in seiner Persönlichkeit erfährt, desto sicherer kann es in die Zukunft schauen und desto genauer weiß es, wie es vorangehen wird.

LehrerInnen schreiben die Wortgutachten aber nicht auf diese Weise, in der Lernen als ein Prozess dargestellt wird. Auch sie sind von der Notennorm beeinflusst und beschreiben Ist-Zustände, in denen sie das Kind als Objekt taxieren, oft in einer Fachsprache, häufig lieblos-sachlich. In einer Notenschule, in der Ziffern entscheiden, ist das Wortgutachten ein Fremdkörper im System.

Schüler, Eltern, Lehrer denken an Noten. Das vergiftet die Wortgutachten. In einer Notenschule können sie ihre Kraft nicht entfalten.

9. Menschenrecht Bildung

Das gegliederte Schulsystem, das in Europa nur zwei Länder praktizieren, Deutschland und Österreich, vermittelt die Vorstellung: Bildung wird gewährt oder verweigert. Kinder und Jugendliche müssen bestimmte Bedingungen erfüllen, um eine bestimmte Bildung zu erhalten. Erfüllen sie die Bedingungen nicht, erhalten sie weniger Bildung.

Wenn ein Kind einen bestimmten Notendurchschnitt – der in sich schon unsinnig ist – nicht erreicht, darf es nicht auf die Realschule, darf es nicht aufs Gymnasium.

Es erhält eingeschränkte Wissenspakete, die auf die Berufsausbildung vorbereiten. Kunst, Literatur, philosophische Gedanken, Aspekte mathematischen Denkens, grundlegende naturwissenschaftliche Zusammenhänge werden Hauptschülern nicht zugebilligt.

Die Fundamente unseres Weltwissens, also gerade das, was Denken anregt, werden ihnen vorenthalten. Alles, was Hauptschülern gewährt wird, ist auf Praxis und Praktikabilität zugeschnitten.

Sie können die Grenzen ihres Wissens und ihres Interesses in diesem Schulsystem gar nicht erproben. Das brauchen sie auch nicht, weil der Staat weiß – über seine Vertreter, die Lehrer, – was für die jeweiligen Kinder und Jugendlichen gut ist.

Dementsprechend gewährt er Bildungschancen: Für die Vielfalt der knapp zehn Millionen Schülerinnen und Schüler in Deutschland hält er nach der Grundschule vier Bildungsmöglichkeiten bereit, die qualitativ verschieden sind.

Das sind die Sonderschule, die Hauptschule, die Realschule und das Gymnasium. Und weil Kinder und Jugendliche in Deutschland seit Jahrzehnten in diese Schulen gesteckt werden und auch ihre Eltern in einer dieser Schachteln ihre Jugend verbracht haben, denken alle, das könne nicht anders sein.

Erst die Internationalisierung der Pädagogik vor allem seit 2001 durch PISA öffnete die Augen für andere Länder.

Weltweit bestehen in den Ländern, in denen es funktionierende Schulen gibt, integrierende Schulsysteme, das heißt, die Schülerinnen und Schüler gehen bis sie 14 Jahre alt sind, in den meisten Ländern in Europa bis sie 16 Jahre alt sind und in den USA bis zum 18. Lebensjahr gemeinsam auf eine Schule.

Und das Erstaunliche: Die meisten Länder schneiden in internationalen Tests besser ab als Deutschland. PISA und andere Tests zeigen uns: Es geht auch anders.

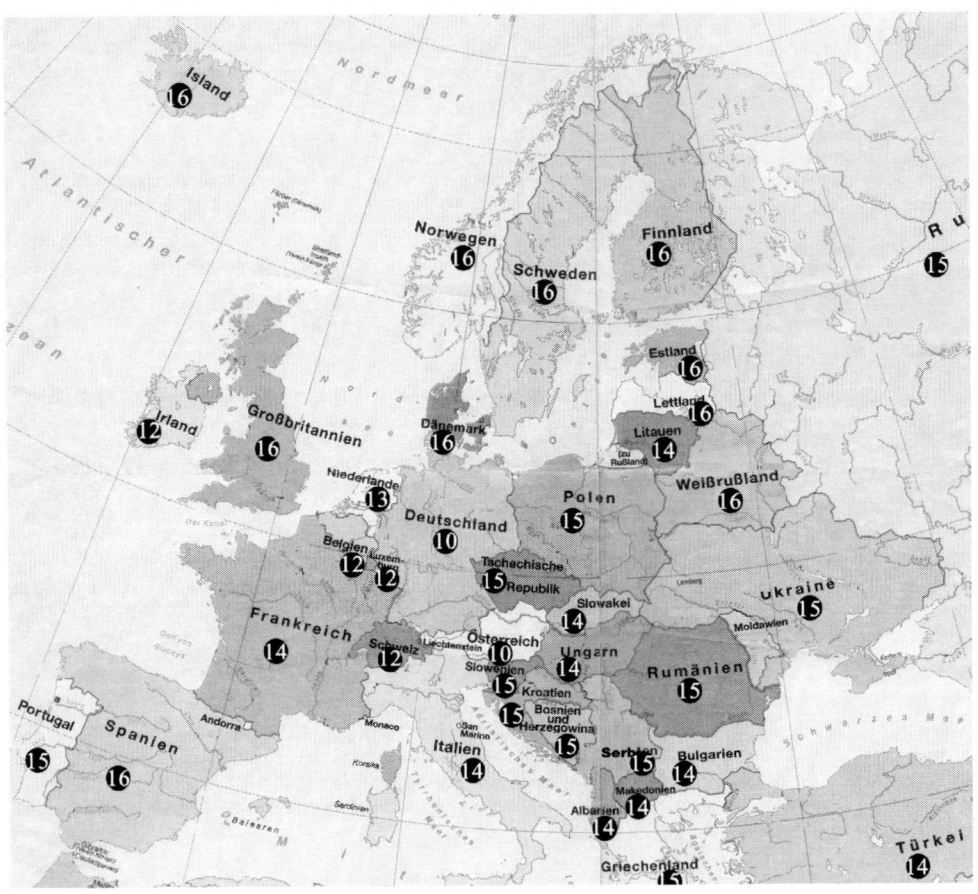

Wie lange lernen Schüler in Europa gemeinsam?

Es gibt aber noch einen anderen Aspekt, den die
Vereinten Nationen vertreten: Bildung ist ein Menschen-
recht. Das bedeutet, dass Kinder und Jugendliche ein
Recht auf Bildung haben, einfach weil sie da sind, ohne
Vorleistung. Ein Staat, für den die Menschenrechte
verbindliches Völkerrecht sind, verpflichtet sich, allen
Kindern und Jugendlichen gleiche Bildungschancen
zuzubilligen. Die Bringschuld liegt also beim Staat,
nicht bei den Kindern. Ihr Recht auf Bildung, das auch
Deutschland als verbindliches Menschenrecht in der
UN-Kinderrechtskonvention 2002 unterzeichnet hat, wird
verletzt.

Die Vereinten Nationen kritisieren Deutschland wegen seines „extrem selektiven" Schulsystems. Im Jahr 2006 besuchte der UN-Beauftragte Venor Muňoz, Hochschullehrer aus Costa Rica, deutsche Schulen und informierte sich über die Chancengleichheit im deutschen Schulsystem. In seinem Bericht nannte er positiv das breite öffentliche Schulwesen und dass Deutschland eines der wenigen Länder sei, in denen die Schulpflicht bis zum Alter von 18 Jahren dauere. Allerdings kritisierte er, dass das Schulsystem „Defizite und nicht das Potenzial" der Kinder und Jugendlichen betone. Betroffen seien vor allem sozial benachteiligte und Migrantenkinder. Auch PISA zeige, dass in Deutschland sozialer Status und Bildungserfolg so eng zusammenhängen wie in keiner anderen Industrienation.

Im Februar 2008 wurde Muňoz vom Bildungsausschuss des Deutschen Bundestages zu einem offenen Gespräch eingeladen. Er stellte mit Bedauern fest, dass er von der Bundesregierung bis jetzt keine Antwort auf seinen Bildungsbericht erhalten habe und forderte die lückenlose Umsetzung der UN-Kinderrechtskonvention. Damit würde die Bundesregierung Flüchtlingskinder als Kinder anerkennen, die ein Recht auf Bildung haben und der Schulpflicht unterliegen, und sie nicht in erster Linie als Flüchtlinge sehen, denen man den Schulbesuch verweigern kann. Auch Jugendliche, die als unbegleitete Flüchtlinge nach Deutschland kommen, können jederzeit abgeschoben werden, auch wenn sie sich mitten in der Schulausbildung befinden. Diese Maßnahmen verstoßen gegen die Kinderrechtskonvention.
Abschließend bat Muňoz die Bundesregierung, ihr gegliedertes Schulsystem zu überdenken.[29]

29

*www.bundestag.de
Internet-Angebot des
Deutschen Bundestages
2008*

Die Bundesregierung denkt noch nach. Dennoch hat sie im Dezember 2008 die UN-Konvention für behinderte Menschen unterschrieben, die damit seit Januar 2009 geltendes Recht ist. Die Konvention nimmt den Grundsatz „Alle Menschen sind gleich" ernst und unterscheidet nicht zwischen behinderten und „normalen" Menschen. Zu einer demokratischen Gesellschaft gehören alle Menschen. Alle Kinder haben das gleiche Recht: zusammen zu lernen und zusammen aufzuwachsen. Behinderte Kinder dürfen nicht mehr ausgesondert werden in abgeschlossene Bereiche wie Förderschulen. Eine Schule, in der wirklich alle Kinder lernen dürfen, ist eine inklusive Schule.

Behinderte Kinder in Deutschland: 400.000 Kinder und Jugendliche besuchen Förderschulen. Bei ca. zehn Millionen Schülern in Deutschland säße in jeder Klasse ein behindertes Kind, in manchen zwei.

Die Bundesregierung steht nun vor der Aufgabe, nicht nur die so genannten normalen Kinder, sondern auch diejenigen mit körperlichen, geistigen und seelischen Besonderheiten in einem inklusiven Schulsystem gemeinsam zu bilden.

Vielleicht verhelfen uns gerade die behinderten Kinder zu einem menschlichen Schulsystem, in dem Noten keine Rolle mehr spielen, sondern das Lernen, für jedes Kind und jeden Jugendlichen nach seinen Möglichkeiten und Interessen! In einer Schule der Vielfalt können starke und schwache, behinderte und nicht behinderte, in- und ausländische Kinder sich kennen und voneinander lernen. Die Vielfalt der Welt in einer Schule der Vielfalt.

10. Notenlotterie

Beispiel 1: OAK-School-Experiment

Zwei Wissenschaftler stellten bei Kindern aus 18 Klassen einer amerikanischen Schule durch verbale und nonverbale Intelligenztests den Gesamt-IQ fest. Den Lehrern dieser Klassen wurden nun die Namen von Schülern genannt, die aufgrund eines „Intelligenz-Entwicklungstests" (den es gar nicht gibt) in diesem Schuljahr eine besondere Entwicklung ihrer Kompetenz durchlaufen würden. Diese Schüler waren völlig willkürlich ausgewählt worden. Die (richtigen) IQ-Tests wurden nach einem halben Jahr, nach einem Jahr und nach zwei Jahren wiederholt.

Der IQ dieser angeblich besonderen Schüler war tatsächlich stärker gestiegen als bei den übrigen Schülern. Ein Anstieg von mehr als 20 Punkten bei 47 Prozent der besonderen Schüler, dagegen nur bei 19 Prozent der normalen Schüler. Was war geschehen?

Etwas, das in allen Klassenzimmern der Welt geschieht.

Die Untersuchung zeigt, dass sich Lehrer in ihrem Unterricht mehr auf gute Schüler beziehen, dass Lehrer gute und schlechte Schüler direkt oder indirekt wissen lassen, was sie von deren Leistungsfähigkeit halten, dass sich das Selbstbild der Schüler bewusst oder unbewusst an das Bild, das der Lehrer von ihnen hat, anpasst und ihr Leistungsniveau davon wesentlich bestimmt wird.[30]

30
Lenore Jakobson und Robert Rosenthal: Schüler leisten, was ihre Lehrer von ihnen erwarten, in: betrifft erziehung 12/1970, 21- 25

Beispiel 2: Logik?

Nehmen wir der Einfachheit halber an, ein Lehrer benutzt für alle Schulaufgaben denselben Bewertungsschlüssel. Die Schüler A und B haben in vier Klassenarbeiten folgende Punktzahl bzw. Noten:

Schüler A	Schüler B
0 P > 6	5 P > 6
16 P > 3	15 P > 4
21 P > 2	24 P > 2
16 P > 3	20 P > 3

Schüler A hat also die Noten 6; 3; 2; 3 und einen Durchschnitt der schriftlichen Arbeiten von 3,5; hat er in den „sonstigen Leistungen" ebenfalls 3,5 oder besser, so bekommt er die Jahresnote 3 („befriedigend"). Schüler B hat die Noten 6; 4; 2; 3 und einen Durchschnitt der schriftlichen Arbeiten von 3,75; er muss in den „sonstigen Leistungen" mindestens 3,0 haben, um wie A die Jahresnote 3 („befriedigend") zu bekommen, sonst bekommt er (etwa bei 3,05) die Note 4 („ausreichend"), obwohl er nur in einer Schulaufgabe um einen einzigen Punkt schlechter ist als A, sonst überall besser.

So hatte A in den Schulaufgaben zusammen 53 Punkte, B dagegen 64 Punkte. Der eine Punkt hat nicht nur eine schlechtere Note in der Klassenarbeit bewirkt, sondern auch eine schlechtere Note im Zeugnis.

Beispiel 3: Glück

Nehmen wir einen Lehrer, der Glück hatte: „Ich hatte mich furchtbar geärgert, als ich meine Staatsexamensnote in Mathematik ausrechnete, nämlich 2,51 = Gesamtnote 3! Umso freudiger überrascht war ich, als ich das Zeugnis bekam mit einer Zwei. Das Ministerium hatte nur auf eine Dezimalstelle gerundet, also 2,5 = 2!

Beispiel 4: Unglück

Ein Viertklässler hatte den Schnitt fürs Gymnasium (2,33) um neun Hundertstel (0,09) unterschritten. Um seinen Schnitt zu verbessern, wollte er ein Referat in Heimat- und Sachkunde halten. Das aber lehnte seine Lehrerin ab. Sie war zusammen mit der Rektorin der Meinung, Florian sei am besten in der Hauptschule aufgehoben, obwohl er ja den Schnitt für die Realschule (2,66) hatte. Er nahm am Probeunterricht fürs Gymnasium teil, bestand ihn und ist nun ein erfolgreicher Gymnasiast.

Beispiel 5 „Uns kratzen Noten nicht!"

„Eigentlich sind Noten egal. Wenn du nicht am Durchfliegen bist und keine Abschlussprüfung machen musst, kann es dir egal sein, welche Note du kriegst." Das sagen die selbstbewussten Schüler und Schülerinnen von Krätzä e.V. in Berlin. Sie nennen klar die Einschränkungen: Man darf nicht durchfallen und muss aufpassen bei Abschlüssen bzw. Übergängen. Drei Barrieren müssen Schüler passieren: den Übergang in eine weiterführende Schule in der 4. Klasse, den Mittleren Abschluss und das Abitur. Sonst können Noten einem egal sein.

Beispiel 6: Einschulungstests

[31]
Brügelmann u.a. 2006

Wie schwierig es sein kann, Schulfähigkeit festzustellen, beschreibt die Expertise, die der Erziehungswissenschaftler Hans Brügelmann herausgegeben hat.[31] „Als Grundlage für diese Entscheidung wurden vielfach standardisierte Tests herangezogen - bis die hohe Fehlerquote der Prognosen ihren Einsatz zunehmend fragwürdig werden ließ. Eine der wichtigsten Untersuchungen stammt von Krapp/Mandl 1977. Danach blieben von den Kindern, die nach einschlägigen Tests als „nicht schulreif" eingestuft und deshalb nicht eingeschult wurden, bis zum 9. Schuljahr immerhin 13 Prozent sitzen.

Aus der Kontrollgruppe, die trotzdem eingeschult wurde, waren es mit 28 Prozent zwar doppelt so viele. Individuell bedeutsamer aber ist der Kehrwert: Mit 72 Prozent schaffte die große Mehrheit die Pflichtschulzeit ohne Wiederholung einer Klasse, wenn sie entgegen der

32

Expertise 2006, 18

33

Bos 2004

34

Expertise 2006, 19

35

*Die folgenden Zitate
sind aus der Expertise
2006, 20*

Testempfehlung eingeschult wurden. Der Schulreifetest produzierte also fast drei Viertel Fehlprognosen."[32]

Beispiel 7: Gymnasialempfehlung

Der Übertritt von der Grundschule auf Gymnasium oder Realschule gestaltet sich in den verschiedenen Bundesländern verschieden. Während inzwischen meistens der Notendurchschnitt den Ausschlag gibt, können in einigen Bundesländern noch die Eltern entscheiden, auf welche Schulart ihr Kind gehen soll. Untersuchungen zeigen, dass Schule und Eltern ungefähr gleich viele Fehlentscheidungen treffen.[33] Auch hier kommt es wieder darauf an, wie die empirischen Untersuchungen interpretiert werden. Von den Schülern, die das Gymnasium verlassen müssen, sind 1,4 Prozent solche mit Gymnasialempfehlung, gegenüber 7,6 Prozent ohne Gymnasialempfehlung. Das sind also fünf- bis sechsmal so viele. „Ist die Prognose also doch gut? Nein, denn 92,4 Prozent derjenigen, die keine Gymnasialempfehlung bekommen haben, schaffen es trotzdem - und das sind mehr als zwölfmal so viele wie die Abgänger. Der Anteil falscher Prognosen beträgt - auf die Gesamtgruppe bezogen - immerhin 29 Prozent."[34] Nahezu ein Drittel der Schüler, die das Gymnasium erfolgreich durchlaufen haben, hätten es nicht besuchen dürfen.

Beispiel 8: Der Übertritt mit und ohne Test

Nun sagen manche Wissenschaftler - die Test- und Evaluationsanhänger -, die Aussagen der Grundschullehrerinnen genügen nicht, es müsse noch getestet werden [35]. Andere weisen nach, dass gerade die Aussagen der Grundschullehrerinnen eher zutreffen als Tests. Sie warnen vor der Vorstellung, das Übertrittsproblem durch die Einführung standardisierter Tests überwinden zu können. Über eine Aufnahmeprüfung in Realschule oder Gymnasium sagt eine Untersuchung: „... die genannten Nachteile ließen sich allenfalls in Kauf nehmen, wenn die Ausleseverfahren für die weiterführenden Schulen - zentral gestellte Normarbeiten, Prüfungen, Beurteilungen durch die Lehrer usw. - den gewünschten Erfolg hätten. Gerade dies ist aber fraglich, wie mehrere empirische Untersuchungen über die Zuverlässigkeit und Genauigkeit der Übergangsauslese ergeben haben. (...) Zensurendurchschnitt und Resultate von Probearbeiten

36

Hopf 1994, 340

spiegeln ohnehin höchstens einen kleinen Teil der für den Erfolg auf weiterführenden Schulen wichtigen Fähigkeiten wider."[36]

Der letzte Satz lässt aufhorchen. Wird da gesagt, dass andere Dinge wichtiger für den Schulerfolg sind als Noten? Welche Dinge sind das? Auch hier gibt es Untersuchungen. Sie sagen, was jeder Mensch aus eigener Erfahrung weiß: Wenn ich mich wohl fühle, bin ich gut. Oder wie es auf Englisch heißt: *Education is relationship based.* Die Kraft der Beziehung spielt bei Prüfungen keine Rolle. Alle Menschen, aber vor allem zehnjährige Kinder, brauchen Beziehungen, um ihr Potenzial ausschöpfen zu können.

Noch ein Satz lässt aufhorchen: Der Wissenschaftler Wilfried Bos sagt, dass sich schwerlich Methoden entwickeln lassen, die den Übertritt langfristig sicherer machen. Zehnjährige Kinder werden also auch weiterhin falsch eingeordnet, „Deshalb muss die Durchlässigkeit der Bildungsgänge weiter ausgebaut werden." Bos meint damit, dass der Weg über Haupt- und Realschule ebenfalls zum Mittleren Abschluss und zum Abitur führen muss. Das sehen die meisten Kultusminister in Deutschland genauso.

Der Wissenschaftler verrät auch, warum er sich nicht für die Abschaffung der unsicheren Übertritte und damit der falschen Einordnung von Kindern einsetzt. Die Politiker würden Wählerstimmen verlieren. Vielleicht sollte er mehr an die Kinder denken?

Beispiel 9: Freigabe des Elternwillens

Willkür in den Bundesländern: Dort, wo Eltern den Übertritt noch bestimmen konnten, wird er ihnen genommen, in anderen Ländern wird er ihnen gewährt und in den Ländern, wo schon immer eine Note bestimmt hat - 2,33 oder 2,66 - kämpfen Eltern und ihre Verbände[37] um die Freigabe des Elternwillens. Es ist schwer zu verstehen, warum die Schulminister ihn nicht frei geben, da er den Druck in der dritten und vierten Klasse (nach der neuen Übertrittsregelung in Bayern auch in der fünften) verringern würde: Es wäre weniger Verzweiflung bei Eltern und Kindern, die Grundschullehrerinnen hätten weniger Stress. Politische Vernunft legt eine

37

„Wenn 43 % aller Abiturienten nicht vom Gymnasium kommen, kann mit dem Auswahlprinzip fürs Gymnasium etwas nicht stimmen. ... die Hälfte der begabten

Zehnjährigen (wurde beim Übertritt, U.L.) glatt über sehen ...“
Isabell Zacharias, ehemalige Vorsitzende des Bayerischen Eltern- verbands, 2008

Freigabe nahe. Am Übertrittsverhalten würde sich nämlich kaum etwas ändern: Der Rechtsanwaltsvater boxt weiterhin den Übertritt seines Sohnes aufs Gymnasium durch, und die Mutter aus der Türkei wird weiterhin dem Rat der Grundschullehrerin folgen. Es würden die gleichen Fehler gemacht und nichts würde gerechter. In der Meinung, Fehlentscheidungen würden nicht als solche wahrgenommen, loben die Schulminister die „Durchlässigkeit" ihres Systems. Man brauche gar kein Gymnasium fürs Abitur, es gehe auch über Haupt- und Realschule. Dass dieser Weg schwerer ist, sagen sie nicht.

Also wozu die Aufregung? Auch bei eventuell falscher Einordnung ist der Weg zu einem höheren Abschluss offen. Alles paletti! Ob das zehnjährige Kind, das eben das Nein zu Gymnasium oder Realschule erhalten hat, auch so denkt? All die Abschlüsse mit Über- und Umgängen wären überflüssig, wenn die Kinder nicht getrennt würden. Wenn sie einfach weiter lernen können, von der 1. bis zur 10. Klasse, wie es in den meisten Ländern der Welt geschieht.

Hans Traxler

II. Kapitel
Deutschlands
schlechte Lehrer

11.
Der Schock

l

*An der Universität setzt sich
dieser Trend fort: Von 100
Akademikerkindern gehen
83 auf die Universität, bei
Arbeiterkindern sind es nur
23.
Süddeutsche Zeitung vom
20.6.2007*

Im Herbst 2001 ist ein nationales Unglück geschehen. Die Ergebnisse des 1. PISA-Tests wurden veröffentlicht. Deutschland erreichte unter 32 Ländern Platz 21 in Mathematik und Platz 22 im Lesen. Einen Spitzenplatz hat es: In Deutschland hängt der Bildungserfolg am stärksten vom sozialen Status der Eltern ab[1]. Außerdem erreichen 25 Prozent der SchülerInnen nur die unterste Kompetenzstufe, von denen viele die Schule ohne Abschluss verlassen. Der Gleichheitsgrundsatz - gleiche Chancen auf Bildung – ist in Deutschland nicht gewahrt. Die Kultusminister erklärten das schlechte Abschneiden mit der „Monokultur des Frontalunterrichts". Deutsche Lehrerinnen und Lehrer sind schlecht, sie können nicht unterrichten. Auch Erzieherinnen sind schlecht. Sie spielen mit den Kindern nur rum, anstatt aus jeder Tätigkeit der Kinder eine Lernaktion zu machen. Jetzt haben sie dicke Bildungspläne erhalten, nach denen sie fördernd vorgehen und lange Diagnoseberichte über die Kleinen schreiben müssen. Eine bessere Ausbildung und Bezahlung erhalten sie nicht. Anders als bei den PISA-Siegerländern wurde (und wird) in Deutschland das meiste Geld in die Gymnasien gesteckt und nicht in die Kindergärten und Grundschulen.

Auch die Lehrerinnen und Lehrer sollen neues Unterrichten lernen, allerdings in kostengünstigen Fortbildungen. Füllte man bisher SchülerInnen mit Lernstoff ab, sollen sie nun Kompetenzen erwerben, statt Wissen also Können. Was sie können, wird an Bildungsstandards gemessen. Die Messlatte ist umstritten: Mindest- oder Regelstandards? Der Bildungsforscher Eckard Klieme schlägt Mindeststandards vor, die für alle Schularten gelten. Die Kultusministerkonferenz ließ dagegen in ihrem Berliner Institut zur Qualitätsentwicklung unter dem Bildungsforscher Olaf Köller Regelstandards entwickeln. Diese sind für jede Schulart verschieden und müssen nicht von allen SchülerInnen erreicht werden. Also Gewinner und Verlierer, wie gehabt. Mindeststandards dagegen müssen alle Schülerinnen und Schüler erreichen. Hinter Mindeststandards steht eine andere Philosophie als hinter Regelstandards: Sie formulieren „Grundqualifikationen, die für die Teilhabe am gesellschaftlichen Leben unabdingbar sind."[2]

[2]
Merkelbach 2004, 1

Unabhängig von persönlichen Fähigkeiten, Herkunft und gesellschaftlicher Stellung gibt es Kompetenzen, über die jeder und jede verfügen soll. Eine demokratische Forderung.

Nach oben sind Mindeststandards offen. Sie bewirken ein anderes Unterrichtsverhalten: LehrerInnen sind dafür verantwortlich, dass alle Kinder und Jugendlichen ihrer Klassen die Mindeststandards auch wirklich erreichen. Kompetenz-Lernen ist in die Zukunft gerichtet, anders als der rückwärtsgewandte Blick auf Fehler. Förderung wird zum Prinzip des Unterrichts. Natürlich kann nicht eine Lehrperson allein für 30 SchülerInnen und mehr einen förderlichen und individualisierenden Unterricht halten. FörderlehrerInnen, SozialpädagogInnen, LogopädInnen, HeilpädagogInnen, PsychologInnen sind zur Unterstützung notwendig.

In den letzten Jahren haben die Niederlande und die Schweiz viel Geld und Energie in solche Unterstützungssysteme gesteckt. Deutschland nicht. In Deutschland wird nach Regelstandards geprüft, die brauchen nicht alle SchülerInnen zu erreichen.[3]

[3]
Selbst diese schulspezifischen Regelstandards sollten für Hauptschüler nicht gelten, als sich herausstellte, dass ein großer Teil sie nicht erreichen würde.
Nach Protesten ließ die KMK diese Absicht schweigend fallen.

Durch diese Festlegung wird Förderung zur Randerscheinung. Die Stiftung „Bildungspakt Bayern", ein Zusammenschluss der Wirtschaft mit dem Kultusministerium, hat ein Buch veröffentlicht: „Modus 21", in dem Vorschläge für die Qualitätssteigerung des Unterrichts gemacht werden. Kennzeichen: Sie dürfen den Staat nichts kosten. Das Geld wird anderweitig ausgegeben für neue Testverfahren. Diesen Tests werden nun SchülerInnen und LehrerInnen zur Qualitätssteigerung des Unterrichts ausgeliefert – Problemlösung auf alte Art: Prüfen, prüfen, prüfen. Die eventuell gute Idee, die alten Lehrpläne mit ihrer Kleinschrittigkeit und Faktenorientiertheit zugunsten weiträumiger Standards und Kompetenzen, die außer auf fachliches auch auf fachübergreifendes Können abzielen, dieser weite Atem wird durch ständige Kontrollen erstickt.

12.
Testeritis

Außer der „Qualitätsentwicklung des Unterrichts" wird noch ein Grund angeführt für die Entwicklung von nationalen Bildungsstandards: Die bundesweite Vereinheitlichung der Leistungsansprüche von 16 Bundesländern. Klaus-Jürgen Tillmann aus dem PISA-Konsortium sagt dazu: „Ich denke, dass Standardsetzungen nötig sind und auch Lehrer und Schulen in die Pflicht genommen werden müssen, daran zu arbeiten, dass alle die Standards erreichen. Das ist auch unter Demokratiegesichtspunkten dringend nötig."

Wie diese Überprüfung in Schweden geschieht, beschreibt die Erziehungswissenschaftlerin Anne Ratzki: „Die Schweden haben im 5. Schuljahr zentrale Tests; aber diese Tests sind nicht verpflichtend, sie sind freiwillig, und der Lehrer entscheidet, wieweit er sie einsetzt. Für ihn sind sie ein Vergleichsinstrument, um zu sehen, wo steht jetzt meine Klasse im Vergleich zu den erwarteten Leistungen. Die Ergebnisse bleiben beim Lehrer. Aber er kann dann gezielt Förderung einsetzen bei den Schülerinnen und Schülern, die die Standards nicht erreicht haben."[4] Erst in der 9. Klasse, der letzten der gemeinsamen groundskola, sind die Tests Pflicht.

[4]
Tillmann/Ratzki, 2003, 15

In Schweden, einem Zentralstaat, erlässt das Schulministerium einen Rahmenplan für das ganze Land, und die Schulen erarbeiten mit der Kommune ihren eigenen Lehrplan. Deutschland ist ein föderativer Staat und Bildung ist Sache der Länder. Deutschland hat 16 Institute für Schulqualität plus das zentrale Institut in Berlin. Bildungsforscher, Soziologen, Psychologen, Pädagogen, Praktikanten und andere MitarbeiterInnen all dieser Institute entwickeln nun viele Arten von standardisierten Tests, Lernstandserhebungen, Leistungserhebungen, Vergleichsarbeiten, Orientierungsarbeiten, Paralleltests, länderinterne Tests, länderübergreifende Tests, Querschnitttests, Jahrgangsstufentests. Eine Flut von Prüfungsarbeiten, die eine neue Krankheit hervorruft – die Testeritis.

Die Testentwicklung für Länder mit einem einheitlichen Schulsystem - hier Schweden - sieht so aus:

1 Fach   1 Land   1 Gemeinschaftsschule = 1 Test
3 Fächer aus dem Kerncurriculum   = 3 Tests
(Muttersprache, Mathematik, Fremdsprache)

Für Deutschland sieht die Testentwicklung folgendermaßen aus:
1 Fach   16 Länder   4 Schularten   = 64 Tests
3 Fächer aus dem Kerncurriculum   = 192 Tests
(Deutsch, Mathematik, Fremdsprache)

13.
Wird die Sau
vom Wiegen fett?

Für die Testanhänger ist die Antwort klar. Und sie haben erst mal recht: Die Testergebnisse werden sich verbessern, weil die LehrerInnen für die Tests pauken und die SchülerInnen dafür lernen. Die langfristigen Folgen eines solchen teaching to the test sieht man in Großbritannien und den USA. "Das Konkurrenzverhalten und die Gewalt unter Schülerinnen und Schülern nehmen zu; ... die Zahl der Sitzenbleiber und Schulabbrecher steigt; das Curriculum verarmt; Betrug, um bessere Testwerte zu erhalten, greift um sich; die soziale Ungleichheit wächst und die Testergebnisse werden eher schlechter als besser."[5] In den USA müssen nicht erfolgreiche Schulen mit harten Sanktionen rechnen. Schulen, die zweimal hinter einander nicht erfolgreich waren, erhalten weniger Fördergelder, mit der Folge, dass LehrerInnen schlechter bezahlt werden. Das kann so weit gehen, dass das Lehrerkollegium ausgetauscht oder die Schule geschlossen wird. Das reiche amerikanische Schulleben mit seinen vielen Wahlkursen verarmt: Sport, Theater, Schülerzeitung finden kaum mehr statt, im Mittelpunkt stehen die Testfächer reading, writing und math.

5

Farnkopf u.a. in:
hlz 12, 2006,16

Das wissen auch die deutschen Testentwickler. Vielleicht denken sie, sie machen es besser ... Der Mathematiker Thomas Jahnke sieht das anders: „Zum einen haben wir jetzt den Begriff der Bildungsstandards, den ich ohne zu zögern zum Unwort des Jahrzehnts erklären würde. Und dann haben wir die Ausrichtung des Schulunterrichts auf Tests. Formen und Inhalte von Leistungserhebungen haben doch eine unmittelbare Rückwirkung auf den

Unterricht und das Lernen. Wenn man danach beurteilt wird, wie viele Kreuze man an der richtigen Stelle macht, dann wird man eben entsprechend und Entsprechendes lernen. Die Multiple-Choice-Aufgaben demonstrieren ein Desinteresse am individuellen Lernen und Lernprozess, wie man es deutlicher kaum zeigen könnte. Man interessiert sich nicht für die Genese der Erkenntnis, nicht für die Formulierung des Lernenden, nicht für seine Zweifel und seine Fragen und auch Einsprüche, für sein Mitdenken und Mitwirken, sondern dafür, ob er das Kreuz an der richtigen Stelle macht oder nicht. Punktum. Danach werden schließlich der Schüler, der Lehrer, die Schule, das Bundesland und die ganze Nation bewertet. Und so kommen PISA & Co den Bildungspolitikern entgegen: Ständig werden sie ihre Tatkraft demonstrieren, welche Vergleichsuntersuchung, Vergleichsarbeit, welche Testungen und welche Berichterstattungen sie wann und wie und mit welchem Nachdruck und gegen welche Widerstände eingeführt oder durchgeführt haben. ... Mit Bildung im Sinn von Humboldt oder Hentig oder überhaupt einem inhaltlichen Sinne hat das Unternehmen nichts zu tun. Es trägt nur zur administrierten Verflachung von Bildung bei."[6]

[6]

Jahnke in: hlz 12, 2006, 9

Das Wiegen macht die Sau nicht fetter, aber die Hersteller der Waagen.

14.
Test- und
Evaluationsindustrie

Auch Tests sind fehleranfällig, besonders wenn es sich um einen so schwierigen Bereich handelt, der von so vielen „Variablen" abhängt wie Unterricht. Tests sind am zuverlässigsten, wenn sie Daten im großen Maßstab erheben, wo sich einzelne Fehler durch die große Anzahl ausgleichen. PISA ist so eine Erhebung. Sie zeigt Phänomene auf, keine Ursachen. PISA misst kognitive Kompetenzen von 15-jährigen SchülerInnen in den Bereichen Lesen, Mathematik und Naturwissenschaften auf der Grundlage von Mindeststandards mit fünf Kompetenzstufen. Andere Kompetenzen, wie Sozial- oder kreative Kompetenz wurden nicht gemessen. Eckard Klieme sagt dazu: „Es gibt vor allem Bildungsziele im weiteren Sinn, die nicht empirisch prüfbar sind, z.B. die Idee von Mündigkeit, von Kreativität, von Entwicklung individueller Persönlichkeit. Das sind sehr wichtige Bildungsziele, aber Standards sollen ja nicht die gesamte

Breite der Bildungsziele abdecken. Die Standards sollen sich lediglich auf einen zentralen Kern schulischer Bildung beziehen. Darüber hinaus gehört natürlich viel mehr zur Schule."[7]

[7]

Klieme 2003, aus:
Erziehung und
Wissenschaft 3,17

Auffällig ist, dass die Steigerung von Unterrichtsqualität so sehr von der Entwicklung von Bildungsstandards und deren Überprüfung abhängig gemacht wird – das alte Instrument der Kontrolle also -, ohne dass eine breite Bildungsdiskussion mit allen Betroffenen im Lande stattgefunden hätte. Was sollen unsere Kinder und Jugendlichen lernen? Welches Wissen brauchen sie, um die meist von uns hinterlassenen Probleme bewältigen zu können? Welche Kompetenzen brauchen sie, um eine demokratische Gesellschaft menschlich zu gestalten? In was für einem Schulsystem werden diese Kompetenzen am besten erreicht? Welche Kompetenzen brauchen LehrerInnen, um diese Ziele zu erreichen? Auffällig ist auch, dass die SchülerInnen der gegliederten Schularten schlecht abschneiden, während sie in der Grundschule, der einzigen Gesamtschule in Deutschland, gute Ergebnisse erzielen, und zwar alle Schüler: im IGLU-Test, einer internationalen Lesestudie für Grundschulkinder. Sie erreichen hier Spitzenplätze.

Wie wirken häufige Messungen durch Tests? Dazu Hans Brügelmann, Erziehungswissenschaftler für Grundschulpädagogik.[8]

[8]

Brügelmann 2005, 278 ff

1.
In Ländern mit einer langen Praxis mit zentralen Schultests war bei IGLU die Streuung, das heißt der Unterschied zwischen der schlechtesten und der besten Leistung, größer als in Deutschland. Schwache Leistungen fielen dort schlechter aus.

2.
In den testfixierten USA schneiden Bundesstaaten mit strengen Strafen für schlechte Schulen schlechter ab als Bundesstaaten mit milden.

3.
USA: Bei der Einführung neuer Tests sind die Ergebnisse zuerst schlechter als erwartet, dann steigen die

Leistungen, bis sie bei einem neuen Test wieder sinken. Man kann also für Tests lernen.

4.
In England beklagt selbst der Leiter der Evaluationsagentur OFSTED (Office for Standards in Education) eine starke Einengung des Curriculums auf Mathematik und Sprache und Niveausenkungen in Geschichte, Geographie, Kunst und Musik.

5.
In Neuseeland wurde durch Rankinglisten zunehmende Konkurrenz zwischen den Lehrern festgestellt, die sich negativ auf das Lernen der Schüler auswirkte.

6.
Florida: Haben Tests eine große Bedeutung, so schätzten Lehrer die negativen Folgen für den Unterricht deutlich höher ein als die positiven. „Vor allem die Zufälligkeiten einer einmaligen Messung wurden beklagt."[9]

[9]
Brügelmann 2005, 280

7.
In einigen Bezirken Englands wurde zum Jahresende der Glukoseanteil in den Schulmalzeiten erhöht, weil Glukose Leistungen steigern kann.

8.
In einigen angelsächsischen Ländern versuchen Lehrer, das Testverfahren zu unterlaufen, bis hin zum Betrug. Häufig leiden gerade die leistungsschwächeren Schüler, für deren Förderung die Tests gedacht waren, weil sie aus der Teststichprobe ausgesondert werden (indem man sie bittet, zu Hause zu bleiben).[10]

[10]
Brügelmann 2005, 280

9.
Unterrichtsmethoden werden ganz unterschiedlich getestet. Zwei Tester beobachten die Mitarbeit der Kinder bei Lehrer A und bei Lehrer B. Die Meinung des ersten Testers: „Bei Lehrer A war die Klasse aktiver, da haben sich 18 Kinder gemeldet, bei B waren es nur zwölf."

Der andere Tester: „Nein, bei Lehrerin B waren sie aktiver, da haben alle Schüler 35 Prozent der Zeit geredet, bei A nur 20 Prozent."[11] Für manche Lehrprobe

[11]
Brügelmann 2005, 324

haben ReferendarInnen und SchülerInnen vereinbart: rechter Arm bedeutet, „ich will wirklich was sagen", linker Arm „nicht aufrufen"!

10.
Tests müssen fachlich gut gemacht sein. Die bayerischen Jahrgangstufentests sind es nicht. Wie könnte es sonst sein, dass der Englischtest in einem Jahr lauter gute Ergebnisse bringt und im nächsten lauter schlechte, und zwar über Klassen und Schulen hinweg? Fällt er schlecht aus, demotiviert er die SchülerInnen für die nächsten Wochen - einschlechter Start ins Schuljahr.

All das Geld, das in diese Testverfahren und in die Institute für Qualitätsentwicklung mit all ihren MitarbeiterInnen gesteckt wird, fehlt den Schulen vor Ort.

Die Kritik an Tests soll diese Methode der empirischen Forschung nicht grundsätzlich in Frage stellen. Kein Wissenschaftler, nicht einmal ein Philosoph, kommt heute ohne empirische Untersuchungen aus.

Der große Unterschied zwischen einem Wissenschaftler und einem Lehrer ist aber: Der Wissenschaftler hat eine These, die er mit Fakten untermauern muss. Er selbst ist also an Tests und ihren Ergebnissen interessiert. Lehrern und Schülern jedoch werden die Tests übergestülpt.

15.
Ministerien und Qualitätsagenturen ignorieren Mindeststandards

Standards gelten für SchülerInnen und LehrerInnen und für ihre Arbeit. Für Schulministerien gelten sie offenbar nicht. Diese ignorieren ohne Skrupel Standards, die ein demokratisches Bildungssystem erfüllen müsste, zum Beispiel:

Kleinere Klassen
Die Größe der Klassen sei irrelevant, heißt es, da LehrerInnen in kleinen Klassen auch keinen anderen Unterricht machen. Doch anderer Unterricht muss gelernt und geübt werden.

Individualisierender Unterricht braucht kleinere Klassen! Dennoch gilt es zu bedenken, dass zwei Lehrpersonen für diese Art von Unterricht essentiell sind, eventuell wichtiger als kleine Klassen.

Lehrerausbildung

Die Lehrerausbildung wird etwas pädagogisiert und orientiert sich etwas mehr an der Praxis. Ausbildung in Gesprächsführung und Moderationstechniken kommt nicht vor. Konfliktmanagement auch nicht. Prüfungen sind immer noch wochenlang vorbereitete Vorführstunden, fern von jeder Realität. Vom Lernen als Prozess ist keine Rede. Eine einheitliche Ausbildung für Stufenlehrer – Vor- und Grundschule, Sekundarstufe I und Sekundarstufe II – und einheitliche Lehrergehälter sind eine schöne Utopie.[12]

12

Der Grundschulverband, die GEW und der BLLV haben dazu beachtenswerte Vorschläge gemacht. Die Veränderungen durch den Bologna-Prozess werden hier nicht berücksichtigt.

Unterstützungssysteme

Wenn sie individuell fördern sollen, brauchen LehrerInnen Unterstützung. Das können FörderlehrerInnen, SozialpädagogInnen, HeilpädagogInnen und PsychologInnen sein, aber auch schulfremde Fachleute und Lehrerstudentinnen, denen für dieses Praktikum eine theorielastige Pädagogikvorlesung gestrichen werden könnte.

Ganztagsschulen

Rhythmisierte Ganztagsschulen können den Unterricht entzerren und in eine rhythmische Folge von Lern- und Entspannungszeiten bringen. Als Reaktion auf PISA hatte die damalige Bundesregierung den Ländern vier Milliarden Euro für den Ausbau von Ganztagsschulen zur Verfügung gestellt. In Bayern wurde das Geld vor allem für den Umbau der achtjährigen Gymnasien verwendet mit der Folge, dass es in diesem Bundesland keine einzige Ganztagsschule gibt, sondern nur Ganztagsklassenzüge.

Lehrplan

Die Lehrpläne müssen entrümpelt werden, so lange sie noch nicht durch einen Kompetenzplan ersetzt sind. Sie müssen Lehrenden und Lernenden Entscheidungsfreiheit lassen, sonst ist offener, individualisierter Unterricht nicht möglich.

Ausstattung

Die Schulen müssen erheblich besser ausgestattet werden, wenn dort offener, individualisierter Unterricht stattfinden soll. Nichts davon ist in Sicht, außer den Mensen.

Arbeitsbedingungen

Wenn LehrerInnen von Korrekturen, Verwaltungsarbeit und Dokumentationspflichten aufgefressen werden, bleibt ihnen wenig Zeit zum Unterricht. Zusätzliche Tests machen die Sache noch schlimmer. Statt Übertrittsgutachten zu schreiben, sollten LehrerInnen mit Eltern und SchülerInnen den weiteren Bildungsweg besprechen. In einem selektierenden System müssen sie jedoch jede bedeutsame Äußerung des Schülers dokumentieren, weil die Eltern gegen Entscheidungen der Schule klagen könnten.

In anderen Ländern, zum Beispiel in Schweden, ist der Lehrerberuf, auch für Laien sichtbar, ein Ganztagsberuf. LehrerInnen unterrichten dort 18 Zeitstunden, sind aber 35 Stunden pro Woche in der Schule, plus zehn Stunden für häusliche oder andere Arbeit. Selbstverständlich haben alle Lehrerteams – in Schweden wird nur im Team gearbeitet – in der Schule einen eigenen Arbeitsraum mit Computer. Ein Großteil der Stunden wird für Gespräche verwendet, im Team, mit Eltern, mit Institutionen außerhalb der Schule. Auf der Insel Stysö beginnt der Unterricht für die SchülerInnen montags erst um 11 Uhr, am Vormittag wird die Woche geplant. Schwedische Schulen sind Ganztagsschulen, in denen man es den ganzen Tag aushalten kann, so freundlich sind sie. Schwedische LehrerInnen sind Angestellte der Stadt und können ihre Überstunden durch Freizeit ausgleichen. Sie können kündigen und tun das auch, um eine Zeitlang etwas anderes zu machen. In Schweden gibt es keinen Lehrermangel, obwohl der Verdienst geringer ist als in Deutschland und kein Burnout-Syndrom bei Lehrern.

Lehrermangel

Selbst den wichtigsten Standard erfüllt die Schulverwaltung nicht: die Versorgung mit Unterricht. Regulärer Unterricht kann nicht gehalten werden, weil LehrerInnen fehlen. SchülerInnen werden nach Hause geschickt, LehrerInnen unterrichten zwei Klassen gleichzeitig, Pensionäre werden wieder in die Schule geholt, Seiteneinsteiger aus anderen Berufen und Ausländer, die kaum Deutsch können, werden eingestellt, und das zu Bedingungen wie im 19. Jahrhundert. Dennoch werden in manchen Schularten aus Spargründen keine Lehrer

eingestellt. Sie stehen auf der Straße, während die Leiter
anderer Schularten verzweifelt nach Lehrern suchen.

Der Lehrermangel hat sich so verschärft, dass vor allem
für Gymnasien jeder Lehramtsstudent übernommen wird
und manche Schulen eine Fortbildungssperre haben.
Die Eltern aber werden mit eindrucksvollen Begriffen
aus der Wirtschaft beruhigt: individueller Unterricht
mit Zertifikat, Bildung in Bestform, Qualitätsopti-
mierung des Unterrichts, Unterricht mit Gütesiegel.
Die Ministerien warten den Geburtenrückgang ab.
Wegen der anstehenden Pensionierungswelle wird der
Lehrermangel aber noch lange andauern.

Evaluation

Grundsätzlich ist der Blick von außen positiv. Er kann
den betriebsblinden Blick wieder schärfen, eingeschlif-
feneVerhaltensweisen ändern und sogar Aufbruchs-
stimmung hervorrufen. Voraussetzung ist ein gewisses
Vertrauen zwischen Inspekteuren und Inspizierten.
Schulen müssen nicht nur über Sinn und Zweck der
Untersuchung informiert werden, sondern auch ein
Mitspracherecht haben, kurz, sie sind nicht Objekt,
sondern Mitgestalter des ganzen Prozesses. Wo das
nicht so ist, scheitert die Evaluation. Eine Evaluation, die
von oben angeordnet wird, stößt auf Widerstand, und
Evaluation ohne Förderung ist sinnlos. Das bayerische
Institut für Qualitätsentwicklung sagt: „Evaluation und
Unterstützung gehören untrennbar zusammen.“[13]

[13]
*Staatsinstitut für
Schulqualität und
Bildungsforschung München
2004/2005, 67*

Die Untersuchungskomitees heißen je nach Bundesland
Inspektoren oder Evaluationsteams. Sie sollen belastbare,
also nicht zufällige Ergebnisse erzielen, zu möglichst
geringen Kosten. Je nach Bundesland bestehen die
Evaluationsteams aus drei bis vier Personen, externen
LehrerInnen und Vertreter aus der Wirtschaft oder
Elternvertreter. Nach einer Fortbildung - zwei Wochen für
Lehrer, zwei Tage für Eltern- bzw. Wirtschaftsvertreter
- sollen sie den Unterricht beurteilen, mit Schulleitung
und Lehrern, SchülerInnen und Eltern und dem
Hausmeister sprechen und Fragebögen verteilen. „Die
Kriterien der Bewertung müssen allen Beteiligten ebenso
bekannt sein wie die angewandten Evaluationsverfahren.
Die Bereitschaft, Ergebnisse der Evaluation in produktive

*Staatsinstitut für
Schulqualität und
Bildungsforschung München
2004/2005, 67f*

Arbeit umzusetzen, ist dann groß, wenn die Evaluierten das Gefühl der Beteiligung haben und sich nicht als Objekte fühlen."[14] Die Formulierung verrät viel: Es geht um das „Gefühl der Beteiligung", tatsächlich beteiligt werden die Evaluierten nicht. Die Schulqualität soll trotzdem besser werden.

Die Teilnahme an einem Evaluationsteam ist freiwillig. LehrerInnen nehmen gerne daran teil, fahren herum, beobachten ihre KollegInnen und erteilen selbst weniger Unterricht, Lehrermangel hin oder her. Die Ergebnisse sind als höchst zweifelhaft einzuschätzen, allein schon wegen der geringen testtechnischen Ausrüstung – die Untersuchung muss billig sein. Dennoch kostet sie enormes Geld.

**16.
Vom Sparen**

Man könnte viel sparen, wenn man einige Institute für Qualitätsentwicklung schlösse, wenn die Länder, die den LehrerInnen Kooperation als professionelles Muss verordnen, selbst kooperieren würden und gemeinsame Tests entwickelten. Man könnte viel sparen, wenn man die LehrerInnen, die in den Klassen 5 bis 10 unterrichten, gleich bezahlen würde, denn schließlich lehren sie dasselbe: die Kompetenzen für den Mittleren Abschluss. Man könnte viel sparen, wenn man das viergliedrige Schulsystem aufgäbe und Geld und Energie in eine Schule für alle Kinder und Jugendlichen stecken würde, wo dann all das realisiert werden könnte, was die Kultusministerien ungeschickt und ohne soziale Kompetenz verlautbaren. Die LehrerInnen, die Erzieherinnen, die SozialpädagogInnen und all die anderen aus dem Bildungsbereich könnten dann zeigen, wie es geht.

G8

Eine Sparmaßnahme haben die Ministerien allerdings selbst ergriffen: Planlos und überstürzt wurde das achtjährige Gymnasium angeordnet. Nun finanzieren Eltern mehr Nachhilfeunterricht denn je, und Lehrer kämpfen mit einem Lehrplan, aus dem sie Bereiche auswählen, ihre Schüler aber doch für Jahrgangsstufen- und andere zentrale Tests fit machen sollen. Themen sollen nur noch als Beispiel für etwas Allgemeines angesprochen werden. Inhalte, die früher im Lehrplan der 11. Klassen standen, sind in die 9. Klasse gerutscht.

Das G8 ist de facto eine Ganztagsschule, doch ohne die Minimalstandards einer Ganztagsschule. SchülerInnen haben eine 38-Stundenwoche in der Schule, mit häuslicher Lernarbeit viel mehr. „Scheiß-G8, wir lernen die ganze Nacht", skandieren sie auf Demonstrationen, so im Februar 2010 in München.

Die Kollegstufe ist abgeschafft, sie ist zu teuer. Jetzt gibt es acht Jahre lang vorgeschriebenen Unterricht im Klassenverband, was allen Erkenntnissen der Lerntheorie widerspricht: Eigene Entscheidungen und persönliche Wahl der Lernziele sind Voraussetzung für erfolgreiches Lernen. Selbständigkeit und Verantwortungsbereitschaft können durch entmündigende Verschulung nicht praktiziert werden, da ändern auch die beiden Seminare nichts.

17. „Die zieh'n uns runter."

Viele Gymnasiasten sagen, politisch korrekt: "Wir könnten zusammen mit Hauptschülern in eine Schule gehen", sie stellen jedoch Bedingungen: „Wenn sie keinen Stress machen. Wenn wir nicht dauernd Sozialarbeiter spielen müssen. Wenn sie uns nicht runter ziehen." Welche Bedingungen könnten Hauptschüler stellen? Wenn man Gymnasiasten nach ihrem Gastschuljahr in den USA darauf aufmerksam macht, dass sie gerade aus einem Gesamtschulsystem kommen, sind sie erstaunt, wie selbstverständlich ihnen das eine dort und das andere hier ist.

Das ausländerfeindliche Verhalten vieler Politiker ist für LehrerInnen ein großes Problem. Sie nehmen die Grundrechte durch, Art. 3 Gleichheitsgrundsatz und kommen dann zu Art. 16a, der als Artikel 16 das Asylrecht klar und eindeutig formulierte, aber nun bis zur Auflösung deformiert ist. Argumente wie „Wirtschaftsflüchtling" und „Terrorgefahr" verdecken nicht, dass es vor allem darum geht, die Fremden draußen zu halten. LehrerInnen machen sich lächerlich und SchülerInnen nehmen entweder sie oder das Grundgesetz nicht mehr ernst. Unter diesen Folgen ist auch der EU-Beitritt der Türkei zu bedenken. LehrerInnen sind täglich mit SchülerInnen konfrontiert, deren Eltern oder Großeltern aus der Türkei kommen. Die Integrationsbemühungen in der Schule werden durch Exklusion oder

irgendeinen Sonderstatus für die Türkei konterkariert.
Was sollen LehrerInnen zu den SchülerInnen sagen: Ihr
seid willkommen, die Heimat eurer Eltern aber nicht?
Die Presse verschärft die schizophrene Situation: Sensa-
tionsmeldungen zur Steigerung der Verkaufsziffern.
Auch die beiden christlichen Kirchen verhalten sich mit
antimuslimischen Äußerungen integrationsschädigend.
Zum Kopftuchverbot, dem Verbot der Burka und den
Auseinandersetzungen um den Bau von Moscheen sagt
die Wiener Philosophin Isolde Charim: „Der liberale
Islam lässt sich nicht herbeiverbieten." Sie fordert soziale
Maßnahmen statt prohibitive. (TAZ, 9.2.10) Gingen alle
SchülerInnen zusammen in eine Schule, wäre die Realität
die überzeugendste Lehrmeisterin.

Sie gehen aber nicht zusammen in eine Schule, und von
der 5. Klasse bis zur Universität ist Exklusion durch-
gängiges Prinzip. So kann die Angst vor einander nicht
durch Erfahrung korrigiert werden.

Schule hat sich in Deutschland seit dem 19. Jahrhundert
in ihren Grundlagen nicht verändert. Vor allem das
Gymnasium ist inhaltlich und methodisch das alte,
verteidigt von seinen Eltern, weniger von den Schülern,
und unangetastet von Politikern aus Angst vor Verlust
von Wählerstimmen. Gymnasialeltern hegen eine diffuse
Vorstellung von den Idealen humanistischer Bildung.
Eigentlich müssten sie stutzig werden, eher traurig,
angesichts des Verhaltens der Bildungseliten zu Zeiten
des zunehmenden Antisemitismus und schließlich der
NS-Diktatur. Ihre hohen Werte befähigten sie nicht,
Humanität zu praktizieren.

Der Bildungswissenschaftler Holzapfel erinnert an die
Situation von 1945, als es der amerikanischen Besat-
zungsmacht nicht gelang, das für sie in einer demokratischen Gesellschaft unabdingbare Prinzip der equity
auch in deutschen Schulen einzuführen. Nur kleine
Veränderungen wurden akzeptiert. Die Schülermitverantwortung räumt Schülerinnen und Schülern ebenso
wie den Eltern nur sehr bescheidene Mitwirkungs-
rechte ein, wesentlich weniger als in den USA. Dass im
anderen Teil Deutschlands die Gesamtschule praktiziert
wurde, war für Westdeutschland ein Grund mehr diese

abzulehnen, und Konservative tun das bis heute. Als
die Finnen in den 1970er Jahren ihr gegliedertes in ein
Gesamtschulsystem umwandelten, lernten sie auch von
deutschen Schulen – von denen der DDR. Dagegen ist
für die westdeutsche Bildungstradition bezeichnend,
„dass das Konzept der republikanischen Gemeinschaftsschule, das für die Amerikaner so selbstverständlich
war, wenig Widerhall in einem Land fand, das damals
wie heute seine Schulen an einem naturalistischen
Begabungsbegriff orientiert. Die … Überzeugung, dass
zur Bürgergesellschaft als Fundament eine diese integrierende und somit für alle gemeinsame Schule gehört,
war und ist der deutschen Bildungstradition fremd. …
Diese Überzeugung … war getragen von einem durch
keinerlei Zweifel angekränkelten Selbstbewusstsein, dass
Deutschland das beste Bildungssystem der Welt habe,
von dem andere etwas lernen könnten, das aber selbst
nichts von anderen zu lernen habe."[15]

15
Holzapfel 2003, 431

Eine weitere Begründung des Gymnasiums gerät ins
Wanken: der Begriff der genetisch bedingten und
statisch festgelegten Begabung. Die Ergebnisse der
Gehirnforschung zeigen: Intellektuelle Kapazität ist
dynamisch, Lernen ist ein Konstruktionsprozess des
Gehirns, und eine lernförderliche Umgebung fördert
die kognitive Kapazität. Die deutsche Schultradition
geht davon aus, dass das gegliederte System für „den"
Hauptschüler, für „den" Realschüler, für „den" Gymna-
sialschüler das Lernen fördere. Da die Schulministerien
aller Bundesländer beschlossen haben, das gegliederte
Schulsystem nicht grundsätzlich in Frage zu stellen,
verstricken sie sich nun in Widersprüche. Sie fordern
einerseits individualisierenden Unterricht – Lehrer
sollen (in einer Klasse von 30 Schülern) jeden einzelnen
Schüler fördern – und andererseits sollen sie die Schüler
gruppenweise auf die verschiedenen Schularten, also
gerade nicht individuell einordnen. Das sind zwei sich
widersprechende Prinzipien.

18.
Heterogenität als Chance

Was verbirgt sich hinter dem Schlagwort „Heterogenität",
das Anhänger des integrierenden Schulsystems so häufig
verwenden? Wie kann das Zusammensein von schlauen
und dummen, von schnellen und langsamen, von
inländischen und ausländischen, von behinderten und

nicht behinderten, von sympathischen und unsympathischen Schülerinnen und Schülern lernförderlich sein? Halten wir zunächst einmal fest: Es ist so. Das zeigen die PISA-Siegerländer.

Zwar gibt es auch Länder mit integrierten Systemen, die bei PISA schlecht abgeschnitten haben. Das können arme Länder sein, wie Mexiko und Brasilien, oder es sind Länder, die innerhalb ihres integrierten Systems wenig auf Förderung achten. Zu diesen Ländern kann man Frankreich oder Griechenland rechnen.
Dass Deutschlands Gymnasien in der Nähe der Siegerländer abschnitten, war zu erwarten, schließlich befinden sich hier die leistungsstärksten SchülerInnen.

19. Gesamtschulen in Deutschland

Dass aber auch einzelne deutsche Gesamtschulen hervorragend waren, wird die Anhänger des gegliederten Systems erstaunen. Viele Gesamtschulen in Deutschland schnitten schlecht ab, was mit der besonderen Situation dieser Schulen zu tun hat, die Integration in einem selektierenden System versuchen. Deutsche Gesamtschulen waren nie wirkliche Gesamtschulen wie in Finnland oder Südtirol, die alle Kinder ihrer Umgebung aufnehmen, also leistungsstarke und leistungsschwache. Gesamtschulen sind in Deutschland bessere Hauptschulen.

Ihre Schüler können bis zu 80 Prozent die Hauptschulempfehlung haben, so dass es eher verwunderlich ist, dass diese Jugendlichen die gymnasiale Oberstufe erreichen. Selbst diese „schlechten" Gesamtschulen sind also ein Beleg für Heterogenität als Chance. Ihre Stärke ist, jedes einzelne Kind ernst zu nehmen und seine Leistung nicht nach der Notennorm zu bewerten. Die Schulverwaltungen einiger Bundesländer erlauben das bis zur neunten Klasse.
Im Frühjahr 2009 forderte das Schulministerium von NRW die Gesamtschulen auf, Daten zu ihrem diesjährigen Abiturjahrgang zu erheben. Ergebnisse: 70,5 Prozent der Abiturienten wurde im Grundschulgutachten ein anderer Abschluss als das Abitur vorhergesagt. Entgegen der Prognose legten sie dennoch das Abitur ab. Der Anteil der SchülerInnen aus Migrationsfamilien beträgt in NRW an Gymnasien 14 Prozent,

16

*Gemeinnützige Gesellschaft
Gesamtschule (GGG NRW):
Abiturientinnen und Abitur-
ienten an Gesamtschulen
2009. Bildungskarrieren,
Schulerfolg und die
Leistung der Schulform.*

17

*Klassen mit behinderten und
nicht behinderten Schülern*

an Gesamtschulen 33,4 Prozent. Gesamtschulen
fördern also auch „Ausländer"- Kinder sehr gut.[16]

**Wunsch nach Gesamtschulen größer als
Aufnahmekapazität.**
**In NRW wurden im Schuljahr 2009/10 fast 25 Prozent
der Viertklässler an Gesamtschulen angemeldet.
Wegen Platzmangels jedoch mussten 14600 Kinder
abgelehnt werden. In den Städten wollen mehr
Kinder auf die Gesamtschule als auf dem Lande,
in Solingen z. B. 55 Prozent der Viertklässler. Die
Situation ist in allen Bundesländern, in denen es
Gesamtschulen gibt, ähnlich.**

**Das Schulministerium in NRW erschwert die
Gründung neuer Gesamtschulen gegen die Interessen
der Eltern und Gemeinden. So sollen Gesamtschulen
nicht mehr als Ganztagsschulen laufen, weil
Hauptschulen einen Nachholbedarf hätten. Die
Hauptschüler jedoch hätten an Gesamtschulen ein
wesentlich anregungsreicheres Umfeld. In Bonn soll
die Gründung einer Gesamtschule scheitern, nicht
weil die Anmeldungen insgesamt zu gering waren,
sondern weil acht Schüler mit Gymnasialempfehlung
fehlten. Die Stadt Bonn klagt jetzt.**

Was Selektion verbietet, Heterogenität dagegen
ermöglicht, soll an einem Beispiel veranschaulicht
werden: Englisch in einer 8. Integrationsklasse der
Gesamtschule in Köln-Holweide, Thema Australien.
Auch diese Schule wurde von der Ministerialverwaltung
gezwungen, in Englisch ab der 7. Klasse in Fachleistungs-
kurse zu differenzieren, nur Integrationsklassen[17] dürfen
gemeinsam weiterarbeiten, in Köln-Holweide nach dem
Prinzip der heterogenen Tischgruppen. Nun soll jedes
Mitglied einer Tischgruppe ein Unterthema selbständig
erarbeiten. Die G-Kurs-Schüler werden es auf Deutsch
vorstellen, die E-Kurs-Schüler auf Englisch. Anne Ratzki,
die ehemalige Leiterin der Schule beschreibt folgende
Situation: „Jan ist ein sehr schwacher Schüler in Englisch
und dem Grund-Kurs zugewiesen. Er hat sich den „Sugar-
Glider", eine Art Beuteleichhörnchen ausgesucht. Eines
Tages kommt er zu mir und fragt, ob er sein Tier auch auf
Englisch vorstellen darf.

Ich stimme zu. Von da an sehe ich Jan in den Pausen mit dem besten Schüler seiner Gruppe zusammensitzen und die Präsentation auf Englisch üben. Er macht seine Sache gut, erhält viel Applaus und traut sich in Zukunft in Englisch viel mehr zu.

Wäre Jan gezwungen gewesen, im getrennten G-Kurs zu lernen, hätte diese Möglichkeit, mehr zu leisten und Erfolg zu haben, kaum bestanden."[18]

[18]

Anne Ratzki: Wie kann Gemeinschaftsschule gleichzeitig Starke und Schwache fördern? S. 82 in: Preuss-Lausitz 2008

20.
Zweiter Brief an Lernende

Liebe RealschülerInnen, liebe GymnasiastInnen,

eure Angst, von schwachen Schülern runter gezogen zu werden, ist eine Angst, die im normierten Notensystem entsteht. Warum wollt ihr leistungsmäßig schwächeren Schülern nicht helfen? Habt ihr Angst, selbst schlechter zu werden, weil ihr weniger Zeit für euch habt?

Es spricht einiges dafür, Schwächeren Nachhilfe zu geben: Erst was man anderen erklärt hat, hat man wirklich verstanden. Ihr lernt nicht nur den Stoff besser. Ihr lernt auch, etwas adressatengerecht aufzubereiten und zu vermitteln. Ihr macht nebenbei eine Ausbildung zum Coach.

Aber da ist immer noch Angst: Ihr gebt etwas und bekommt nichts zurück. Ihr gebt in der Tat, aber außer dem besseren Verständnis des Gegenstandes und der Entwicklung eurer sozialen Kompetenz bekommt ihr noch etwas. Es wächst euer Verständnis für Verschiedenheit – von Menschen, Kompetenzen und Verhaltensweisen. Der Umgang mit der Vielfalt der anderen macht euch die eigene Vielfalt bewusst.

Vielfalt wahrzunehmen ist eine Frage der Kultur. Das geht nicht einfach so von heute auf morgen. Am Beispiel der anderen erkennt ihr, dass ein Mensch viel mehr ist als der kleine Teil seiner Person, der sich - wenn auch oft unzutreffend – mit Noten bewerten lässt. Das gilt auch für euch selbst. Ihr seid nicht nur das, was die Noten über euch sagen. Ist die einfältige Etikettierung durch die Note weg, lässt sich Vielfalt wahrnehmen, eure eigene und die der anderen. Jetzt könnt ihr die anderen in eurer Klasse als Personen wahrnehmen, jetzt werden Türken, Araber und Russen zu Menschen, man kann sich mit ihnen befreunden, sie besuchen, sich das Fremde erklären lassen.

Das macht intelligent. Deshalb haben die innovativen Gesamtschulen so gut abgeschnitten, auch wenn PISA nur einen winzigen Ausschnitt ihres Könnens misst.

Noten missachten Menschen. Beim Lernen geht's aber um Menschen.

Der Astro-Physiker Martin Bojowald antwortet auf die Frage: In Ihrem Buch sagen Sie, Physiker könnten erst dann behaupten, etwas verstanden zu haben, wenn sie es auch jemand anderem erklären können, der nicht Physik studiert hat. Können Sie diesem Anspruch gerecht werden?
Bojowald: Ich habe es mit dem Buch versucht. Die meisten Wissenschaftler zögern, wenn es darum geht, die eigenen Resultate möglichst allgemein verständlich darzustellen. Je mehr Forscher das nicht nur den Presseabteilungen überlassen, sondern selbst diesen Weg gehen, desto besser. Unterschiedliche Perspektiven helfen immer."

Sein Buch: Zurück vor dem Urknall. (Süddeutsche Zeitung Ostern 2009)

III. Kapitel
Das Spiel des Lebens

„Spiel des Lebens" nennt Susanne, neun Jahre alt, die Proben für den Übertritt in der vierten Klasse. Lino, acht Jahre alt, sagt über die Stimmung in seiner Klasse: „Wir feiern heuer nicht Fasching. Bei uns geht's um den Übertritt. Das ist ein ernstes Thema." Und was sagen die Lehrerinnen?

**21.
Interviews mit zwei
Schulleiterinnen**

Frau L., Leiterin einer Grundschule auf dem Land
Ich kann nur von meiner Schule sprechen. Ich werde es nicht beschönigen, aber differenziert beschreiben. Meine Schule ist dreizügig. Es ist noch eine überschaubare Größe, eine gute Gemeinschaft unter den Lehrkräften, die eng zusammenarbeiten, und auch unter den Schülern ist schon eher eine positive Stimmung. Das fängt einiges auf. Die Lehrer sprechen sich aus, wenn sie sich sehr belastet fühlen, in ihren Teams oder auch mit mir. In den Klassen ist eine gute Klassengemeinschaft. Kein Kind wird fertig gemacht oder ausgelacht, die stützen sich gegenseitig, und auch die Lehrkräfte versuchen, den Druck, der da ist, abzumildern. Das ist die eine Seite. Die andere Seite ist: Es geht knallhart um Noten. Da stehen die Kinder unter Druck, da stehen die Lehrkräfte unter Druck. Und das Traurige daran ist, dass viel kaputt gemacht wird an der normalen Unbefangenheit und Lernfreude der Kinder.

Was wir in den ersten beiden Klassen machen, wo die Kinder neugierig sind und noch gerne und freudig lernen, das schlägt um. Sie lernen dann, zumindest in der 4. Klasse für die Noten, sie lernen auf die Proben. Man merkt es daran, dass sie schon beim Durchnehmen fragen: Brauchen wir das in der Probe? Müssen wir das für die Probe wissen? Und bei allem, was man durchnimmt, was sie aufschreiben, womit man sich

beschäftigt, immer kommt die Frage: Brauchen wir
das bei der Probe? Das Lernen richtet sich also an
der Leistungsmessung aus, an der Überprüfung. Die
Kinder lernen fixiert auf diese Überprüfungen und das
Unbefangene, einfach mit Freude lernen, wird nicht ganz
kaputt gemacht, aber es wird nicht mehr so gefördert.
Die Leidtragenden sind wirklich die schwächeren
Schüler, die natürlich häufig überfordert werden, die
nicht die mittlere, ihnen angemessene Schwierigkeit
bekommen, die Erfolgserlebnisse für sie verspricht.
Das wunderschöne Wort „individuelle Förderung" wird
zur Farce in der 4. Klasse, weil wir sie dann wieder
alle am selben Level messen, das heißt, wir müssen
dann versuchen, allen dasselbe beizubringen, obwohl
wir wissen, dass wir eine Gruppe der Kinder dadurch
permanent überfordern.

Gott sei Dank gibt's auch Fächer wie Sport, Musik,
Handarbeit und Werken, wo wir den Leistungsanspruch
zur Seite schieben können und wo die Kinder ihren Spaß
haben. In der Regel kann man damit viel ausgleichen.
Der Druck – ich weiß nicht, ob die Kinder ihn ständig
spüren. Kinder vergessen auch schneller. Sie sind
mal sehr enttäuscht und weinen, schon bei Note Drei
manchmal, weil sie eine Zwei brauchen. Aber es kann
dann durchaus sein, dass sie in der nächsten Stunde, wo
irgendwas gemacht wird, was ihnen Spaß macht, wieder
ganz unbefangen sind. Ein Schatten bleibt auf der Seele,
ich denke schon. Es ist vom System her nicht gut für die
Kinder.

Es gibt natürlich die gut Begabten, die stecken das
locker weg, aber insgesamt entsteht dadurch auch
Konkurrenzdenken. Die Kinder wissen genau, wer
welche Noten hat, auch wenn man's nicht sagt, die fragen
sich, die Noten sind wichtig. In der 4. Klasse ist das so,
dass die Kinder genau wissen, welche Kinder auf die
Hauptschule gehen und welche an die Realschulen oder
aufs Gymnasium. Und die Kinder, die an die Hauptschule
gehen, haben teilweisen schon daran zu knabbern. Da
hab ich ein Erlebnis gehabt, das mich lange verfolgt hat.
Ein Mädchen, das unbedingt auf die Realschule wollte,
hatte in den letzten Proben vor dem Übertrittszeugnis
immer nur eine Drei geschafft. Sie hat die Eignung nicht

bekommen, und dieses Mädchen hat dann bei einer der letzten Proben, wo es ihr so bewusst geworden ist, einen richtigen Ausbruch gehabt. Sie ist sehr wütend geworden und hat gesagt: Ich bin zu dumm für alles, ich kann gar nichts. Nicht einmal auf die Realschule kann ich gehen. Und dann hat sie geweint. Sie war so ein Kind, eigentlich sehr selbstbewusst, die gut da gestanden ist, und als ich sie trösten wollte – mir haben aber auch die Worte gefehlt – sie hat mich dann richtig angeschrieen: Ich bin ja dumm, ich kann ja gar nichts. Das war sehr schlimm, ein Kind mit Dreiern.

Andere, die lassen's nicht so raus, aber irgendwo müssen sie das einordnen, diese Misserfolge, und das sind Kinder mit neun oder zehn Jahren.

Und dann gibt's aber auch noch die, die muss ich jetzt auch nennen, die noch nicht begriffen haben, um was es da geht. Die es so locker nehmen. Ein Mädchen hat zum Beispiel bei der Probe so zwischendurch zu malen angefangen, bis ich gesagt hab: Du musst jetzt fertig machen. Sie aber: Ich hab jetzt keine Lust mehr. Das war ein ganz musikalisches Mädchen, so ein musischer, kreativer Typ, ein richtig sonniges Kind. Da war auch von zu Hause kein Druck da, die hat einfach gedacht: Ist doch nicht so wichtig. Da musste man erst sagen: Du es ist wirklich wichtig, dass du da gute Noten schreibst, du willst ja auf die ... Schule. Es ist mir damals sehr nahe gegangen, das war wirklich ein begabtes Mädchen. Sie ging nicht aufs Gymnasium, auf die Realschule ist sie noch gekommen, sie hatte ganz knapp die Noten. Sie hat einfach ihre Ressourcen nicht richtig ausgeschöpft, weil sie einfach ein so – sonniges, unbeschwertes Kind war. Sie hat sich einfach selber keinen Druck gemacht.

Da gibt's immer Kinder, wenn nicht Eltern das steuern, dann verstehen sie nicht, was Noten sind. Kinder in der 3. Klasse, da erleb ich, dass die fragen: Krieg ich einen Fünfer im Zeugnis? Da sag ich: Du hast doch nie eine schlechte Note geschrieben! Den Zusammenhang haben die oft noch nicht drin, das muss man erst erklären, dass die Zeugnisnote aus den anderen Noten entsteht. Und trotzdem, wenn dann manche Kinder eine schlechte Note haben, dann meinen sie, das ist es dann. Jetzt haben wir ja in der 2. Klasse wieder die Noten –

Was sagen Sie dazu?

(Langes Schweigen) Da würd ich's nicht ganz schlecht finden in drei Fächern, wenn das System so bleibt. Dass sie Noten kriegen in Kunst und Musik ist ein Schmarrn. Aber nachdem es ja oft so war, dass die Eltern in der 3. Klasse gekommen sind und sagen, ja in der 2. Klasse war das alles so gut beschrieben und in der 3. kommen dann die schlechten Noten – die Eltern wollen Noten, für sie sagen Noten mehr aus als die Texte, die seitenlangen, die wir schreiben *(Sie lacht)*. Das gab's schon mal, dass nur in diesen drei Hauptfächern Noten gegeben wurden: Deutsch, Mathe und Heimat- und Sachkunde. Wenn wir aber grundsätzlich über Noten reden, dann muss man sagen: Es wäre schön, wenn man in der Grundschule gar keine Noten geben müsste, nur Einschätzungen.

Ich steck da natürlich voll drin in dem System ...

Es gibt Stimmen, die sagen, Eltern überschätzen ihre Kinder und zwiebeln sie, damit sie unbedingt aufs Gymnasium kommen.

Ich weiß nicht, ob ich's als zwiebeln bezeichnen würde. Aber Eltern, die den Ehrgeiz haben, dass ihre Kinder aufs Gymnasium gehen oder zumindest auf die Realschule, und die dafür auch große Opfer bringen, zum Beispiel viel bezahlen für Nachhilfe, das nimmt unheimlich zu. Ich glaube, in meiner letzten 4. Klasse waren es etwa ein Viertel bis ein Drittel, die Nachhilfe bekommen oder ein Lernhilfe-Institut besucht haben und dort gezielt auf den Übertritt vorbereitet wurden. Es gibt auch noch die, die ein Intensiv-Training für den Probe-Unterricht machen. Maßnahmen, wo die Kinder ganz hart powern müssen, um dann in diese Schule zu kommen. Dann gibt's auch die Eltern, die langfristig planen.

Ich find das nicht negativ, denn alle Eltern wollen die beste Schulbildung für ihr Kind. Da merke ich an unserer Schule, dass die Zurückstellungen sehr zunehmen. Das hängt damit zusammen, dass wir die Kinder noch früher einschulen, auch damit, dass Eltern sagen, nach vier Jahren sollen die Kinder so weit sein, dass sie auf die Realschule oder das Gymnasium gehen können, und wenn die Kinder noch nicht sechs sind, denken Eltern, es wird für mein Kind leichter sein, wenn es noch ein

Jahr in den Kindergarten geht, dann wird es bessere Voraussetzungen haben. Von der sozialen Reife stimmt das auch, also sozial und emotional sind die Kinder einfach gefestigter, und es wird in der 4. Klasse leichter für sie sein. Selbst jetzt, also vor der Einschreibung in die Schule, fängt das schon an, dass die Eltern den Übertritt in ihre Überlegungen mit einbeziehen. Es gibt da natürlich Abstufungen. Es gibt Eltern, die sanften Druck ausüben und einfach schauen und kontrollieren, dass die Kinder auf die Proben lernen. Wo wirklich gearbeitet wird, dass die Kinder die Noten kriegen für den Übertritt. Ich verstehe die Eltern.

Frau S., Leiterin einer Grundschule in der Stadt
Sie sprechen vom verzweifelten Versuch Gerechtigkeit in ein System zu bringen, in dem es keine Gerechtigkeit gibt ...
Es gibt diese Zahl: 43 Prozent machen das Abitur auf Umwegen, es gibt aber auch die andere Zahl: Von 100 Prozent, die ans Gymnasium übertreten, sind 40 Prozent am Ende nicht mehr da. Diese beiden Zahlen gibt es, und natürlich stellt das alles in Frage. Ich würde den Übertritt frei geben.

Was sind Zeichen dafür, dass Kinder den Übertritt nicht schaffen?
Eines der klarsten Indizien ist das Lern- und Sozialverhalten, das Arbeitsverhalten. Wie interessiert ist ein Kind am Stoff, wie bleibt es dran, nützt es die freien Übungszeiten sinnvoll oder ist es nur damit beschäftigt, Anforderungen aus dem Weg zu gehen? Sind die Hausaufgaben gemacht oder nicht? Und wenn sie nicht gemacht sind - warum nicht? Wenn ein Kind die Hausaufgabe nicht versteht, fragt es dann nach? Ist es einfach nur froh, wenn es keine Anforderungen zu bewältigen hat oder ist es interessiert? Nicht nur am Stoff, sondern überhaupt an Dingen, am Leben. Wir haben Kinder, die ihre Energie dazu brauchen, um ihren Rang in der Gruppe zu behaupten. Das ist anstrengend. Wenn man den ganzen Tag damit beschäftigt ist, zu zeigen, dass man der Boss ist und diese Position auch den ganzen Tag verteidigen muss, hat man wenig Kapazität frei, um sich auf den Lernstoff zu konzentrieren. Es gibt auch Kinder, die so schüchtern sind – ein

Mädchen zum Beispiel, das kaum im Kindergarten war, weil es so viel krank war, die hat fast das erste halbe Jahr gebraucht, um mit anderen Kontakt aufzunehmen. Und diese Zeit musste ich ihr lassen. Sie hat auch gebraucht, um von sich aus nachzufragen. Zum Beispiel, ihr Stift fehlte. Dann hat sie nicht gefragt, sondern ist halt brav dagesessen. Ich hab mich mit anderen Kindern beschäftigt und hab tatsächlich erst nach 20 Minuten gemerkt, dass sie gar nichts macht, weil sie wartet, bis irgendjemand kommt und ihr Problem löst. Das sind für mich Kriterien: Welches Problemlösungsverhalten hab ich? Wir haben Kinder, denen zu Hause jedes Problem abgenommen wird. Die sind nicht in der Lage, selbstständig ein Blatt aus dem Schulranzen zu nehmen.

Da muss man doch sagen: Mütter, schickt eure Kinder in die Kita!
Wir neigen alle dazu, Kindern zu viel abzunehmen. Weil's schneller geht. Wir haben auch Lehrkräfte, die es den Kindern einfach machen. Scheren und Kleber und Stifte haben die selbstverständlich zehnfach dabei! Für die armen Kinder, die das vergessen haben. Da bin ich inzwischen anderer Meinung. Da denk ich: Ok, dann klebst du es eben zu Hause ein. Wir nehmen den Kindern sehr viele Probleme ab.

Weil sonst gar nichts flutscht. So und so viel Kinder haben den Kleber vergessen, dann kann man die Kleberei lassen.
So ist es. Aber der Schuss geht natürlich nach hinten los. Problemlösungsverhalten ist so ein Aspekt, den ich hoch bewerten würde. Wenn heute etwas anders ist, als es gestern war, kann das Kind sich flexibel darauf einstellen? Gerade im Hinblick auf Übertritt: Kommt ein Kind mit verschiedenen Lehrpersonen zurecht? Oder muss es jedes Mal die Grenzen neu austesten? Und am Ende der 4. Klasse müssen sie schon enorm weit gekommen sein. Das heißt bis Mitte der 4. Der Übertritt ist Mitte der 4. Klasse.

Fängt er nicht schon in der 3. an?
Der Notenstress fängt mittlerweile in der 2. an. Da ist man noch sehr großzügig mit den guten Noten, um nicht zu demotivieren, was dann aber auch Erwartungen

weckt. Und Dritt- oder Viertklass-Lehrerinnen werden dann mit den Eltern konfrontiert: Aber in der 2. Klasse war sie doch so gut, oder er, und das muss ja jetzt wohl an Ihnen liegen, dass er nicht mehr so gut ist. Das ist schon ein großes Problem. Und das sind Dramen, die da ablaufen. Was man da als Schulleiter so mitkriegt – Dramen. Und Eltern, die kommen,– die Zwei ist denen gar nicht so wichtig, sie wollen halt die Noten, die für den Übertritt reichen.

Die Noten sind eigentlich nur Mittel, es geht um den Übertritt.
Genau. Es geht um die Vermeidung der Hauptschule. Realschule ist auch noch ok. Aber keine Hauptschule. Und das sind Dramen. *(Langes Schweigen)* Da bin ich ausführendes Organ, wohinter ich nicht stehe.*(Langes Schweigen)* Was ich allerdings nicht nachvollziehen kann, ist die große Angst der Eltern vorm Probeunterricht. Das ist ja noch mal eine Chance für das Kind.

Abgesehen davon, dass ich den Elternwillen frei geben würde. Mit einem Beratungsgespräch und nach einer mindestens sechsjährigen Grundschulzeit. Das wäre mein Favorit. Das zweite Modell wäre eine Aufnahmeprüfung durch die aufnehmende Schule, das ist ja praktisch der Probeunterricht. Die schauen sich drei Tage die Kinder an, wovon ein Tag nur mündlich ist, da ist viel mündlicher Unterricht. Die schauen sich das Übertrittszeugnis sehr gut an, das ist ja auch wichtig, dass die abgebende Lehrerin genau beschreibt, wie sie das Kind im Moment sieht. Und dann soll die aufnehmende Schule entscheiden.

Vor diesem Probeunterricht haben viele Eltern große Angst. Wenn ich dann dagegen stelle, anschließend hat ihr Kind dann sechs oder acht Jahre an dieser Schule vor sich, das ist doch das größere Risiko. Es gibt ja immer noch die Alternative: ein Jahr Hauptschule und dann noch einmal probieren. Wir haben ja sehr junge Kinder mittlerweile, durch diese vorzeitige Einschulung. Also diese Panik, dass jetzt mit dem Übertritt das ganze Leben gelaufen ist, die steckt schon tief in den Köpfen und die kann ich nicht ganz nachvollziehen. Man könnte den Probeunterricht als Diagnoseverfahren

sehen, um wirklich zu sehen: Ist mein Kind geeignet?
Denn was da auch noch abgeprüft wird, ist das logische
Denkvermögen.

Wie wird das abgeprüft?
Indem sie einen Stoff durchnehmen, der in der
Grundschule noch nicht durchgenommen wurde und
dann schauen, ob die Kinder schnell was auffassen. Weil
Kinder, die mit viel Büffeln und Reproduktion umgehen –
da sagt man, die seien nicht geeignet für die Realschule.
Wobei ich das in Frage stellen möchte.

**Sie haben gesagt: Der Probeunterricht kann als
Diagnoseverfahren gesehen werden. Das sind aber
zehnjährige Kinder**
Neunjährige!

**Was will man da viel diagnostizieren? Man weiß doch
nicht, wie sie sich mit 13, 14 Jahren entwickelt haben.**
Natürlich nicht. Aber ich kann sagen: Jetzt im Moment,
mit den Leistungen, die das Kind jetzt bringt, ist es nicht
geeignet. Und wie gesagt: Wir haben diese Zahlen. 40
Prozent gehen am Gymnasium verloren. Was mich zum
Nachdenken bringt, ist letztlich die Tatsache, dass von
den Kindern, die ans Gymnasium gehen, selbstverständlich mehr Abitur machen als von denen, die nach der 4.
nicht ans Gymnasium gehen. Sprich: Wenn ich mal drauf
bin, ist die Chance, dass ich da bleibe, größer als später
auf anderem Weg dahin zu kommen. Man kann vieles
bedauern an diesem System. Aber das ist nicht mein
Thema als Schulleiterin, das muss ich politisch machen.
Und das sag ich auch den Eltern.

**Noch mal eine Frage zu den Dramen. Was sind das
für Dramen, die sich da abspielen?**
Naja, ich denke, ich krieg da nur die Spitze des Eisberges
mit. Wenn Mütter vor mir sitzen und in Tränen
ausbrechen und sich die Schuld geben. Weil sie versagt
haben. Die einfach nicht so weit kritisch reflektieren und
sagen: Das System ist hier so. Was mir noch viel näher
geht, sind die Kinder, die in Tränen ausbrechen über eine
Drei. Oder Kinder in der 3. Klasse, die man fragt, was sie
beschäftigt und woran sie denken, dann sagen sie: Noten.
Tag und Nacht: Noten

22.
Die Produktion von
HauptschülerInnen

19

*Der Lehrplan ist ganz
auf die weiterführenden
Schulen orientiert.*

Betrachten wir beispielhaft die Biografie eines Kindes, das schließlich auf der Hauptschule landet. Vier Jahre lang war dieses Kind mit anderen Kindern zusammen in der Grundschule.

Vier Jahre lang hat es erlebt, dass es langsamer ist als die meisten anderen. Grundschullehrerinnen sehen in einer auch nur geringen Langsamkeit eine der wichtigsten Ursachen für den Hauptschulbesuch. An zweiter Stelle sehen sie sich selbst: Sie können solche Kinder nicht genügend fördern aufgrund des vollen Lehrplans[19], der Klassengröße, des Hinarbeitens auf Proben und weil sie immer allein sind. Eine weitere Ursache sei Krankheit. Oft hätten die Kinder eine körperliche Beeinträchtigung, sie hören nicht gut, können die Verschlusslaute nicht klar unterscheiden, was zu Legasthenie führen kann, so dass also zuerst nicht ein Rechtschreibproblem als solches besteht, sondern ein Hörproblem, sie haben Artikulationsprobleme, Herzfehler, Beeinträchtigungen in der Lunge, Behinderungen im Bewegungsapparat.

Manchmal haben sie traumatische Erfahrungen in der Familie gemacht oder als Flüchtlingskinder in ihrer alten Heimat, oder sie sind arm. Armut enthält ein riesiges Verletzungspotential. Kinder, die vier Jahre lang erfahren haben, dass sie zu langsam sind, und vier Jahre geschwiegen haben, weil immer ein anderes Kind schneller war, haben keine Kraft, die Auslesesituation der 4. Klasse zu bestehen.
Stressresistenz und Zuversicht konnten sie nicht entwickeln und ihr kognitives Potenzial in einer als bedrohlich erfahrenen Situation auch nicht.

Was Grundschullehrerinnen
und Grundschulkinder brauchen:

• kleine Klassen

• eine zweite Lehrperson

• Zeit für die Arbeit mit jedem einzelnen Kind und gemeinsame Zeit über die 4. Klasse hinaus, damit die Kinder ihr individuelles Lerntempo entwickeln können.

Was Grundschullehrerinnen nicht brauchen:
• Proben, Tests: Die Kinder müssen erst einmal lernen, alle müssen die grundlegenden Kulturtechniken beherrschen. Dazu brauchen sie Zeit und Lernmöglichkeiten, aber keine Proben zur Dokumentation eines Ist-Zustandes, der in ein paar Tagen schon wieder ein anderer ist.

• Noten, die schwache Schüler entmutigen, in einer Entwicklungsphase, in der sie viel Ermutigung brauchen. Guten Schüler bestätigt die gute Note nur, was sie schon wissen. Noten lenken ab vom Lernen.

• Seitenlange Gutachten: Genaueste Beschreibungen der Arbeitstechniken, der sozialen und kognitiven Kompetenzen, differenzierte Aufschlüsselungen der fachlichen Kompetenzen, wenn am Schluss doch nur die Note entscheidet: 2,33 oder 2,66.

Leistungsvergleiche in der Gruppe machen Rangfolgedenken selbstverständlich. Die eigene Individualität kann sich nicht entwickeln. Dass jeder etwas gut kann, geht unter. Das etwas zu langsame Grundschulkind geht inzwischen auf die Hauptsschule.
Die Erfahrung, langsam zu sein, ist total uncool. Einen Moment zu lange nachgedacht und du bist out. Das ist jahrelange Erfahrung. Sie wird nun verdrängt. Jeder Mensch sucht Antwort auf die Frage: Wer bin ich?
Er sucht Vorbilder. Die Schule liefert sie nicht. Die Peergroup ist wichtig.

Aus dem unsicheren, etwas zu langsamen Grundschulkind ist ein cooler Jugendlicher der Hauptschule geworden. Dieser Jugendliche ist klug genug, seine Perspektive zu erkennen. Die Perspektive ist düster. 40 Bewerbungen und mehr schreibt er für eine Lehrstelle. Selbst wenn die 40. Bewerbung erfolgreich war, gingen ihr 39 Verletzungen voraus.

Wie erleben die Leistungsstarken, die Schnellen sich selbst? Sie erleben sich als versierter, flotter, witziger. Sie sind körperlich fit, hören gut, haben gesunde Zähne und sind gute Sportler. Aber, das haben Rangfolgen so an sich, auch sie sind in Gefahr. In jeder Prüfungssituation können sie zurückfallen. Man sollte meinen, wer es aufs Gymnasium geschafft hat, kann sich freuen. Doch in der neuen Lerngruppe gibt es wieder gute und schlechte Schüler und jede Klassenarbeit verteilt die Plätze neu. Wer immer unter dem unbewussten Druck steht, bestehen zu müssen, lernt nicht entspannt. Gymnasiasten haben trotz ihrer wesentlich besseren Perspektive größere Schulangst als Hauptschüler.

Die Bedingungen, die Gymnasiasten an gemeinsamen Unterricht mit Hauptschülern, vor allem mit Migranten, stellen, zeigen Angst: Sie könnten uns runter ziehen. Es ist der Blick auf die Messlatte, die diese Angst erzeugt, der verengte Blick. Dass jede/r etwas gut kann, dass man mit dem Kopf und mit dem Herzen lernen kann, dass man neidisch werden kann auf die Gefühlssicherheit von HauptschülerInnen, auf ihren Witz und ihre Frechheit, ihre Herzlichkeit und ihren psychologischen Durchblick haben GymnasiastInnen nie erlebt.

23.
Die neue Idee: Zwei Schularten – eine fürs Volk und eine für die Elite

So neu ist die Idee gar nicht: Die neuen Bundesländer praktizieren sie schon lange, ebenso das Saarland. Aber auch andere Bundesländer besonders im Norden Deutschlands erwägen Modelle der sog. Zweigliedrigkeit oder praktizieren sie schon. Das Prinzip ist: Haupt- und Realschule werden zusammengefasst. Daneben steht unberührt das Gymnasium. Die Modelle unterscheiden sich darin, ob nur das Gymnasium zum Abitur führt oder ob das beide Schularten gleichwertig tun. Da es nach wie vor Sonderschulen gibt, ist der Begriff Zweigliedrigkeit irreführend und undemokratisch.

Fakt ist: Der Hauptschule ist überholt, ihr gehen die Schüler aus. Das hat einerseits demografische Gründe – es gibt weniger Kinder –, aber vor allem sind es ökonomische Gründe: Für ihre Ausbildungsplätze zieht die Wirtschaft Realschüler und Gymnasiasten vor. Die Hauptschule wird also nicht „schlecht geredet", wie die Retter dieser Schulart meinen, als ginge es nur um ein Imageproblem. Die Hauptschule entspricht nicht mehr der technischen Entwicklung.

Das Zeitalter der Mechanik ist vorbei, das elektronische Zeitalter mit seinen High-Tech-Berufen verlangt ein Abstraktionsvermögen, das auf der Hauptschule nicht gelehrt wird und das eine längere Schulzeit verlangt. Den ausschließlich kunstfertig mit Händen arbeitenden Handwerker gibt es kaum noch, auch der Fliesenleger berechnet Flächen mit dem Computer und entwickelt Wirtschaftspläne, um der Konkurrenz standzuhalten. Den Weg - weg von der Hauptschule - zeichnen also die Arbeitgeber vor, und die Schüler bzw. ihre Eltern folgen ihm.

24.
Kritik der
Zweigliedrigkeit –
Streit in Hamburg
und Berlin

Mehrere Aspekte geben zu denken. An erster Stelle: Zweigliedrigkeit ist nicht ehrlich. Man entwickelt eine neue Schulart und behauptet, diese sei genauso gut wie das Gymnasium, rührt dessen Traditionen und Privilegien aber nicht an. Niemandem werde etwas genommen, allen wird gegeben. Ist das möglich?

Der Sinn von zwei Schularten, die beide gleichwertig sind, bleibt verborgen. Offensichtlich ist allerdings die Unfähigkeit der Schulpolitiker und vieler Wissenschaftler, Teilen des Bildungsbürgertums die Gemeinschaftsschule als Schule zu vermitteln, die einer Demokratie würdig ist. Das 200 Jahre alte Gymnasium ist bis heute eine exklusive Schule, obwohl Wilhelm von Humboldt schon damals die gemeinsame Schule für alle Stände gefordert hat.

Der zweite kritische Punkt: Um Kinder auf zwei Schularten verteilen zu können, egal ob nach der 4., 5. oder 6. Klasse, braucht man einen Verteilerschlüssel. Damit bleibt der Stress des Übertritts für Kinder und Grundschullehrerinnen bestehen. Die heftigen Debatten um den Übertritt werden heftig bleiben.

Der dritte kritische Punkt: „Die Anhänger des gegliederten Schulsystems müssen zur Kenntnis nehmen, dass sie keine wissenschaftlichen Argumente für die in Deutschland praktizierte Aufteilung ins Feld führen können", sagt die Lernpsychologin Elsbeth Stern.[20] Besonders die Zweigliedrigkeit trennt die Kinder entsprechend der Gaußschen Kurve am Scheitelpunkt ihrer Kompetenzen. In beiden Schularten sind also gleich kompetente Kinder oder die eine Schulart ist riesig und die andere winzig. Eine Trennung nach Leistungskriterien ist bei zwei Schularten unmöglich.

[20]
In der ZEIT vom 15.12.2005

Der vierte kritische Punkt ist das Ignorieren der kindlichen Entwicklung. Bildungspolitiker und viele Eltern aus der Bildungsschicht wollen die frühe Trennung – außer in Österreich einmalig auf der Welt – weil das Gymnasium nicht angerührt werden und mit der fünften Klasse beginnen soll.

Wie sehr sie mit diesem Exklusivanspruch ihren Kindern schaden, ist vielen Eltern nicht bewusst. Sie übersehen die Kompromisse, die z. B. das Hamburger Schulkonzept aus politischen, nicht aus pädagogischen Gründen einging.

Die Regelung des Übergangs soll das aufzeigen:
• Schon in der Primarschule können SchülerInnen nach Leistung in A/B und C-Kurse aufgeteilt werden.

• Ab der 4. Klasse soll in Lernentwicklungsberichten mit Noten oder Punkten festgestellt werden, ob die „kompetenzorientierten Anforderungen des Gymnasiums" erfüllt werden. Welche Anforderungen das sind, wird nicht klar.

• In Deutsch, Mathematik und Englisch soll es „valide Kompetenzfeststellungsverfahren" und „empirisch belastbare Tests zur Individualdiagnostik" geben, die feststellen, ob das Kind aufs Gymnasium kann oder nicht.

• Auch zur Feststellung von „überfachlichen und sozialen Kompetenzen (wie Lernstrategien und Selbstwirksamkeitsüberzeugungen)" sollen „standardisierte Instrumente" verwendet werden.

21
Anne Ratzki in PISA-Info 9/2009, 3. Auch die Zitate aus dem „Hamburger Rahmenkonzept" stehen in diesem Artikel.

Diese pseudowissenschaftlichen Formulierungen sollen über das „absolute Fehlen inhaltlicher Kriterien für den Übergang auf das Gymnasium" hinwegtäuschen, so eine der Schlussfolgerungen der Erziehungswissenschaftlerin Anne Ratzki.[21] Wieso jetzt auf einmal valide Tests da sein sollen, die seit Jahrzehnten fehlen, sagen die Macher – Wissenschaftler? – des Hamburger Konzepts nicht. Die Zweigliedrigkeit verschärft und verlängert den Druck auf die Kinder in der Grundschule und damit ihre Angst. Die Hirnforschung kann uns aufzeigen durch ihre bildgebenden Verfahren, was Lernen optimiert: die Freude am Lernen.

In Berlin umfasst die Grundschule immer schon die Klassen 5 und 6. Gleichzeitig gibt es grundständige Gymnasien, besonders im kirchlichen Bereich, die mit der 5. Klasse beginnen. So kann man Kinder der 5. und 6. Klassen auf der Grundschule, auf die noch alle, auch die unterprivilegierten Kinder gehen, und auf dem Gymnasium mit seinen „Elitekindern" vergleichen. Wo lernen die Kinder mehr? Jürgen Baumert, anerkannter Bildungswissenschaftler und Leiter der ersten PISA-Studien, stellte fest: Kinder auf dem Gymnasium lernen nicht mehr als Kinder gleicher Kompetenz auf der Grundschule. Die „Elitekinder" machen also keine größeren Fortschritte auf dem Gymnasium. Nach Baumerts Studie relativierte der Bildungswissenschaftler Lehmann, der die gleichen Daten untersucht hatte, seine Aussagen.

So entstehen Situationen, wie sie nur ein selektierendes Schulsystem produzieren kann. In Schleswig-Holstein verzeichnen Gemeinschaftsschulen höchsten Andrang, ebenso in Berlin, ebenso die Gesamtschulen in Niedersachsen, in Hessen und in NRW. Hier wünschen sich so viele Eltern gemeinsames Lernen, dass ein Großteil ihrer Kinder abgewiesen werden muss. In Hamburg dagegen wehren sich Teile des gebildeten Bürgertums gegen längeres gemeinsames Lernen. Verwunderlich ist, dass die Hamburger Bürgerinitiative mit der Bezeichnung „Wir wollen lernen" gegen die geplante Primarschule kämpft mit dem Argument, die Effizienz einer solchen Schule müsse erst nachgewiesen werden. Das, was sie fordert, gibt es längst. Nicht nur Baumerts Untersuchung, sondern IGLU, PISA und die Ergebnisse der Hirnforschung weisen die Bedeutung längeren gemeinsamen Lernens und die Effizienz heterogener Lerngruppen nach. Anscheinend fällt der Initiative trotz ihres Namens das Lernen schwer. Ein Volksentscheid wird zeigen, was die Mehrheit der Eltern in Hamburg für ihre Kinder möchte.

25. Wie ist die vierjährige Grundschule entstanden?

Der Beginn der Weimarer Republik: der 1. Weltkrieg war verloren, die Monarchien gefallen, die Sozialdemokraten stellten den Reichskanzler – und nun wollten sie einer Demokratie entsprechend die achtjährige Volksschule für alle Kinder. Bisher haben die Knaben des höheren Bürgertums die Volksschule nie betreten.

Sie besuchten so genannte Vorschulen fürs Gymnasium oder Privatlehrer, und die Mädchen der besseren Familien gingen auf „Höhere Töchterschulen". In der Reichsschulkonferenz von 1920 stritten Sozialdemokraten und Konservative erbittert darüber, ob die achtjährige Volksschule für alle Kinder sei oder nicht. Der Kampf endete mit einem Kompromiss: vier gemeinsame Schuljahre, weil die Hälfte von acht vier ist. Diese vor 90 Jahren getroffene politische, nicht pädagogische Entscheidung wollen etliche Bildungspolitiker nicht anrühren – bis heute.

26. Regionale Schulentwicklung

Die demografische Entwicklung macht vor allem kleinen Gemeinden große Probleme: Aus Mangel an Kindern können sie ihre Schulen nicht mehr halten. Die Schließung der Schule bedeutet für die Gemeinde einen einschneidenden Verlust: Das leere Schulhaus muss unterhalten werden, die Fahrtkosten für die Schüler müssen bezahlt werden, der örtlichen Wirtschaft fehlen die Auszubildenden, Eltern mit Kindern ziehen Gemeinden mit weiterführenden Schulen vor, der kulturelle Mittelpunkt fehlt. Eine Verarmung der Gemeinde also auf wirtschaftlichem, sozialem und kulturellem Gebiet.[22]

22

Siehe dazu auch die Überlegungen des Bayerischen Lehrer- und Lehrerinnenverbands über die „Regionale Schulentwicklung". www.bllv.de

So entstand in vielen Bundesländern die Idee der regionalen Schulentwicklung, die Bürgermeister und Gemeinderäte kleiner Gemeinden ermutigen soll, eigene Bildungskonzepte entwerfen, um ihre von der Schließung bedrohte Schule zu erhalten. Dafür brauchen sie mehr Entscheidungskompetenz. Die fordern auch die Städtetage und wollen für mehr zuständig sein als nur für den Erhalt der Gebäude. Schulen sollen wieder Aufgaben der Gemeinden werden, so wie es bis Anfang des 20. Jahrhunderts war.

Vor Ort soll das Schulleben organisiert werden. Verwaltung, Lehrer, Eltern, auch die Kinder und Jugendlichen, Vertreter der Wirtschaft, der Kultur und anderer Bereiche entscheiden selbst, was die beste Bildung für ihre Kinder ist. Besonders auf dem Lande bilden sie Schulverbünde mit den Nachbargemeinden und planen, wie sie den Grundschulbereich und die Sekundarstufen I und II bis zum Mittleren Abschluss

und zum Abitur organisieren können. Wie ihre Kinder
am besten lernen, all das regeln die Betroffenen im
Schulverbund selbst.

Die Dezentralisierung, das heißt die Organisation der
Schulen vor Ort, wird ein sehr differenziertes schüler-
und bürgernahes Schulwesen entwickeln. Die Zentralisie-
rung der Schulverwaltung durch ein Schulministerium
war einst notwendig, um die neu eingeführte Schulpflicht
durchzusetzen. Das allerdings war im 19. Jahrhundert.
Nun ist die Zeit reif für eine demokratische Änderung.
Dafür müssen die Schulministerien Kompetenzen an die
Gemeinden delegieren. Das tun sie nicht gerne. Ihr demokratisches Selbstverständnis wird sich daran messen
lassen müssen, wie und wie schnell sie es tun.

Hier ergibt sich ein produktives und kreatives
Aufgabenfeld vor allem für Eltern und LehrerInnen, aber
auch für alle anderen, die Kindern und Jugendlichen eine
gute Zukunft bereiten wollen.

IV. Kapitel
Blick über den Zaun

27.
Dritter Brief an Lernende

Liebe Schülerinnen, liebe Schüler,
Eure Lehrer, eure Lehrerinnen, sie haben immer Recht. Die Punkte, die Häkchen in euren Arbeiten, der Notenschlüssel, alles stimmt. Und wenn etwas nicht stimmt, kämpft ihr. Der Lehrer prüft, ob er etwas falsch gemacht hat oder ob ihr nicht logisch denken könnt. Und dann klärt sich die Angelegenheit. Entweder sagt der Lehrer, stimmt, hab ich übersehen und verbessert die Note oder er sagt, stimmt nicht, was du sagst, da ist ein logischer Fehler. Nach vielem Reden seht ihr es ein oder vielleicht auch nicht. Dann seid ihr sauer, und doch nehmt ihr die Bewertung hin. Ihr passt euch den Umständen an. Es ist anstrengend, immer in Opposition zu leben. So erscheinen euch Noten richtig und normal.

[23]

Jachmann 2003, 222ff.

Umfragen unter euch SchülerInnen, die Michael Jachmann[23], ein Lehrer, für seine Dissertation gemacht hat, bestätigen diese Ansicht: Noten gehören zur Schule, dieser Ansicht sind über 76 Prozent von euch, nur 12 Prozent können sich eine Schule ohne Noten vorstellen. Auch wer Erfahrungen mit schlechten Noten gemacht hat, ist dafür, nur 20 Prozent dieser SchülerInnen wünschen sich eine Schule ohne Noten. Ihr findet Noten gerecht, haltet verbale Beurteilung eurer Leistungen nicht für korrekter, vor allem Jungen halten nichts

[24]

Jachmann 2003, 219

vom „Gelaber" ihrer Lehrerinnen.[24] Michael Jachmann wollte mit seinen Fragebögen auch einen möglichen Zusammenhang zwischen Noten und Schulangst aufdecken, den ihr selbstverständlich verneint habt. Zumal ihr klar seht, dass schlechte Leistungen auch ohne Noten schlecht sind. Eure Selbsteinschätzung sagt euch, wo ihr innerhalb der Klasse steht, mit oder ohne Noten, mit oder ohne Angst. Eure Enttäuschung über eine schlechte Note oder über euch selbst oder über den

Lehrer vertraut ihr dem Fragebogen nicht an. Ärger über eine Note, die ihr nicht erwartet habt, – was soll das, weg damit. Es ist ja auch sinnlos, die Note ist erteilt, ihr könnt nichts ändern. Und dann kommen die Eltern, die reden dann auch noch. Auf Vorwürfe reagiert ihr nicht, kriegt höchstens einen Wutanfall. Mitgefühl ist noch schlimmer.

Und das Leben geht weiter, ihr lächelt, ein bisschen ironisch, könnt mit den Eltern wieder reden, lasst sogar eine Moralpredigt zu, ja, ich lern schon, ja, mach ich schon, logo. Ganz selten redet ihr mit einem Freund, einer Freundin ernsthaft, dass diese Note, ja dass diese Note ... Jedenfalls vertraut man einem Fragebogen nicht an, was eine Note mit einem gemacht hat.

Ich bitte euch, einen Blick über den Zaun zu werfen. Es gibt Schulen in Deutschland ohne Noten, oder mit Noten erst in höheren Klassenstufen. Nicht nur Privatschulen, Waldorf- und Montessori-, Jenaplan- oder Bodenseeschule, oder die Laborschulen in Bielefeld und Dresden. Es sind ganz normale öffentliche Schulen, meist Gesamtschulen, die keine Noten geben, so lange sie das dürfen. Die LehrerInnen dort praktizieren einen anderen Unterricht und bewerten anders, nämlich mit euch zusammen und mündlich, im Dialog. Ihr redet mit den Lehrern und müsst euch dabei selbst einschätzen, Selbstevaluation nennt man das. Das geht bis zur siebten, spätestens achten Klasse, bis der Staat den LehrerInnen und euch auf die Finger haut: Schluss jetzt mit der Selbstevaluation, jetzt, wo ihr sie gut könnt, weil ihr euch selbst gut kennt, eure Stärken und Schwächen. Jetzt wird ordentlich mit Ziffern bewertet, damit jeder durchblickt und Klarheit herrscht! „Wer nicht lesen kann, braucht Noten", sagt die Leiterin der Montessori-Gesamtschule in Potsdam frech. Der Staat aber braucht die Noten, um euch sortieren zu können, die Guten ins Töpfchen und die Schlechten – in die Hauptschule.
  Entschuldigt bitte, ihr Schülerinnen und Schüler aus der Hauptschule, es gibt tausend Gründe, warum ihr die schlechten Noten erhalten habt. Hassan von einer Münchner Hauptschule – er hat jetzt zwei Lehrstellen-Angebote als Mechandroniker – kam von einem Test bei BMW zurück und sagte: „Warum bin ich auf der Hauptschule? Ich wusste viel mehr als die Gymnasiasten!"

Die innovativen Gesamt- und Grundschulen würden gerne ohne Noten weiterarbeiten, aber sie dürfen nicht. Der Staat will sortieren.

Werfen wir den Blick noch weiter über den Zaun, ins Ausland. In Finnland und Schweden beginnen die Noten erst in der siebten bzw. sechsten Klasse, und man kann nicht durchfallen. Es gibt nämlich nichts, wohin man fallen könnte. Es gibt nur eine Schule für alle SchülerInnen. Davor haben hier in Deutschland viele Menschen Angst. Auch ihr jungen Leute aus Realschule und Gymnasium habt Bedenken gegenüber den Hauptschülern – entschuldigt bitte wieder, ihr Schülerinnen und Schüler aus der Hauptschule! Ob die uns nicht runter ziehen? Ob da nicht das Leistungsniveau sinkt? Und wenn das Niveau sinken sollte? Na und? Dann bringt ihr dennoch eure Leistungen, aber holla! Individuell und selbstständig arbeitet ihr, so wie das alle Schüler in Gesamtschulen tun, und das sind die Schulen aller Länder auf der Welt[25] bis auf zwei Länder –Deutschland und Österreich. Eure Angst ist unbegründet. Schweden und Finnland erreichen PISA-Spitzenplätze. Das Zusammensein mit schwächeren schadet stärkeren SchülerInnen nicht.

[25]
Außer den Ländern, die kein funktionierendes Bildungssystem haben: Weltweit gehen 100 Millionen Kinder nicht zur Schule, denen 15 Millionen LehrerInnen fehlen. (e&w, 11/2006, 3

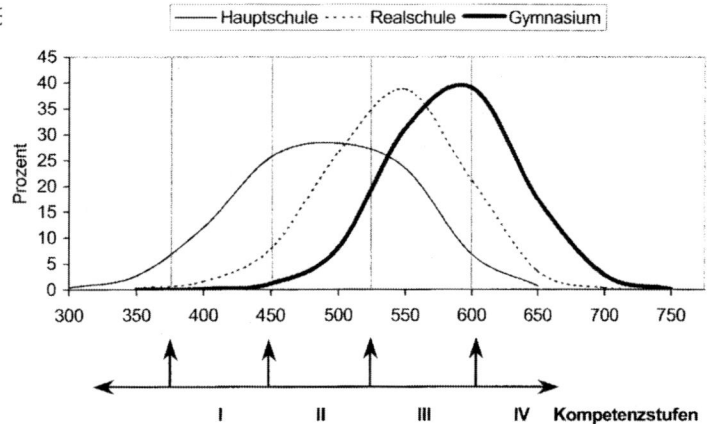

Kompetenzstufenzugehörigkeit der Schülerinnen und Schüler, differenziert nach der Übergangsempfehlung (Bos u.a. 2003, S. 131)

In Bayern machen 19 Prozent der SchülerInnen eines Jahrgangs Abitur am Gymnasium gegenüber 30 Prozent in anderen Bundesländern. Ihr übrigen 11 Prozent könntet, würdet ihr in einem anderen Bundesland die Schule besuchen, ebenfalls auf dem Gymnasium sein, in Bayern aber habt ihr Pech und seid auf der Realschule gelandet. Falls ihr RealschülerInnen nach der Mittleren Reife weiter auf eine Schule gehen wollt, müsst ihr bessere Noten haben als ein Gymnasiast sie je erreichen muss – für ihn genügen zum Vorrücken bis zum Abitur lauter Vierer und ein Fünfer – während ihr mit einem Schnitt von 3,5 die Probezeit auf der FOS (Fachoberschule) bestehen müsst – ein Viertel muss die FOS wieder verlassen – und wenn ihr auch das geschafft habt, dann dürft ihr die eingeschränkte Hochschulreife erlangen, mit der ihr dann weniger studieren dürft als der oben genannte Vierer-Gymnasiast. [26]

Euch Hauptschülern in Bayern wird der Aufstieg noch schwerer gemacht. Ihr müsst in Deutsch und Mathe eine Zwei haben, um auf den M-Zug zu kommen (Mittlere-Reife-Zug) – wie viele Gymnasiasten müssten gehen, weil sie in diesen beiden Fächern keine Zwei haben! Insgesamt müsst ihr in Bayern einen Schnitt von 2,33 erreichen, in den übrigen Bundesländern genügt ein Schnitt von 3,0.

Aber, Pardon, die meisten von euch halten Noten für korrekt, objektiv und von der Schule nicht wegzu-denken!

SchülerInnen aus Deutschland sprechen viel mehr über Noten als die anderer Länder. Deutsche SchülerInnen: 50 Prozent, französische: knapp 40 Prozent, us-amerikanische: knapp 20 Prozent. Die AutorInnen der Untersuchung fassen zusammen: „Wir sehen, dass die deutschen SchülerInnen am meisten unter Noten leiden. Amerikanische SchülerInnen betonen sogar häufiger – wenn sie sich überhaupt über Noten äußern – den positiven Rückmeldeeffekt von Zensuren als die belastende Kontrollfunktion. Das hängt sicherlich mit dem wesentlich geringeren Selektionsdruck zusammen." [27]

Gehen wir weiter in unserer Reise durch das Ausland, diesmal in den Süden, in die Schweiz. Dort ist der

26

Wenn ihr eine zweite Fremdsprache paukt, dürft ihr auch das allgemeine Abitur machem ...

27

Expertise 2006, 44

Föderalismus noch ausgeprägter als bei uns, in jedem kleinen Dorf gibt es verschiedene Arten von Noten. Dieser Ameisen-Föderalismus mag nicht das Schlaueste sein, er zeigt aber, dass Noten auch locker gehandhabt werden können. „In Basel gibt es ... reguläre Noten erst in der achten Klasse, in Baselland ab der sechsten Klasse, zuvor wahlweise Noten oder Lernberichte. Im Aargau gibt es reguläre Noten ab dem zweiten Halbjahr der ersten Klasse, in Bern werden bis zur sechsten Klasse Beurteilungsgespräche geführt."[28]

[28]

Expertise, 2006, 13

Südtirol ist die reichste Region Italiens und konnte sein Bildungssystem im großen Stile ausbauen. Hier gibt es fast nur neue, nach kommunikativen Gesichtspunkten gebaute Schulhäuser, keine langen düsteren Gänge, sondern über Eck gebaute, helle Klassenräume – das Licht fällt häufig von oben herein. Die Räume führen auf Hallen, die mit Nischen und Winkeln versehen sind und Platz bieten für Arbeitsgruppen. Neben Computerräumen gibt es große Bibliotheken und eine Mensa. Außer in den Städten sind Schulen klein. Die kleinsten Klassen liegen oben auf den Almen, die Grundschulklassen in den Dörfern haben zehn bis 15 Kinder, die Klassen der Mittelschulen, die alle SchülerInnen besuchen, und die der Oberstufen haben 20 bis 25 SchülerInnen. Südtirol hat wie ganz Italien Gesamtschulen für alle Kinder und Jugendlichen, auch die mit körperlichen und geistigen Behinderungen. Es gibt in ganz Italien keine Sonderschulen.

Im PISA-Test 2003 liegt Südtirol im Lesen noch vor dem Spitzenreiter Finnland und weit vor Bayern, dem deutschen Lese-Spitzenreiter und Spitzenreiter für Aussonderung von SchülerInnen. Südtirol beweist wie die skandinavischen Länder: Gemeinsamer Unterricht schadet nicht. Die Erziehungswissenschaftlerin Anne Ratzki berichtet: „Seit 1977 gibt es keine Ziffernnoten mehr. 1993 wurden individuelle Bewertungsbögen eingeführt. Die Bewertungsstufen ‚ausgezeichnet' / ‚sehr gut' / ‚gut' / ‚genügend' / ‚nicht genügend' dienen dazu, das Kind mit sich selbst zu vergleichen und seinen eigenen Lernfortschritt und seine eigene Anstrengung zu bewerten. Sie bedeuten keinen Rangplatz des Kindes in der Klasse.

So kann ein ‚sehr gut' bei dem einen Kind etwas völlig anderes bedeuten als ein ‚sehr gut' bei einem anderen Kind. Ganz offensichtlich kommt die südtiroler (und die italienische) Gesellschaft mit einem nicht vergleichenden Bewertungssystem ohne weiteres klar, wir haben keine Kritik daran gehört."[29]

[29]
Ratzki 2006, 25

Also keine Ziffernnoten in Südtirol. Drei positive Stufen, eine mittlere und nur eine negative, die aber klar formuliert, und das bis zum Abitur, dem Zentralabitur aus Rom. Es gibt ausschließlich individuelle Rückmeldungen – sie scheinen informativ zu sein für südtiroler SchülerInnen, da 60 bis 70 Prozent eines Jahrgangs das Abitur machen.

28.
Erster Brief an Eltern

Liebe Mütter, liebe Väter!
Ihre Kinder gehen in die Schule, verbringen dort mindestens den halben Tag, nicht selten bleiben sie länger dort, tun da wichtige Dinge für ihr weiteres Leben. Doch Sie erfahren wenig. Auf Ihre Frage „Wie war's in der Schule?" tröpfeln nur kurze Sätze mit einsilbigen Worten: Gut. Geht so. Wie soll's gewesen sein? Wie immer. Jedenfalls erfahren Sie wenig. Von jüngeren Kindern erfahren Sie mehr, aber je älter die Kinder werden, desto wortkarger werden sie. Deshalb sind Zeugnisse für Sie so wichtig. Zeugnisse als Mittel der Information.

Die Schule selbst ist ja meistens auch nicht besonders informativ. Ein abweisendes Gebäude, beklemmende Stille, man glaubt nicht, dass da Hunderte von Kindern und Jugendlichen versammelt sind. Sie suchen das Sekretariat, vielleicht treffen Sie doch ein paar SchülerInnen, die Ihnen freundlich den Weg zeigen. Sie fragen nach der Lehrerin, die jetzt Sprechstunde hat. Ob Sie nun etwas erfahren, hängt von der Persönlichkeit der Lehrerin ab. Manchmal sind es wirklich gute, wichtige Gespräche. Manchmal fragen Sie sich nach dem Gespräch, warum Sie eigentlich gekommen sind, sich extra frei genommen haben. Deshalb sind Zeugnisse für Sie so wichtig.

Manche Eltern meiden die Schule ihrer Kinder, wegen unangenehmer Erinnerungen an die eigene Schulzeit.

Daher ist das Zeugnis wichtig, anschauen, durchlesen, die Ziffern erkennen – alles im grünen Bereich, Gott sei Dank! Wenn da eine Fünf steht, da soll er sich mal gefälligst anstrengen, der Bursche. Manchmal vielleicht sind Sie erzürnt oder auch enttäuscht, warum hat meine Tochter da nur diese Note? Und mein Sohn, so frech soll der in der Schule sein? Versteh ich nicht, ich erleb ihn ganz anders. Aber Sie gehen nicht in die Schule, fragen nicht nach. Was soll's, ändern kann man ja doch nichts.

Es geht auch anders. Es gibt Schulen, die begrüßen zu Beginn des Schuljahres die Eltern ihrer neuen SchülerInnen mit einem Empfang, auf dem sie genau informiert werden über das Profil der Schule, auf was an dieser Schule besonders geachtet wird. LehrerInnen erläutern ihre Ziele und Methoden im Unterricht, welche Wünsche sie an Eltern haben, worauf diese achten sollen. Sie werden informiert und nicht nur gebeten, die Plätzchen für den Weihnachtsbasar zu backen. Sie werden gebeten, ihre speziellen Fähigkeiten einzubringen, indem Sie einmal in der Woche eine AG leiten – Schreinerarbeiten, Computerkurs, Theater-AG, Kochkurs, Gartenbau – was immer Sie können.

Diese Schulen geben in bestimmten Zeitabständen Informationen für Eltern heraus, die Sie über besondere Vorhaben und Ereignisse informieren. In einer Berliner Gemeinschaftsschule wird Ihr Kind nur aufgenommen, wenn Sie an einem Elterntraining teilnehmen. Sie betreten ein solches Schulhaus viel selbstverständlicher, der Umgang zwischen Ihnen und den LehrerInnen ist partnerschaftlich und Sie erfahren sehr viel über die Lernkultur einer Schule. Sie lernen auch – deshalb bezeichnen sich diese Schulen als lernende Organisationen – welche verschiedenen Aspekte Lernen hat und worauf es beim Lernen ankommt: Informationsbeschaffung, Wiederholen und Vertiefen, Lernstrategien entwickeln und Selbstorganisation. Sie erfahren etwas über die Arbeitsweisen, Einzel- oder Gruppenarbeit und vieles mehr. Sie erfahren etwas über die Leistungsfähigkeit Ihrer Kinder, ihre Kompetenzen. Viele Fähigkeiten werden unter dem Begriff Selbstkompetenz zusammengefasst: Ausdauer, Anstrengungsbereitschaft, Organisation und Planung, Entscheidungen treffen können, vor einer

Gruppe reden können. Die Sozialkompetenz umfasst Hilfe holen und Hilfe geben, kluge Zusammenarbeit, Diskussionen organisieren oder Feste oder andere Veranstaltungen. Sie sind informiert über die Themen, mit denen sich Ihre Kinder beschäftigen, und erleben, dass Lernen viel mehr umfasst als jemals in einer Zahl mitgeteilt werden könnte. Jetzt können Sie der Arbeit Ihrer Kinder mit Hochachtung begegnen und sich freuen über das, was die Kinder tun.

Vielleicht können Sie sich auch nicht freuen. Dann war wieder eine Klassenarbeit zu schreiben. Ihr Kind hat für die Prüfung zwar gepaukt, aber es hat sich in der Arbeit nicht richtig konzentriert, und die Note, die sich nicht an seinem persönlichen Lernfortschritt orientiert, sondern am Klassendurchschnitt, diese Note war nicht gut. Sie sind traurig, Ihr Kind ist traurig, und all der Schwung und das Selbstbewusstsein sind weg.

Die Note tritt auf im Gewand der Objektivität, der Eindeutigkeit, der Richtigkeit. Eine Richtigkeit, die allenfalls innerhalb der Klasse stimmt. aber nicht in einer anderen Klasse, einer anderen Schule oder gar einem anderen Bundesland. In eine Note kann jeder hineininterpretieren, was er will. Eine Vier kann bedeuten: Prima, es langt oder: Au weia, aufpassen, gleich kommt die Fünf oder: Für das, was ich gelernt habe, in Ordnung. Alle Ansichten sind richtig. Das macht Noten so attraktiv. Mit der realen, vielschichtigen Leistung hat die Deutung nichts zu tun. Noten sind das entscheidende Instrument unseres Schulsystems: Sie sind das Instrument der Selektion. Sie erlauben und verbieten. In manchen Bundesländern spielt noch der Elternwille eine Rolle, in den meisten nicht mehr. Sie, als Eltern, haben über den Werdegang Ihres Kindes nicht zu bestimmen. Das tun die Noten. Einfach abschaffen kann man sie nicht. Man müsste gleichzeitig das Schulsystem ändern.

29.
Erster Brief an Lehrende

Liebe Lehrerinnen, liebe Lehrer,
über das Reden möchte ich mit Ihnen sprechen, über wirkliche Kommunikation, nicht über einseitige, wie sie das Korrigieren ist. Sie sitzen über einer Klassenarbeit, 30 und mehr Arbeiten. Die Korrektur kostet viel Zeit. Umfragen zeigen, dass LehrerInnen Korrekturen als

größte Belastung nennen. Sie korrigieren also, allein, zu Hause, nachts. Die Schüler haben zunächst nichts davon. Die Arbeiten, Eigentum des Schülers, tränken Sie mit roter Tinte. Jetzt, nachdem der ganze Lernprozess gelaufen ist – die Klassenarbeit wird meist am Ende einer Lerneinheit geschrieben – kommen Sie mit Ihren Korrekturen und Verbesserungen. Wozu? Warum nicht früher? Sie sagen, Übungsarbeiten, Übungsaufsätze wurden vorher schrieben und verbessert. Da also können Schüler Ihre Verbesserungsvorschläge noch nutzen. Aber jetzt? Und: Welche Arbeit korrigieren Sie sorgfältiger: Übungsarbeit oder Klassenarbeit? Für wen? Sie verbringen Stunden über den Arbeiten, Nachdenken in Zweifelsfällen, quälende Entscheidungen zu einem Zeitpunkt, an dem der Lernprozess abgeschlossen ist. Ökonomisch ist das wenig sinnvoll. Ihre Anstreichungen sagen dem Schüler nicht, wann und mit wem er die Lücken schließen soll. Mit Ihnen? Sie gehen doch weiter im Stoff! Wann soll der Schüler Ihre Verbesserungsvorschläge anwenden? In sechs, sieben, acht Wochen bei der nächsten Klassenarbeit? Ihre Verbesserungsimpulse sind schlecht terminiert. Warum tun Sie das?

Sie geben die Arbeiten zurück. Erstaunlicherweise hängen immer noch viele Lehrer und LehrerInnen der Tradition an, die Arbeiten erst am Schluss der Stunde zurückzugeben. Auf die Folter spannen, 30 Minuten und länger. Sie verbessern die Arbeit, ohne dass die Schüler sie vor sich liegen haben. Oder Sie nehmen bis zur Herausgabe sogar neuen Stoff durch – und erwarten, dass die Schüler Ihnen mit Aufmerksamkeit folgen. Nein, Sie erwarten das nicht, aber Sie tun es trotzdem, denn sobald Sie die Arbeiten herausgegeben haben, interessieren sich die Schüler nur noch für Noten und Punkte, Unterricht ist nicht möglich. Die Situation hat nichts mit Ihnen persönlich zu tun. Es ist eine durch das System der Schule bedingte Situation. Ein System, das jungen Menschen durch so etwas Zweifelhaftes wie Noten einen Platz in der Gesellschaft zuweist. Warum überlassen wir die Arbeit der Auswahl nicht den aufnehmenden Einrichtungen? Unsere Aufgabe ist es, den SchülerInnen Wissen zu vermitteln, sie kompetent zu machen, dafür zu sorgen, dass sie ihre Fähigkeiten entwickeln, um Persönlichkeiten zu werden, die in ihrer Welt und ihrer

Zeit verantwortlich handeln. Ob das Gelernte für diesen oder jenen Arbeitgeber das Richtige ist, das machen BewerberIn und ArbeitgeberIn unter sich aus. In Kanada kann jeder Mensch studieren, es gibt keine Leistungsvoraussetzungen, nur Studiengebühren.

Sie sagen, Sie brauchen die Noten? Es ist wert, darüber nachzudenken, was Sie da brauchen. Sie sagen, die Schüler lernen nicht ohne Noten? Glauben Sie das wirklich?

Wie soll das gehen, ohne Noten? Es geht. Es gibt etliche Länder, die seit Jahrzehnten ohne Noten auskommen oder die mit der Benotung erst spät beginnen, kurz vor der Mittleren Abschlussprüfung oder vor dem Abitur. Es gibt ein Land, in dem jeder Schüler einen persönlichen Lernplan hat – Lernplan, nicht Lehrplan – mit dem Schüler ausgehandelt und ganz auf ihn zugeschnitten. Bis zum Abitur. Leuchtet ein, dass in diesem Land keine Klassenarbeiten geschrieben werden, in denen alle SchülerInnen nach einem einheitlichen Notenmaßstab bewertet werden? Jeder und jede lernt gerade etwas anderes. Dieses Land ist Südtirol. Das Abitur ist ein Zentralabitur, für ganz Italien in Rom erstellt. 60 bis 70 Prozent eines Schülerjahrgangs bestehen das Abitur.

In einem anderen Land kann man die Abiturprüfung dreimal machen. Man wiederholt die Prüfung nach einem halben Jahr nur in dem Fach, in dem man es nicht geschafft hat. Es gibt auch SchülerInnen, die in einem oder mehreren Kursen die Prüfung wiederholen, nicht weil sie durchgefallen sind, sondern weil sie mehr Punkte erreichen wollen. Dieses Land ist Finnland. Das Abitur ist auch hier eine Zentralprüfung.

Es gibt ein Land, in dem gab es erst ab der 8. Klasse Noten, seit der konservativen Regierung in der 6. Klasse, und die heißen: sehr gut bestanden, gut bestanden, bestanden. In diesem Land kommt man mit so wenigen Noten aus, weil man viel mehr mit einander redet. Gemeinsam denkt man über die Leistungsentwicklung nach: Lernender, Lehrender und Eltern. Zeugnisse gibt es nur am Ende des Schuljahres und sie spielen kaum eine Rolle. Am Ende der Gesamtschulzeit, in der 10.

Klasse, gibt es landesweite Abschlusstests in der Muttersprache, in Englisch und in Mathematik. „Wer nicht besteht, bekommt keine Note. Er/Sie kann trotzdem in die Oberstufe weiter gehen, muss aber dort ein spezielles Programm besuchen, um die Anforderungen der Tests noch zu erreichen."[30] Dieses Land heißt Schweden.

[30]
Ratzki 2003, 6

In einem anderen Land ist oberstes Bildungsziel „die Erziehung zur Menschlichkeit in einer sich ständig weiter entwickelnden Gesellschaft." Und: „Jedes Kind bekommt, was es braucht." Dieses Land ist Norwegen. In Deutschland haben wir kein oberstes Bildungsziel. Wir haben sechzehn. Die aber kennt keiner.

Auch wenn es in solchen Ländern Noten gibt, wirken sie anders als in Deutschland. Die Note ist eine knappe Information, sie ist nicht das Wesentliche. Wesentlich ist die Überlegung: Was tun? Für sehr gute SchülerInnen: Extraprogramme, die natürlich Geld kosten. Der Direktor einer Schule lächelt: „Für diese Kurse spare ich immer Geld an. Wenn Schüler kommen und mit mir wegen eines Extrakurses reden, kann ich nicht mit leeren Händen da stehen!" SchülerInnen, die nicht erfolgreich sind, stehen nicht allein da. Auch die Fachlehrerin steht nicht allein da mit den schlechten Leistungen ihres Schülers. Beide holen die Förderlehrerin, die es an jeder Schule in diesen Ländern gibt, und zu dritt überlegen sie, was zu tun ist. Gemeinsam entwerfen sie ein Lernprogramm. Vielleicht bekommt der Schüler Einzelstunden bei einer Förderlehrerin, vielleicht verlässt er seine Klasse für eine gewisse Zeit und bearbeitet ein umfassendes Programm, das nicht nur das eine Problemfach betrifft. Wenn alle, die FachlehrerInnen, die Förderlehrerin und der Schüler selbst, meinen, er hat's gepackt, dann geht er wieder in seine Klasse zurück, ohne stigmatisiert zu sein, weil jeder Schüler und jede Schülerin sich Hilfe und besondere Förderung holen kann. Das ist vor allen in Skandinavien so, aber auch in Australien, in Kanada, Südtirol und in vielen anderen Ländern mit einer anderen Lernkultur.

30.
Neues Lernen

Es hat keinen Sinn, die Noten einfach abzuschaffen. Eine andere Art der Bewertung verlangt einen anderen Unterricht, ja eine andere Schulkultur.
Noten sind keine Erfindung der Schule. Sie haben

mit Pädagogik und Lernen nichts zu tun. Sie wurden eingeführt, um den Zugang zu außerschulischen Institutionen zu regeln. Erst später wurden die Noten pädagogisiert. Es wurden ihnen widersprüchliche Aufgaben zugesprochen. So sollen sie SchülerInnen disziplinieren, aber gleichzeitig auch ansporen, sie sollen SchülerInnen informieren, aber auch die Eltern, andere Schulen und Hochschulen sowie Arbeitgeber. Seit knapp 200 Jahren sollen Noten diese Aufgaben erfüllen, und sie tun es immer weniger.

Wenn sich 300 SchülerInnen oder StudentInnen auf eine einzige Stelle bewerben, spielen Noten keine Rolle mehr. Da zählt nur noch das Glück. Wenn jeden Herbst Tausende von Haupt- und RealschülerInnen ohne Lehrstelle da stehen, ist ihr Zeugnis sinnlos. Ohne Ausbildungsplätze sind Zeugnisse nur Papier. Immer mehr Arbeitgeber und Universitäten sehen Zeugnisse immer weniger als Zugangsberechtigung an. Sie machen ihre eigenen Eingangsprüfungen.

In Assessment Centern müssen die Bewerber Aufgaben lösen, allein oder im Team. Sie werden dabei beobachtet, wie sie sich in der Gruppe verhalten. Das zeigen Noten nicht. Daher sollten die Schulen die Auslesearbeit wieder zurückgeben, die Verteilung von Noten beenden und sich ihrem Kerngeschäft widmen: SchülerInnen gutes Lernen zu ermöglichen.

Die Schule ist zum Lernen da. In allen Ländern der Welt wird man dem zustimmen. In Deutschland heißt es immer noch: Wer nicht lernt, muss gehen. Eine Klasse nach unten oder von der Schule. Woanders ist es ein Anlass für Überlegungen, wenn ein Kind nicht lernt, und nie muss ein Lehrer allein entscheiden. Ein Netz von Fachleuten fängt das Kind auf. Auch in Deutschland denken LehrerInnen nach. Aber sie sind allein, Förderlehrer und Sonderpädagoginnen kommen zu spät, zu selten oder gar nicht. Es ist kein Netz da.

Eine solche Situation gibt es in Ländern mit einer anderen Schulkultur nicht. Alle Arten von Förderlehrer-Innen entwickeln gemeinsam eine Strategie, die von den Eltern mitgetragen und von Schülern in einem

Lernvertrag unterschrieben wird. Die schlechte Leistung ist also Auftakt für eine veränderte Lernstrategie. Die Note dagegen, die die schlechte Leistung dokumentiert, ist ein Schlussakt. Danach muss man gehen. Auch gute Noten sind ein Schlussakt. Extrakurse folgen nicht, man geht einfach weiter im Stoff.

In Ländern mit einer veränderten Beurteilungspraxis hat sich auch der Unterricht gewandelt, und eine neue Lernkultur ist entstanden. Wie sieht dieser veränderte Unterricht aus, der inzwischen auch an etlichen deutschen Schulen praktiziert wird, aber immer wieder abgebrochen durch unsere Benotungspraxis?

In welcher Arbeitsumgebung lernt sich's gut?
Bildungsforscher, Erziehungswissenschaftler und Psychologen haben logisch dargelegt oder empirisch erforscht, wie Lernen gut gelingt. Ihre Erkenntnisse werden von der Hirnforschung bestätigt.

Folgende Bedingungen sind wichtig:
• Lernen ist erst möglich, wenn zwischen dem Lernenden und dem Lehrenden eine gute Beziehung besteht

• Lernen klappt dann gut, wenn der Lernende an dem interessiert ist, was er lernen soll. Der Lernende entscheidet selbst, was er im Moment lernen will. Er muss dazu aus den Gegenständen, die LehrerInnen strukturiert vorbereitet haben, wählen können.

• Interesse am Lernen wird dann gefördert, wenn der Gegenstand mit dem Leben des Lernenden zu tun hat. Lernen wird gefördert, wenn der Lernende selbständig lernen kann. Der Lehrer kann helfen, der Impuls geht aber vom Lernenden aus.

• Lernen wird gefördert, wenn der Lernende emotional angesprochen ist.

• Lernen wird gefördert, wenn die Lernziele erreichbar erscheinen.

• Lernen wird gefördert, wenn der Lernende Theoretisches auch praktisch umsetzen kann.

• Lernen wird gefördert, wenn der Lernende sich mit anderen austauschen kann, um so zu neuen Ideen, kritischen Reflexionen und Klärung des eigenen Standpunktes zu kommen.

• Lernen wird gefördert, wenn der Lernende durch Interaktion mit anderen soziales Verhalten üben kann.

Was heißt das nun konkret?

In allen Ländern Europas lernen Kinder länger gemeinsam als in Deutschland und Österreich. Die Niederlande und die Schweiz trennen die Kinder zum Teil mit zwölf Jahren, aber längst nicht so rigide wie wir und gefördert von einem großen Unterstützungssystem. In allen anderen Ländern der Welt lernen alle SchülerInnen - auch behinderte - mindestens bis zum Alter von 14, meist bis zum Ende der Pflichtschulzeit gemeinsam. In den Nordischen Ländern besuchen Kinder mit großen Behinderungen ein gesondertes Schulhaus neben dem allgemeinen, so dass sie in den Pausen und zum Essen mit den anderen zusammen sind. Viele integrierte Gesamtschulen in Deutschland werden von behinderten Kindern besucht. Ein Psychologe, der die Meinung vertrat, behinderte Kinder könnten in speziellen Schulen besser gefördert werden, revidierte seinen Standpunkt, als er in der Laborschule in Bielefeld den kleinen Kalle mit einer schweren Lernbehinderung sah, vollkommen integriert in die Klasse und viel umfassender gefördert von den anderen Kindern als eine Spezialschule das je könnte.[31] Ein schwer behindertes Mädchen besucht eine öffentliche Schule in Bozen. Als die LehrerInnen und auch die Eltern des Mädchens meinten, die Klasse sei überfordert – jede Stunde massierte eine der Mitschülerinnen das Mädchen– ging ein Aufschrei durch die Klasse. Niemand wollte sich von Angelina trennen.

In einem Unterricht, der den Lernfortschritt jedes einzelnen Schülers ins Zentrum stellt, sind Noten allenfalls Kürzel für die individuelle Leistungsmitteilungen. Der Unterricht im gegliederten System dagegen ist auf die Notennorm angewiesen: Er ist für alle gleich, der Stoff und die Noten. Wenn individualisierter Unterricht

[31]

Bambach 1994, 65 f

im gegliederten System stattfindet, wird er durch die Notengebung immer wieder unterbrochen. Individualisierende oder offene Unterrichtsformen können in Deutschland also immer nur bruchstückhaft praktiziert werden.

31.
Die Architektur ist anders

Unterricht findet zum Bedauern der SchülerInnen selten im Freien statt. Deshalb sollten Schulhäuser so gestaltet sein, dass SchülerInnen sie gerne besuchen.

Die meisten in Deutschland gebauten Schulen entsprechen nicht den Anforderungen eines offenen Unterrichts. Aneinander gereihte Klassenzimmer, je neuer sie sind, desto kleiner, lange Gänge, die nur zum Durchlaufen taugen. Offener Unterricht braucht eine Architektur, die Einzelarbeit oder Arbeit in kleinen Gruppen ermöglicht, die berühmten Nischen, Ecken, Winkel.

Offener Unterricht verlangt offene, flexibel gestaltbare Räume mit Faltwänden und Paravents. Schüler in einer solchen Schule lernen zu flüstern. Manche Schulen haben kaum noch traditionelle Klassenzimmer. Die Räume sind wie ein sechs- oder siebenblättriges Kleeblatt angeordnet und münden auf ein gemeinsames Forum. Kaum eine Wand ist leer, überall stehen Schränke, Regale und moderne Medien.

Auch alte Schulen versuchen durch bauliche Maßnahmen Kleingruppenarbeit zu ermöglichen. So hat eine Grundschule in Saarbrücken das mittlere von drei nebeneinander liegenden Klassenzimmern zum Gruppenarbeits-, Rückzugs- und Spielraum umgestaltet. Der Raum ist von beiden Klassenzimmern aus direkt erreichbar und die beiden Trennwände sind in der oberen Hälfte aus Glas, was Kommunikation und Kooperation erleichtert.

Klassenzimmer und Gänge in manchen schwedischen Schulen wirken wie Wohnzimmer, voll gestellt mit Arbeitstischen, Sitzecken und Regalen. Rennen kann man in diesen Gängen nicht, die SchülerInnen tun es auch nicht, und die schwedische Feuerpolizei sieht keine Probleme.

32.
Die Klassenzimmer
sind anders

Es ist schwer verständlich, weshalb leere Räume das Lernen fördern und Sofas es behindern sollen. Je mehr die SchülerInnen selbst tun, desto mehr Material brauchen sie. Die Ausstattung der Arbeitsräume hängt von Klassenstufe, Schulprofil und Konzeption ab und vom Geld.

Tische und Stühle stehen kommunikationsfördernd in Gruppen und sind oft höhenverstellbar. Schränke, Regale und Hängeregister sind gefüllt mit Arbeitsblättern, Büchern und Lexika, Atlanten und Jugendbüchern und mit Arbeitsmaterial für einzelne Fächer, großenteils von den LehrerInnen selbst entwickelt. Jeder Schüler hat seinen eigenen Bereich in einer Mappe im Hängeregister, einem Karton im Regal oder sogar ein kleines abgetrenntes Büro wie in der Max-Brauer-Schule in Hamburg. Es gibt PC-Arbeitsplätze und, wie in den meisten schwedischen Schulen, keine Tafel mehr.

33.
Der Unterricht ist anders

Wie lernen SchülerInnen nun im offenen Unterricht? Als erstes fällt auf, dass sie im Klassenzimmer herumgehen. Sie holen ihr Arbeitsmaterial aus den Regalen und bringen es nach getaner Arbeit zurück. In Zeiteinheiten, die viel länger sind als 45 Minuten, entwickeln sie ihre Lernstrategie. Sie planen, oft mit dem Lehrer, ob sie allein, zu zweit oder in einer Gruppe arbeiten. Ob sie, um sich sicher zu fühlen, etwas wiederholen oder lieber ein neues Thema anpacken. Sie übernehmen Verantwortung für ihr Tun. Dadurch verändert sich der Lernprozess vollkommen. Der Lehrer lenkt die Unterrichtsstunde nicht mehr, sondern bereitet ein Lernumfeld für eine längere Zeiteinheit, für einen größeren Themenbereich oder für ein Projekt vor. Seine Hauptarbeit liegt vor der Arbeit der SchülerInnen. Danach hält er sich im Hintergrund, unterstützt und berät einzelne SchülerInnen, trifft Zielvereinbarungen mit ihnen. Akteure sind die SchülerInnen. Sie setzen die Schwerpunkte und lernen nach ihrem Tempo. Diese Vorgehensweise verlangt eine Umstellung von allen Beteiligten, auch von den Eltern.

Der Umgang mit freiem Lernen muss gelernt werden. Ältere SchülerInnen, die jahrelang auf rezeptives Lernen auf die Note hin trainiert sind, können das nicht sofort. Aber sie lernen es, weil selbst bestimmtes Lernen motiviert. Auch SchülerInnen mit psychischen Problemen oder körperlichen Behinderungen können wunderbar so lernen, ja sie können es nur so. Die größten Schwierigkeiten haben Kinder und Jugendliche, die nie Struktur kennen gelernt haben, weil sie durch ihre chaotischen Lebensumstände immer wieder neue Überlebensstrategien entwickeln müssen. Sie brauchen besonders viel Unterstützung. Migrantenkinder haben mit offenem Unterricht kein Problem, und Grundschulkinder, jedenfalls solche mit innovativen Lehrerinnen, sind Experten auf diesem Gebiet.

Selbst bestimmtes Lernen können alle lernen, SchülerInnen, LehrerInnen und Eltern. Das bestätigen die SchülerInnen selbst, das bestätigen Erfahrungen an Regelschulen, die diese Methode praktizieren, das bestätigen Reformschulen und Schulen wie die Helene-Lange-Schule in Wiesbaden, die PISA-Spitzenwerte erreicht hat. Und das bestätigen die Schulen in Kanada, Australien, den Nordischen Ländern und Südtirol. Offener Unterricht setzt Teamarbeit voraus und auch das Team braucht Unterstützung von Assistenten, Sonderpädagogen und Psychologen.

Im offenen Unterricht ist es ganz ruhig. Denken macht keinen Lärm. Höchstens Flüstern und Murmeln ist zu hören. Beim selbst bestimmten Lernen sind Umwege keine Fehler, und Fehler sind Stolpersteine für neue Erkenntnisse. Es geht nicht nur darum, dass Lernen Spaß macht, es geht darum, dass SchülerInnen sich selbst Ziele setzen, dass sie das Ziel gewählt haben. War das Ziel zu hoch gesetzt, hilft der Lehrer, es zu modifizieren. Das geschieht im Gespräch, und es ist ein Prozess des Abwägens, aber es ist kein Urteil und nie die Niederlage durch eine schlechte Note. Wer eine Matheaufgabe nicht kann, fühlt sich nicht als Versager; meist schickt der Lehrer ihn zu einem Mitschüler, der das Problem erklärt, in der Art, wie Kinder und Jugendliche mit einander reden. Was lernen die Helfer dabei? Sie vertiefen den Sachverhalt, so dass er ihnen im Gedächtnis bleibt, und sie lernen soziales Verhalten. Im lehrerzentrierten Unterricht dürfen sie das nicht, bei Klassenarbeiten ist Helfen sogar verboten.

Im offenen Unterricht arbeiten SchülerInnen aber nicht nur innerhalb der Klasse zusammen, sondern auch mit Gruppen aus Parallelklassen und jahrgangsübergreifend. In der Laborschule in Dresden zum Beispiel ist das tägliche Praxis. Das kann ganz normaler Unterricht sein, in dem die, die etwas schon beherrschen, denen, die weniger wissen, etwas beibringen.

Es können auch Gruppen sein, die altersgemischt an Aufgaben arbeiten oder ein Projekt entwickeln und gemeinsam präsentieren. Bei solchen Vorstellungen ist es unmöglich, dass ein Schüler seinen Beitrag von einem Blatt abliest, nervös, ohne auf die Aufnahmefähigkeit seiner Zuhörer zu achten. Diese SchülerInnen haben gelernt, partnerbezogen zu arbeiten, sie treten sicher und selbstverständlich auf und haben ihre Zuhörer im Blick. Sie beherrschen die Regeln der Kommunikation. Es ist immer wieder erstaunlich, wie sicher schon GrundschülerInnen sind, wenn Präsentation Bestandteil des täglichen Unterrichts ist.

Referate und Projektvorstellungen gibt es auch an normalen Schulen, als Höhepunkt schüleraktiver Phasen. Danach wird wieder gepaukt. In Schulen mit individualisiertem Unterricht sind sie tägliche Praxis und fördern kommunikatives und soziales Verhalten, Teamfähigkeit und problemlösendes Denken - die viel beschworenen Schlüsselqualifikationen.

Im Folgenden werden Eindrücke von Unterrichtsbesuchen in Schweden, Finnland, Südtirol, aber auch in Berlin, Dresden, Essen, Hagen, Köln, Saarbrücken und München beschrieben.

Wenn man in einer selbständigen Klasse hospitiert, fallen einem zunächst Ruhe und Gelassenheit auf. Die Lehrerin sieht man nicht, sie sitzt bei einem Schüler und arbeitet mit ihm. Vielleicht ist sogar eine zweite Lehrperson da. Die SchülerInnen arbeiten einzeln, bewegen sich selbstverständlich im Raum, schauen im Lexikon oder im Computer etwas nach, zeigen jemandem, was sie gefunden haben Sie blicken ernst und konzentriert, kichern nicht. Dem Besucher schenken sie kaum Beachtung.

Selbständigkeit lernt man am besten schon im Kindergarten. Erst mit Jugendlichen zu beginnen, ist schwierig. In einem finnischen Kindergarten liegen Overalls auf dem Boden. Die Kinder suchen sich ihr Kleidungsstück und krabbeln und kämpfen sich hinein. Manche helfen sich gegenseitig. Die Betreuerinnen und Betreuer, auch Männer gibt es dort, sitzen auf den für sie viel zu kleinen Bänken und unterhalten sich. Dann gehen alle raus in die Kälte.

Besuch in einer zweiten Klasse der Laborschule in Dresden, wo Experten arbeiten. Die Experten sind die Kinder. Sie wählen ein Thema, das sie besonders interessiert, und haben in einem der Regale ihre Expertenschachtel mit dem entsprechenden Material, das sie nun anderen Kindern, die etwas nicht verstanden haben, erklären können. Die anderen kommen entweder selbst zu den Experten oder werden von der Lehrerin geschickt. Das Prinzip: Kinder erklären Kindern.

Immer wieder sagen Kinder und Jugendliche, dass sie von Gleichaltrigen besser lernen können. Und notfalls ist ja immer noch die Lehrerin da. Prinzip ist auch: Jedes Kind kann etwas. Auch Kinder mit Lernschwierigkeiten können irgendetwas sehr gut. Sophie, ein Mädchen mit Down Syndrom, ist Expertin für Hunde.

Sie zeigt den anderen im Tierbuch die Fotos der Hunde, nennt die Rasse und erzählt, woher die Tiere kommen. Die Kinder lernen genau zu sprechen und genau zu erklären, sie lernen zu erkennen, was der andere meint und Geduld im Zuhören.

Besuch in drei 8. Klassen in Bozen/Südtirol. Die Klassen haben 20 bis 25 SchülerInnen. Die Zimmer gehen auf ein Forum hinaus, wo Arbeitsgruppen sitzen, an einer Wand steht eine lange Bank, auf der SchülerInnen einzeln oder mit der Hilfe eines Lehrers arbeiten. Die Lehrer der drei Klassen und zwei Assistenten sind anwesend. Die Türen zu den Klassenzimmern stehen offen. Es wird geflüstert, und obwohl circa 70 SchülerInnen und fünf LehrerInnen in den vier Räumen sind, herrscht eine ruhige Lernatmosphäre. Diese Freiarbeit dauert täglich 120 Minuten.

Ein Junge sitzt an einem Tisch in der Halle mit der Aufgabe, die Umrisse von Kontinenten und Ländern in seinem Arbeitsheft zu beschriften. Er vergleicht die Umrisse mit der Weltkarte in seinem Atlas und erledigt alle Aufgaben richtig. Nur Nord- und Südamerika hat er verwechselt. Entgegen der Vorschrift frage ich ihn nach den beiden Begriffen. Er kontrolliert die Umrisse und meint, alles sei richtig. Ich frage ihn, wo der Nordpol sei. Er denkt nach, blättert im Atlas und zeigt in die richtige Richtung. „Hab ich vergessen", sagt er lächelnd. Ich denke, er hat das Lernziel Erd- und Länderteile zu erkennen, vollständig erreicht. Nur unsere Konventionen können einem jungen Menschen weniger geläufig sein.

Ein Mädchen hat lange Zeit allein an einem Tisch gesessen, in einem laminierten Blatt gelesen, ins Leere geblickt oder nachgedacht und etwas auf ihr Arbeitsblatt geschrieben. Der Vorgang wiederholte sich: Vorgabe, Nachdenken, Eintrag aufs Arbeitsblatt. Nun geht sie an die Tafel und schreibt an eine Ecke derselben, wo schon etliche Namen stehen, ihren eigenen Namen dazu. Sie wirkt erleichtert, sieht sich um, und unsere Blicke treffen sich. Ich frage sie flüsternd, was sie gemacht habe. Sie habe einen Text, der aus lauter Hauptsätzen bestand, in einen mit Satzperioden verwandelt. Die Logik herausgearbeitet, sagt sie lächelnd.

Sie habe ihren Namen an die Tafel geschrieben, um ihren Text überprüfen zu lassen. Die Namen der SchülerInnen, die schon mit den Lehrpersonen gesprochen haben, sind durchgestrichen. Jeder, der eine Rückmeldung über die getane Arbeit möchte, schreibt seinen Namen an die Tafel. Auf zwei sich gegenüberstehenden und aneinander geschobenen Sesseln sitzen auf Polster und Lehnen etliche Schülerinnen und fragen sich gegenseitig, immer wieder auf die Angaben von laminierten Blättern schauend, über die Industrielle Revolution ab. Ein paar Jungen auf dem Sofa lachen und werden laut. Eine Lehrerin kommt, sie hören sofort damit auf. Es gibt keine Klingel in der Schule, aber Uhren in jedem Klassenzimmer. Irgendwann packen die SchülerInnen ihr Arbeitsmaterial ein, tragen es ins Klassenzimmer und gehen in die Pause. Weder die Klassenzimmer noch das Forum werden abgesperrt.

Besuch in einer integrierten Gesamtschule in Hagen-Haspe in Nordrhein-Westfalen zum Abschluss der Themenwoche. Eine Woche lang haben alle Klassen ein Thema bearbeitet, die 5. Klassen „ Einander kennen lernen", die 8. Klassen Afrika. Am letzten Tag stellen die Arbeitsgruppen ihre Ergebnisse vor.

An der Wand des Klassenzimmers hängt ein riesiges Packpapier, auf dem die Umrisse Afrikas und der einzelnen Länder zu sehen sind, in die die Arbeits-gruppen besondere Kennzeichen, Vorkommnisse und die bunte Nationalflagge eingetragen haben. Jedes Kind hat eine eigene Arbeitsmappe angefertigt. Nun geht es darum, die beste Mappe jeder Arbeitsgruppe auszuwählen: Leistungsrückmeldung und Ranking. In einem zweiten Schritt wird die Entscheidung dem Plenum mitgeteilt und begründet.

Die Kinder sind sehr aufgeregt. Die Mappen einer Arbeitsgruppe werden an eine andere weiter gegeben, so dass jede Gruppe fremde Mappen untersucht. Beeindru-ckend die Ernsthaftigkeit, mit der die Kinder arbeiten. Sie untersuchen nach den Kriterien: Inhaltsverzeich-nis, Aufbau, Übersichtlichkeit, Verhältnis von Bildern und Text, Schwerpunktthema. Sie kritisieren heftig, wenn Texte nur aus dem Internet stammen und nicht mit eigenen Worten formuliert und gegliedert sind. Sie kritisieren, dass ein so wichtiges Thema wie Aids erst am Schluss kommt und die wirtschaftliche Leistung eines Landes nicht klar dargestellt ist.

Sie wägen ab, wie viel Positives und Negatives sie gefunden haben, wie die Mappe im Verhältnis zu den anderen da steht. Nie hörte ich abfällige Urteile über einen Mitschüler, auch nichts von Bevorzugung. Als alle Gruppen sich auf die beste Mappe geeinigt haben, geht es an die Rückmeldung im Plenum. Jede Gruppe hat einen ersten und einen zweiten Sprecher bestimmt, der zweite springt ein, wenn der erste nicht weiter weiß. Die Spre-cherInnen berichten, und plötzlich fällt mir die absolute Stille in der Klasse auf. Niemand sagt etwas nebenbei oder kramt herum. Bis ich merke: Der Junge, der gerade spricht, hat einen Sprachfehler. Mühsam und leise bringt er seine Worte heraus. Alle hören aufmerksam zu.

34.
Der Umgang mit-
einander ist anders

Am auffälligsten sind Ruhe, Gelassenheit und Respekt. Auffällig ist vor allem die Höflichkeit der LehrerInnen den SchülerInnen gegenüber. Schwedische Lehrer, die deutsche Schulen besuchen, sagen über deutsche Lehrer: Sie haben eine Ressource noch nicht entdeckt: die Schüler. Deutsche Lehrer würden ihre Schüler nicht kennen, sie hätten immer nur die Klasse im Blick.

Wo geflüstert wird, wird nicht geschrieen. Ein von gegenseitigem Respekt geprägter Umgang macht das unmöglich. Der Umgang miteinander ist aber auch bestimmt von einer Vereinbarung, in der SchülerInnen, LehrerInnen und Eltern gemeinsam die Ziele der Schule, ihre Regeln und Sanktionen gemeinsam festgelegt haben. In manchen Schulen gibt es Verträge, die jedes Jahr auf der KlassensprecherInnenversammlung neu gestaltet werden und die von jedem einzelnen Schüler und jeder Schülerin unterschrieben werden.[32] Oder es gibt Vollversammlungen, bei denen SchülerInnen, LehrerInnen und Eltern das Leben an der Schule in einer Verfassung regeln.[33]

32

Siehe das Versprechen an die Schulgemeinschaft der Werner-Stephan-Oberschule in Berlin im Anhang.

33

Siehe z. B. die Integrierte Gesamtschule Bonn-Beuel. www.gebonn.de

35.
Grundlage für offenen
Unterricht: Teamarbeit

Offener Unterricht erfordert Teamarbeit, eine Kompetenz, die deutsche LehrerInnen in der Ausbildung nicht lernen und die auch organisatorisch nicht vorgesehen ist. Zu offenem Unterricht passt der 45-Minutentakt nicht, und FachlehrerInnen, die nur eine oder zwei Stunden in einer Klasse unterrichten, sind gezwungen, Stoff durchzupeitschen. Offener Unterricht muss aber von allen LehrerInnen einer Schule praktiziert werden, denn er verlangt eine völlige Umstrukturierung des Unterrichts und der Schule insgesamt.

Teamarbeit ist also das Kernelement des offenen, individualisierenden, kooperativen Unterrichts. Grundschullehrerinnen arbeiten vor allem in der vierten Klasse im Team, um vergleichbare Ergebnisse für das Übertrittszeugnis herzustellen, vergleichbar wenigstens an ihrer Schule. Am wenigsten arbeiten GymnasiallehrerInnen im Team. LehrerInnen an innovativen Gesamtschulen mit ihrer sehr heterogenen Schülerschaft arbeiten in so genannten Klassenteams: Jede neu beginnende Klasse wird in allen Fächern von einem Team von LehrerInnen unterrichtet und von der 5. bis zur 10. Jahrgangsstufe begleitet. Einige LehrerInnen des Teams unterrichten auch fachübergreifend oder fachfremd. Dank der Unterstützung im Team und der Vernetzung der LehrerInnen an der Schule insgesamt ist ein ständiger Informationsaustausch möglich. Zu Beginn des Schuljahres trifft sich das Team häufig, um ein Jahresprogramm auszuarbeiten und dann einmal in der Woche, um über lernzieldifferenzierten Unterricht und die Schüler, ihr Arbeits- und Sozialverhalten zu sprechen. Durch das lange Zusammensein und den ständigen Austausch Schüler-Lehrer und Lehrer-Lehrer entwickelt sich ein kommunikatives Umfeld, in dem SchülerInnen und LehrerInnen einander vertrauen können – education is relationship based.

Ein solches Vertrauensverhältnis ist umso belastbarer, je länger sich die Gruppe kennt, was nicht ausschließt, dass eine Lehrperson wegen Schwierigkeiten das Team verlässt. Die LehrerInnen können auf die Besonderheiten der SchülerInnen eingehen und sie gezielt fördern. Gemeinsam mit den Lehrerteams der Parallelklassen bilden sie ein Jahrgangsteam. Von Jahrgangsstufe zu Jahrgangsstufe bis zum Schulleitungsteam mit der organisatorischen und der pädagogischen Leitung zieht sich ein Netz von Beziehungen, so dass auch eine große Schule weder unübersichtlich noch anonym zu sein braucht. So haben die innovativen Gesamtschulen wie Köln-Holweide oder Bonn-Beuel kleine „Dörfer" oder „Häuser des Lernens", in denen die SchülerInnen mit einander vertraut sind.

Die Planungs- und Vorbereitungszeit der Klassenteams geschieht im Wesentlichen in der Schule, sie ist keine einsame Schreibtischarbeit zu Hause. In gemeinsamen Überlegungen und Auseinandersetzungen entsteht ein Konzept, das nicht die subjektive Handschrift eines Einzelnen trägt, sondern die Vorstellungen vieler. Persönliche Einseitigkeiten oder Schwierigkeiten mit bestimmten SchülerInnen können durch die Arbeit im Team korrigiert werden. Die LehrerInnen sind durch die Teamarbeit länger in der Schule, sie leisten aufgrund der jetzigen Verwaltungsvorschriften unbezahlte Arbeit, einen Teil sparen sie zu Hause aber ein. In Schweden z.B. ist diese Arbeit im Stundendeputat der Lehrpersonen enthalten. Deutsche LehrerInnen leisten diese Arbeit dennoch, weil sie fruchtbarer ist und für jeden einzelnen entspannter als Einzelarbeit. Zeit ist eben nicht nur eine Frage der Quantität, sondern auch der Qualität.

**36.
Methoden des individualisierenden, offenen Unterrichts**

Was da so aktiv und friedlich in den Klassenzimmern abläuft, ist Ergebnis langer Arbeit der LehrerInnenteams. Etliche Arbeitsmethoden werden inzwischen auch an Regelschulen praktiziert, zumindest phasenweise bis zur nächsten Klassenarbeit. Sogar konservative Kultusminister reden selbstbewusst von Jenaplan und Freiarbeit, ignorieren aber, dass diese Methoden dem traditionellen Notensystem widersprechen.

„Moderner Unterricht" wird also angeordnet. Viele LehrerInnen arbeiten mit Methoden der Frei-, Wochenplan-, Stationen- und Werkstattarbeit. Sie verwenden sehr viel Mühe und Zeit für die Erstellung von Unterrichtsmaterial, um dann wieder zum lehrerzentrierten Unterricht zur Vorbereitung einer Klassenarbeit zurückzukehren – und wundern sich, dass die Ergebnisse nicht besonders gut sind und das gleiche alte Spektrum von starken und schwachen Schülern wiedergeben. Viel gebracht hat der individualisierte Unterricht also nicht.

Der Pädagoge Falko Peschel hält den Wechsel von lehrerzentriertem und freiem Unterricht für kontraproduktiv, weil er die von den Schülern oft unbewusst verfolgten Lernstrategien unterbricht und sogar Blockaden aufbauen kann. Vielleicht bewirken gar nicht die methodischen Finessen des offenen Unterrichts den Lernerfolg, sondern die Anerkennung des Schülers als Persönlichkeit in einer von Lernenden und Lehrenden wirklich frei gestalteten Umgebung.

Präsentation
In früheren Zeiten waren „Präsentationen" Referate oder kleine Berichte, die man vor der Klasse halten musste und bei denen man sich am liebsten ins nächste Mauseloch verkrochen hätte, so ungewohnt war es, vor der Klasse zu sprechen Alle waren etwas hilflos, die Schüler hatten nichts verstanden, außerdem interessierte

34

*Der Großteil der Referate
wird bis heute so gehalten,
an Schule und Universität
gleichermaßen, auch von
etlichen Professoren selbst.
Rhetorik, Körpersprache,
Partnerbezogenheit lassen
sich nur praktisch in
Workshops lernen, nicht
mit Papier und Bleistift, den
Körper hinter einen Tisch
gezwängt.*

sie das Thema nicht, das natürlich der Lehrer bestimmt
hatte. Und der wusste nun auch nicht so recht, wie
reagieren, das Referat war schlecht, aber er wollte den
Vortragenden nicht verletzen, also ein paar vage Worte
als Rückmeldung, und gelernt hat niemand was.[34] Früher
gab es Landkarten und den Diaprojektor, heute den
Beamer für die Powerpointpräsentation. Immer geht es
um Veranschaulichung dessen, was man sagt. Reden
allein prägt sich dem Publikum wenig ein, die mediale
Vermittlung spielt eine große Rolle. Das kann ein von
Schülern geschaffenes Kunstwerk sein, eine eigene
Komposition oder der Vortrag eines Musikstückes, eine
Plastik oder ein Schauspiel. Es kann ein Modell sein aus
der Technik, der Ökologie – oder der Kochkunst: eine
prächtig verzierte Torte, deren Entstehung mit Genuss
beschrieben wird. Grundsätzlich müssen Arbeiten, die
die Veröffentlichung des Geleisteten zum Ziel haben,
so gestaltet werden, dass es am Schluss auch etwas zu
zeigen gibt. Immer also ist ein kreatives Moment gefragt.
Eine Klassenarbeit hat selten etwas Herzeigbares. Die
Arbeiten werden eingesammelt und nach der Korrektur
ins Archiv verfrachtet.

Projektunterricht

Projektunterricht ist ein Fremdkörper in der traditionellen Schule, weil er den geregelten, im 45-Minuten-Takt
ablaufenden geschlossenen Unterricht sprengt.
„Projektunterricht steht im Widerspruch zur Anpas-
sungsfunktion des institutionalisierten Lehrens und
Lernens.

Für Sekundarschulen mit ihrer ausdifferenzierten
Fächerstruktur trifft dies besonders zu. Je konsequenter
und definitionsnäher Projektunterricht realisiert
wird, desto stärker rüttelt er an den Fundamenten der
Institution Schule. Es ist daher kein Zufall, sondern
systemkonformes Handeln, wenn zunächst die instituti-
onellen Bedingungen einer Schule fast vollständig außer
Kraft gesetzt und anschließend gemeinsam Projektwochen
durchgeführt werden."[35] Daher finden Projekttage meist
am Schuljahresschluss statt, wenn eh nichts mehr
läuft. Der Widerspruch geht noch weiter. Jede Schule ist
stolz, wenn sie ein Projekt meist sozialer, ökologischer
oder auch künstlerischer Art durchgeführt hat, unter

35

Bohl 2001, 92 f

enormem Arbeitsaufwand der LehrerInnen. Meist erhält sie dann einen Preis von einer staatstragenden Institution. Ist das Projekt beendet, heißt es: Jetzt muss aber wieder gelernt werden!

37.
Leistungsrückmeldung –
die neue Feedback-Kultur

Bewertung macht Angst, allen, Kindern, Jugendlichen und Erwachsenen. Da kommt jemand, der die Autorität besitzt zu sagen: Du bist so und so. Es ist ein Urteil von außen, das man nur hinnehmen kann, will man nicht gerichtlich dagegen klagen. Jemand urteilt und jemand wird beurteilt. Das nennt man hierarchische Leistungsbeurteilung. Sie geschieht von oben nach unten. Die dialogische Leistungsrückmeldung des offenen Unterrichts geht von Partnern aus.

Das Wesentliche: die Leistungsfeststellung ist ein aktiver Prozess von beiden Seiten und das Ergebnis von Reden, Überlegungen, Vorschlägen, das Ergebnis von Kommunikation. Sie ist kein punktuelles Urteil, und Schüler sind aktiv an ihrer Leistungsfeststellung beteiligt. Wie sieht das konkret aus?

Systematische Beobachtung
Während die SchülerInnen arbeiten, beobachten die LehrerInnen. Die Lehrperson hat ein Konzept, wen sie wann mit welcher Zielsetzung und nach welchen Kriterien beobachten will. Ihre Eindrücke bespricht sie mit den SchülerInnen und diese werden die Lehrereindrücke kommentieren und ihre Interessen, Schwierigkeiten und Erfolge mitteilen. Der Lernprozess wird also kommuniziert, nicht nur statisch durch eine Note festgestellt. Die Lehrperson trägt die Eindrücke und Aspekte des Gesprächs in Diagnosebögen ein.

Die SchülerInnen kennen diese Bögen und haben an der Ausarbeitung der Kriterien mitgearbeitet. Die Bewertung ist also transparent. Entscheidend ist, dass auch die SchülerInnen selbst ihre Arbeitsweise dokumentieren. Das hilft ihnen, sich ihrer Stärken und Schwächen bewusst zu werden und darauf zu reagieren (Meta-Lernen). „Kinder sind ‚Experten' ihres Lernens. Sie haben, das erweist diese Studie, ein höheres Bewusstsein von ihren Lernfortschritten und -defiziten, als dies die Pädagogik im Schulalltag üblicherweise unterstellt."[36]

[36]
Silvia-Iris Beutel 2005, 231

Woher kommt die an allen Schulen mit offenem Unterricht zu beobachtende Achtung der LehrerInnen gegenüber den SchülerInnen? Es ist nicht nur eine moralische Haltung, es ist die Arbeits- und Beurteilungsweise selbst, die solches Verhalten hervorruft.

Je mehr der Mensch Gegenstand des Nachdenkens ist und nicht seine Einordnung in eine Rangliste, desto mehr kann die Lehrperson ihr Gegenüber kennen lernen und ernst nehmen.

Was ist, wenn ein Schüler, 14 Jahre alt und mitten in der Pubertät, nicht kommunizieren will? Wenn ihm reicht, was er getan hat? Natürlich wird der Lehrer noch ein paar Vorschläge machen und auf die Folgen hinweisen, aber dann ist Schluss. Keine Vorwürfe des Lehrers, der Entschluss des Schülers wird geachtet. Der Lehrer wendet sich einem anderen Schüler zu. Geteilte Verantwortung im offenen Unterricht nennt man das.

Pädagogisches Tagebuch und Lerntagebuch

37

Maier 2001, 236

Das Pädagogische Tagebuch „ist ein gewährtes und praktikables Instrument für situationsbezogene Verhaltensbeschreibung."[37] In dieses Tagebuch schreibt die Lehrperson Beobachtungen aus dem Unterricht. Sie kann Wahrnehmungen und Gefühle schriftlich festhalten und verschafft sich dadurch Klarheit über eine Situation und das eigene Verhalten.

Der organisatorische Aufwand ist nicht groß, aber das Tagebuch verlangt Zeit und Nachdenken. Dennoch ist diese Energie hier besser investiert als in die Korrektur einer Klassenarbeit. Natürlich ist das Tagebuch, wie die Korrektur der Klassenarbeit, trotz aller Reflektion subjektiv. Aber da gibt es noch das Lehrerteam der Klasse. Dort können die persönlichen Eindrücke mit denen der KollegInnen diskutiert werden.

Das Lerntagebuch der SchülerInnen dient ebenfalls der Reflexion des eigenen Arbeitsprozesses. Es ist Eigentum des Schülers und nur er bestimmt, wer es außer ihm lesen darf. Das Lerntagebuch kann völlig frei geschrieben werden, für jüngere SchülerInnen sind Kriterien und Fragen hilfreich.

EU-Mail – European Mixed-Ability Individualised Learning

Beispielseite eines Lerntagebuches

Klasse: _____ Fach: _____ Datum: _____

Gegenstände dieser Unterrichtsstunde – kurze inhaltliche Beschreibung:

Wie wurde gearbeitet?

_____

Was war heute mein Beitrag?

_____

Was war neu und wichtig für mich?

_____

Was davon möchte ich behalten bzw. wieder verwenden?

_____

Was davon kann ich getrost vergessen?

_____

Eine Stimmungsäußerung:

_____

Was plane ich zu tun?

_____

Quelle: Lernende Schule 21/2003, S. 39, www.eu-mail.info

Selbstevaluation

Selbstevaluation ist der Blick auf sich selbst und die eigene Arbeit. „Selbstbewertung zielt nicht primär darauf ab, dass Schüler ihre Bewertung absolut festsetzen. Vielmehr geht es darum, sie zu befähigen, ihren persönlichen Lernstand festzustellen, um daran weitere selbstgesteuerte Lernschritte anzuschließen."[38]
Wenn SchülerInnen in Freiarbeit oder Wochenplanarbeit ihren Lernweg selbst steuern, dann ergibt sich als logische Konsequenz, dass sie sich selbst und anderen Rechenschaft ablegen, wie erfolgreich ihre Strategie war. Die Rechenschaft ist eine Stufe im Lernprozess. Sie fördert das Bewusstsein über sich selbst. So war ein Junge aus Finnland, wo Selbstevaluation ständig

[38]
Maier 2001, 240

39

Außerdem war der finnische Schüler erstaunt über die Genauigkeit, mit der deutsche Lehrer auf Einzelheiten bestehen, so dass er schließlich nicht mehr wusste, was eigentlich das Thema war. Der Junge spricht fließend Deutsch.

40

Beutel 2004, www.familienhandbuch.de

praktiziert wird, in seinem Gastschuljahr in einem süddeutschen Gymnasium erstaunt, wie kindisch sich deutsche Schüler in der 11. Klasse verhalten. Es ist nicht die andere „Biologie" deutscher SchülerInnen, es ist die Art des Umgangs mit ihnen.[39]

Portfolio

Das Portfolio ist ein Zeugnis, in dem nicht über Leistung und Arbeitsverhalten geschrieben wird. sondern in dem die Produkte der Arbeit für sich selbst sprechen. Der Lernende sammelt im Lauf des Jahres alles, was er im oder außerhalb des Unterrichts angefertigt hat: Aufsätze, Rechenaufgaben, Bilder, Berichte, eine Aktion im Altenheim, eine CD mit einem selbst komponierten Lied sein, eine DVD mit dem Auftritt in einem Theaterstück. Der Lernende kann Selbstevaluationsbögen und Rückmeldungen von LehrerInnen oder den Eltern beilegen. Das Portfolio zeigt aber nicht nur die Qualität der geleisteten Arbeit, „sondern vor allem auch die auf die eigene Leistungsfähigkeit bezogene Selbsteinschätzung des Lernenden."[40] Diese Selbsteinschätzung kann er in einem Lerntagebuch dokumentieren. Das ist ein schwieriger Prozess, in dem SchülerInnen über sich und das, was sie getan haben und wie sie sich darstellen wollen, nachdenken.

Im offenen Unterricht gehen die SchülerInnen ihren eigenen Lernweg. Sie erreichen bessere Ergebnisse als die Regelschulen. So zum Beispiel die Jenaplanschule: „Die Schule in Jena beginnt mit der Vorschule und geht bis zum Abitur, das mehr als die Hälfte der Schüler ablegt. Im Thüringer Zentralabitur bringt sie es auf den Schnitt von 1,5." Der Landesschnitt ist 2,3. Außer den oben beschriebenen Leistungsrückmeldungen seien noch die Lernverträge genannt, wechselseitige Bewertung, Bewertungskonferenzen und Zertifikate, in denen genau beschrieben ist, was jemand kann: Internetführerschein, Zertifikate für Streitschlichter, für handwerkliche Kenntnisse oder der Haushaltspass.

Der aufgegliederte Fächerunterricht, die großen Klassen ohne zweite Lehrperson, aber vor allem der Benotungszwang setzen einer innovativen Unterrichtspraxis enge Grenzen. Es hat wenig Sinn, neue Methoden ab und zu zur Auflockerung des Unterrichts oder zur Demonstration der eigenen Modernität einzusetzen. Im Gegenteil, der Einsatz dieser Methoden als Zwischenspiel im lehrer- und stoffzentrierten Unterricht widerspricht ihrer Intention und führt sie ad absurdum. Das zeigt sich besonders in der Benotungsfrage. Wie benotet man die neuen „Produkte" des neuen Unterrichts? Wie presst man die vielfältigen Aspekte eines Portfolios in eine einzige Note? Meter von Büchern, in denen Potfolio-Arbeit behandelt wird, sind erschienen: Wie man's macht, wie man dies freie Arbeiten in den Zeitpanzer der 45-Minuten-Schule zwängt, wie LehrerInnen mit den Entscheidungen des Lernenden umgehen, wenn dieser tatsächlich etwas eigenständig macht, das nicht den Vorstellungen der Lehrperson entspricht. Eine bedrohliche Situation für LehrerInnen: Die Fäden aus den Händen zu geben. Die Verantwortlichkeit der Lehrperson, die meint wissen zu müssen, was da läuft. „Ich muss es vor allem deshalb wissen, weil ich es benoten muss."

Die Gelassenheit, eine länger dauernde Schülerarbeit ohne genaue Kontrolle auf sich zukommen zu lassen, haben deutsche LehrerInnen nicht gelernt, und diese Eigenverantwortung von SchülerInnen passt auch nicht in „die zentrale Zwangswirtschaft einer deutschen Schule." (Georg Lind, Bildungs-Info 2009)

Bewertet wird auch in den Schulen anderer Länder. Meist geschieht das mündlich, aber auch dort werden Bewertungsformulare entworfen. Aber nur in Deutschland mit seiner Noten-Einordnungskultur werden so akribisch so viele Formulare zu diesem Sekundaraspekt des Lernens entworfen. Lehrende und Lernende ertrinken in einem Haufen von Arbeits- und Bewertungspapieren. Die Mappen mit den originalen Lernergebnissen der Schüler gehen darin unter.

38.
Vierter Brief an Lernende

Liebe Schüler, liebe Schülerinnen,
neulich erzählte mir ein Lehrer, er habe Portfolio-Arbeit mit euch gemacht. Ihr fandet das anstrengend und ungewohnt, so dass ihr ihm gesagt habt: Fragen Sie uns lieber wieder ab! Ich sehe euch richtig vor mir: Ihr habt

eure langen Beine unter dem Tisch ausgestreckt und lächelt müde: Fragen Sie uns doch aus! Was sollen diese Spielchen?

Ihr habt Recht. In unserer derzeitigen Lernumgebung sind Portfolios, Lerntagebücher, Bewertungskonferenzen lächerliche Spielchen. Am Schluss kommt die Notenkonferenz und dort legen Lehrer fest, welche Noten ihr habt. Basta.

Fotografen, Designer und Architekten sammeln ihre besten Arbeiten in Portfolios. Das werden immer mehr Berufsgruppen tun. Hoffentlich auch bald ihr, wenn ihr euch um einen Ausbildungsplatz bewerbt. Nehmt nicht nur euer wenig aussagendes Zeugnis mit, sondern stellt euch vor mit all den vielen Sachen, die ihr in der Schule gemacht habt, und wenn ihr mit der Ausbildung fertig seid und eine Stelle sucht, dann stellt euch vor mit einer Mappe, in der ihr eure besten Arbeiten gesammelt habt.

In Schulen der USA wird schon seit Jahrzehnten mit Portfolios gearbeitet. Ja, in den USA! sagt ihr, die ihr dort ein Gastschuljahr verbracht habt, da sind Schüler viel wichtiger. In Deutschland sind nur die Lehrer wichtig. Ihr habt Recht. Weil in Deutschland Lehrer so wichtig sind, habt ihr nicht gelernt, euch wichtig zu nehmen. Weil LehrerInnen euch alles vorschreiben, könnt ihr umso weniger tun. Ihr langweilt euch, gezwungen, ständig zuzuhören und zuzuschauen. Ihr solltet aber Verantwortung für euer Lernen übernehmen, in der Schule, nicht erst zu Hause bei den Hausaufgaben. Ja, das solltet ihr, wenn man euch denn ließe ...

Elena erklärt, warum LehrerInnen das Lernen erschweren

Weil Sie als Lehrerin diejenige sind, die den Schülern sagt, was ihre Wahrheit sein soll und weil Sie diejenige sind, die ihnen sagt, ob sie Eins oder Sechs sind und diejenige, die ihnen sagt, ob sie in die nächste Klasse dürfen, ob sie intelligent genug dafür sind und weil Sie ihnen jeden Tag Wahrheiten auftischen, die nicht Sie gefunden haben, sondern Wissenschaftler oder andere intelligente Personen vor Ihnen, aber nicht Sie selber. Und das heißt, dass wir– ich will mich da mit einschließen, ich bin ja selber Schülerin und erlebe es in anderen Fächern, für die ich vielleicht nicht so große Leidenschaft aufbringen kann – wir müssen praktisch das kauen, was andere vor uns schon zu Brei geschlagen haben. Wir müssen das so akzeptieren.

Wir bekommen das erzählt, jeden Tag. Wir müssen das in unsere Hefte schreiben, ohne vorher darüber nachgedacht zu haben. Wir dürfen uns erst zu Hause darüber Gedanken machen, wenn es eben schon da steht, und vor allem wenn es wieder relevant ist, abgefragt und bewertet zu werden. Ich möchte mir nicht von jemand anderen sagen lassen, ob eins wirklich eins ist. Und ob eins plus eins wirklich zwei ist, sondern das möchte ich vorher selber herausgefunden haben.

Ich kann mich an Zeiten erinnern, gerade als ich noch ein kleines Kind war, da habe ich die ganze Welt entdeckt und da hat mir kein Erwachsener, und wenn dann nur selten, gesagt, dass das ein Baum ist und das eine Kirsche. Und jetzt wird mir das alles vorher gesagt und ich kann nur „ja" sagen und das wiedergeben. Dann bekomme ich halt eine gute Note drauf. Es ist nur in den wenigsten Fächern so, dass ich die Dinge selber produziere oder selber herausfinde.

Eines der Fächer, wo das noch am ehesten funktioniert, ist meiner Meinung nach Kunst, weil man da wirklich selber was schafft. Deutsch gehört noch eher dazu, weil man wirklich selber Texte schreibt, und Texte sind nicht völlig richtig oder völlig falsch, anders als jetzt zum Beispiel Fächer wie Physik oder auch Erdkunde.

In Erdkunde kannst du doch auch soziale Probleme nach deiner Meinung beurteilen?
Ja, aber dann werde ich auch dementsprechend bewertet, wenn meine Meinung nicht mit der Meinung des Lehrers übereinstimmt.

Ich habe das erlebt, da gab es in Erdkunde eine Fragestellung über Wüstengebiete in Afrika, in denen schlechte Zustände herrschen und ob es etwas helfen würde, wenn man dort nun ganz viele Brunnen graben würde. Und ich habe geschrieben: Ja, aber nur wenn ... Also mit einer

Bedingung. Die Antwort sollte nach dem Lehrer heißen: Nein, weil ... Ich habe auf die Ex eine Fünf bekommen, obwohl ich versucht habe, seine Gedanken weiter zu stricken und eigene zu entwickeln.

Ich wurde dafür bestraft. Und von da an habe ich damit aufgehört und habe seine Worte kopiert und dann ging's mit den Noten eben wieder aufwärts.

V. Kapitel
Was tun?

39.
Die Notenschule –
eine Barriere für
Reformen

Im derzeitigen gegliederten Schulwesen stoßen Reform-
vorhaben schnell an Grenzen oder stürzen Lehrer durch
die Widersprüchlichkeit der Verwaltungsanweisungen
in eine Situation, in der sie Unvereinbares verwirklichen
sollen. Statt nach dem PISA-Schock eine große Bildungsdiskussion mit allen Beteiligten zu starten, wie es einer
demokratischen Gesellschaft entspräche, wurden die
Lehrer zuerst als unfähig abqualifiziert und dann mit der
alten Keule Prüfungen überhäuft. Innerhalb des alten
Systems soll Neues praktiziert werden. Aufgrund der
Timing-Kompetenz der Schulministerien von heute auf
morgen.

Nun überschütten die Ministerien ihre LehrerInnen
mit Vorschlägen und Anweisungen, einen anderen
Unterricht zu halten. Individualisierter Unterricht soll
es sein, der Schüler soll im Mittelpunkt stehen, der
aktiv seine Lernziele verfolgt, Lehrer sollen aus dem
Lehrplan auswählen. Die Quote der Wiederholer soll
zurückgefahren werden, da diese Maßnahme dem
Ansehen Deutschlands in der Welt schadet, pädagogisch
sinnlos ist und die Kosten (eine Milliarde Euro jährlich)
nicht vertretbar sind. An den von ihnen selbst gesetzten
Barrieren stoßen sich die Ministerialen nicht. Sie lassen
das alte Ziel der ständigen Überprüfung der Schüler zum
Zweck der Selektion neben dem neuen Ziel der individuellen Förderung unberührt stehen und sehen nicht, dass
„die immanenten Widersprüche zwischen den Prinzipien
der Individualisierung und den Prinzipien eines selektierenden Systems nicht zu harmonisieren sind."[1]

1

Höhmann u.a. 2009, 12

Durch die Anweisungen der Ministerien stehen Lehrer im
Spagat auf zwei Felsbrocken in einem reißenden Fluss,
alte Schule, neue Schule – beides sollen sie bewerk-

stelligen. Die nun folgenden Vorschläge enthalten zwar auch Vorschläge der Ministerien, aber mit der Maßgabe, den Sprung auf den neuen Felsbrocken zu wagen und den alten zu verlassen. Das heißt, alle Tätigkeiten, die der Prüfung, Benotung, Aussonderung und der Dokumentation dienen, zu boykottieren, zu umschiffen, auf ein Minimum zu reduzieren. Der Regelbruch als die „eigentliche innovative Tat." Der Bildungsjournalist Christian Füller beschreibt Schulen, die den Deutschen Schulpreis erhalten haben: „Der Regelbruch erfolgt in zwei Formen. Erstens der heimlichen. Davon erzählt kein Schulleiter freiwillig. Einer der beteiligten Rektoren sagt, dass man den Schulbehörden manchmal Stundenpläne gezeigt habe, ‚die es längst nicht mehr gab'. Zum echten Regelbruch gehört der augenzwinkernde, wo ein Beamter der Schulaufsicht sagt: ‚Okay, macht mal, wir decken das.' Zweitens gibt es den offiziellen, gesetzlich legitimierten Regelbruch. Man nennt ihn Modellversuch, Schulversuch oder Versuchsschule – dann wird die Schule ganz offiziell von Regularien befreit."[2] Ziel des Boykotts der alten Verwalterei ist, Zeit und Energie zu gewinnen, um neuen Unterricht und neuen Umgang mit den Lernenden zu erleben und durch die Praxis selbst überzeugt zu werden, dass die demokratische Beziehung allen Beteiligten mehr Glück und mehr Erfolg bringt.

[2] *Füller, 2009, 181. Die Sammlung der Schulvorschriften in NRW umfasst 784 Seiten, die Vorschriften der KMK 8800 Seiten (179 f).*

Die jetzige Situation macht unglücklich aus folgenden Gründen:

Zeitfaktor:

Lehrer aller Schularten verwenden den größten Teil ihrer Arbeitszeit für das Erstellen von Prüfungsarbeiten und deren Korrektur. Dennoch ist die Identifikation mit diesem Arbeitsbereich enorm.

Für Klassenarbeiten im Fremdsprachenunterricht werden Fünftklässlern vier DIN A4-Seiten zur Bearbeitung vorgelegt. Erörterungen in Deutsch erstrecken sich über vier bis acht DIN A4- Seiten (oder mehr). Empirische Untersuchungen weisen zwar nach, dass die Genauigkeit der Leistungsfeststellung nicht von der Länge der Arbeit abhängt. Kurze Arbeiten zeigen die Kompetenz der Schüler ebenso. Dennoch sind ein halber Aufsatz und eine zweiseitige Englischarbeit (noch) undenkbar.

Belastungsfaktor:
Keine Arbeit empfinden Lehrer aller Schularten so
belastend wie die Erstellung und Korrektur von Klassenarbeiten. Das Gefühl der Unsicherheit ist aufgrund
fehlender Kriterien ständig präsent.

• Unsicherheit, ob der Entwurf dem geforderten Leistungsniveau entspricht – gefordert am meisten von den
Korrigierenden selbst,

• Unsicherheit wegen der Zweifelsfälle bei der Korrektur,

• Unsicherheit wegen möglicher Kritik von Schülern und
Eltern,

• aber auch von der Fachaufsicht und anderen Instanzen.

Der hoheitliche Akt der Benotung
unterminiert die neue Unterrichtskultur, in der Lehrende
und Lernende auf Augenhöhe achtungsvoll mit einander
umgehen. Lernen wird nicht in der Momentaufnahme
einer Prüfung kontrolliert, sondern dauernd mit einander
besprochen.

Die Situation ist paradox.

Die, die abgesehen von den Schülern am meisten
unter der Notenarbeit leiden, praktizieren sie am
intensivsten, trotz ironischer Kommentare von Quali-
tätsinstituten, trotz der Aufforderung der Schulbehörden, die Wiederholerquote zu senken und trotz der
inzwischen massiven Maßnahmen von Schulleitern bei
den Noten Fünf und Sechs in Klassenarbeiten.

Nach wie vor besteht das gegliederte Schulsystem mit
all seinen Selektionsmechanismen, vom Großteil der
Schulminister verteidigt mit Krallen und Klauen und
gleichzeitig verlangen diese Schulminister und ihre
Qualitätsinstitute Verhaltensweisen, die nur in einer
integrativen Schule möglich sind.

Diese Schizophrenie müssen Schüler und Lehrer und
Eltern aushalten – oder selbständig den Paradigmen-
wechsel vornehmen.

Vorurteile haben Noten schon immer bestimmt. Früher, als der Schulmeister seine Noten Pi mal Daumen verteilte, traf es als Benachteiligte das katholische Mädchen vom Lande. Heute mit exakten Tests, ausgefeilten Evaluations- und Computerprogrammen trifft es als Benachteiligten den türkischen Jungen aus der Stadt.

Die Reformvorschläge, die hier gemacht werden, umkreisen auf verschiedenste Weise das neue Ziel: die Demokratisierung der Schule, die Zusammenarbeit aller an Schule Beteiligten: Lehrer, Schüler und Eltern und außerschulische Personen und Institutionen.

Schule als gemeinsam gestaltetes Zentrum im Stadtteil oder in der Gemeinde. Hinter allen ersten Schritten steht das Ziel der Gemeinschaftsschule bis zur 10. Klasse.

**40.
Vertrauenskultur**

In den Nordischen Ländern wird über den Lernprozess und die Leistungserbringung vor allem geredet. Kommunikation über etwas, das ständig im Fluss ist, immer mit der Perspektive: Wie geht's weiter? Nicht so in Deutschland.

Abfragen können deutsche LehrerInnen. Das ist jahrelang geübte Praxis. Aber mit SchülerInnen über Lernprozesse reden, nachdenkend sich darüber unterhalten? Das haben sie nicht geübt. In unserem Schulsystem drängt sich die Bewertung sofort in den Vordergrund, und sobald es um Bewertung geht, setzt die Lüge ein. Wie ist das zu verstehen? SchülerInnen können das sehr gut beschreiben. „Ich werd der doch nicht zeigen, was ich nicht kann! Ich bin doch nicht blöd und kassier eine schlechte Note!"

Was tun sie dann und was tut jeder in einer Bewertungssituation? Man stellt sich gut dar, zeigt seine Stärken, profiliert sich mit Fachwörtern – und redet gerade nicht über seine Schwächen und über die Bedenken, die man hat. Unter Bewertungsdruck ist ein offenes Gespräch nicht möglich. Von der anderen Seite gesehen, von der der Bewerter: Sie kennen die Schwächen, die Verständnisschwierigkeiten gar nicht und können SchülerInnen nicht helfen.

Auch die Lehrenden müssen ihre Schwächen verbergen, die auf diese Weise nicht Gegenstand des Lernens werden können. Vertuschen statt Vertrauen. Dazu sagt Klaus Wenzel, Vorsitzender des Bayerischen Lehrer- und Lehrerinnenverbands: „Meine Lehrergeneration ist schulisch folgendermaßen sozialisiert worden: Fehler wurden verschwiegen, Probleme vertuscht, weil solche negativen Entwicklungen sogar sanktioniert wurden. Die Kontrolle stand im Vordergrund und zwar die der Einzelperson, nicht des Systems. Wie wollen Sie in kurzer Zeit eine Vertrauenskultur entwickeln, die bei uns ja gar keine Tradition hat?"[3]

3
Wenzel 2006, 20

Vertrauen hat in deutschen Schulen keine Tradition, weil sich in einem Auslesesystem kein Vertrauen entwickeln kann. So kann man nur feststellen: Das Unterrichtsver- halten der heutigen LehrerInnen ist das von den Schul- ministerien seit Jahrzehnten verlangte und mit diszipli- narischen Mitteln durchgesetzte Verhalten. Lehrer sind nicht als pädagogische Krüppel vom Himmel gefallen, sie wurden von den Schulministerien produziert.

41.
Neue Lehrerausbildung

Seit dem PISA-Desaster jedoch wird über die Lehreraus- bildung diskutiert, mit dem Ziel, die Lehr- bzw. Vermitt- lungskompetenz zu professionalisieren. Realschul- und vor allem GymnasiallehrerInnen verstehen sich eher als Fachwissenschaftler denn als Lehrer. Ihr Selbstverständ- nis ergibt sich aus dem Wissen über ihr Fach, weniger aus ihrer Vermittlungskompetenz. Deutsche LehrerInnen sind im europäischen Vergleich zwar pädagogisch wenig, aber fachlich hoch qualifiziert. Dennoch gelten sie an der Universität als Studenten zweiter Klasse, und das obwohl sie zwei Fächer studieren. Die Missachtung des Lehrerstudiums zeigt sich unter anderem daran, dass es an deutschen Universitäten keine Fakultät für Lehrer- bildung gibt und dass zum Beispiel an der Universität Konstanz ein Professor der Erziehungswissenschaft für 1500 Studenten zuständig ist. Lehramtsstudenten studieren zersplittert, entsprechend ihrer Fächer und entsprechend der verschiedenen Schularten. Vielleicht fördern die an einigen Universitäten neu gebildeten „Zentren für Lehrerbildung" die Qualität der Ausbildung, so dass auch Kenntnisse der neurologischen Forschung

[4]

Georg Lind, Bildungs-Info der Uni Konstanz, 27.3.2009

[5]

Umfrage des BLLV 2009: ReferendarInnen gaben ihrer Ausbildung in erzieherischer Kompetenz Note 4,1 und in Vorbereitung auf den Unterricht Note 4,3.

und kognitionspsychologische Ausbildungs- und Trainingsangebote zu Pflichtveranstaltungen werden.[4] Bis jetzt spielen sie in der Ausbildungsordnung keine Rolle, sondern eher: Geschichte der Psychologie. Da die Lehrerausbildung in Deutschland zweigeteilt ist, zuerst die Theorie, dann die Praxis in der Referendarzeit, kann es sein, dass ein angehender Lehrer erst nach fünf Jahren merkt, dass er den falschen Beruf gewählt hat.[5] In den nordischen Ländern ist das anders: StudentInnen, die LehrerInnen werden wollen, müssen eine Eingangs- prüfung für das Studium bestehen. Der ehemalige Direktor der Pädagogischen Fakultät in Helsinki, Matti Meri, meinte bei einer Informationsveranstaltung für deutsche LehrerInnen lächelnd, dass die angehenden StudentInnen nicht drei, nicht zwei, sondern nur ein Buch lesen müssten, und auch der Inhalt dieses Buches sei nicht Gegenstand von Fragen.

Die zukünftigen StudentInnen, die längst Erfahrungen in Praktika gesammelt haben (sie sind wichtiger Bestandteil bei der Bewerbung zum Studium) erhalten die Aufgabe, ein pädagogisches Problem zu lösen. Sie können ihr Wissen nicht in seitenlangen Ausführungen darlegen: Es gibt dafür nur ein DIN A 4-Blatt. Matti Meri lächelnd: Konzentration auf das Wesentliche. Dann folgt für jeden Bewerber ein Interview mit drei Beurteilern, die sich von pädagogischen Erfahrungen, beispielsweise als Hilfslehrer, erzählen lassen. Für die Beurteilung spielen nicht nur die erzählten Inhalte eine Rolle, sondern auch das Verhalten des Bewerbers.

Im dritten Teil müssen fünf Bewerber als Team ein pädagogisches Problem lösen. Gruppenverhalten, Diskus- sionsstrategien, Dominanz und Zurückhaltung sind Beobachtungskriterien. Obwohl finnische LehrerInnen ein Drittel weniger verdienen als deutsche, bewerben sich wesentlich mehr StudentInnen als aufgenommen werden. Die Abbrecherquote tendiert gegen Null. Die finnische Lehrerausbildung ist einphasig, das heißt Theorie und Praxis greifen von Anfang an in einander. Die StudentInnen arbeiten schon während des Studiums im Team und innerhalb des Teams zu zweit. Kommunika- tion und Praxisreflexion finden ständig statt. In Deutschland gibt es keine Eingangsprüfungen.

6

*Einige Bundesländer wie
NRW beginnen ihre Lehrer-
ausbildung zu modernisieren.*

Stattdessen inszenieren ReferendarInnen einsam ihre Vorführstunden, die Lehrproben.[6] Das sind in zwei Jahren dreimal 45 Minuten Unterricht, von denen ihre berufliche Zukunft abhängt. Sie bereiten diese Stunden wochen-, manchmal monatelang vor. Jede Minute dieser Stunde ist geplant, vom Einstieg bis zum Ausstieg, von der Motivationsphase bis zu Transfer und Ausklang.

Auf jede Lehrerfrage hat die richtige Schülerantwort zu folgen. Meistens kommt die richtige Antwort, weil SchülerInnen in Prüfungssituationen mit der Referendarin solidarisch sind. Und wehe, die angehende Lehrerin verfügt nicht über ausreichende Methodenkompetenz!

Natürlich verfügt sie darüber und springt alle fünf Minuten in eine andere.
Ein paar Minuten Gruppenarbeit, fünf Minuten Ergebnissicherung, fünf Minuten Stillarbeit und dann noch ein Lied. Dazwischen das Frage-Antwort-Spiel, alles von der Referendarin dirigiert.

Das Schlimme an diesen Lehrproben, neben dem Absurden, ist die völlig überholte Vorstellung von Unterricht: Unterricht als etwas, in dem der Lehrer tätig ist.

In einem Interview berichtet der Erziehungswissenschaftler Ulrich Herrmann von einem Referendar: „Er ließ die Schüler die Arbeitsergebnisse der letzten Stunden zusammentragen, überprüfen und präsentieren, auf Englisch, versteht sich.

7

aus: www.zeit.de2002/48

Er zeigte also die Lernergebnisse vor. Er hatte seine Schüler augenscheinlich dazu gebracht, sich Dinge zu erarbeiten und zu erschließen, mit anderen Worten: zu lernen. Wunderbar. Man hätte ihm einen Blumenstrauß überreichen sollen." Er bekam ihn nicht. „Er hatte ja keinen Unterricht ‚durchgeführt.'"[7] Das Interview fand 2002 statt, geändert hat sich seitdem nichts. Es ist ja auch schwierig. Unterricht kann man nicht in 45 Minuten beurteilen. Da muss man sich mehr überlegen als Prüfungsmethoden aus dem 19. Jahrhundert ins 21. zu transportieren.

Unterricht ist keine Zirkusvorstellung von Lehrern: die Lehrperson als Akteur und die Lernenden als passive Zuschauer. Offener Unterricht ist ein beidseitig aktiver Kommunikationsprozess, indem der Lehrende als Moderator auf die Interessen, Gedanken und Zielvorstellungen der Lernenden hört. Dafür müssen Studierende ausgebildet werden.

Kommunikationskompetenz

Leistungsermittlung als Kommunikationsprozess lernen LehrerstudentInnen nicht. Gesprächs- und Moderationstechniken lernen sie auch nicht. Es gibt kaum einen Beruf, in dem so viel gesprochen wird wie im Lehrerberuf. Trotzdem ist kommunikative Kompetenz nicht Thema der Lehrerausbildung. Die Schulminister-Innen haben von Gesprächsführung kaum etwas gehört, jedenfalls lassen ihre Verlautbarungen das vermuten. AusbildungslehrerInnen, die die Notwenigkeit, Gesprächstechniken zu beherrschen, erkannt haben, machen aus eigener Initiative Gesprächsübungen mit den ReferendarInnen. Auch einige UniversitätslehrerInnen bieten inzwischen Übungen in Moderationstechniken und Umgang mit Konflikten an. Bestandteil der Ausbildungsordnung sind sie nicht.

Das Verhalten angehender LehrerInnen steht nie zur Disposition. Sie werden allein gelassen, wenn sie über Disziplinprobleme sprechen wollen, weil ihre Professoren sie nicht praktisch erfahren und Seminarlehrer selbstverständlich keine haben. Verhalten lässt sich nicht mit Papier und Bleistift lernen. Workshops von entsprechend ausgebildeten PsychologInnen oder SozialpädagogInnen müssten verpflichtender Teil der Ausbildung sein.

Die Abwehr gegen solche Selbsterfahrungen ist groß. So bleibt sie bestehen und richtet sich später gegen SchülerInnen. Die soziale Kompetenz, vor allem die, Gespräche mit Verständnis für das eigene Verhalten und das des Gegenübers produktiv zu führen, ist nicht Gegenstand der Lehrerausbildung. Dennoch urteilen LehrerInnen, auch hier so häufig wie in keinem anderen Beruf, über das soziale Verhalten anderer. In einigen Bundesländern auch durch die Einführung von Kopfnoten.

Kommunikationstechniken sind in der Lehrerausbildung unabdingbar, das heißt praktische Übungen in Workshops und Trainings.

Sozialpädagogen arbeiten mit Kindern und Jugendlichen ohne die Autorität der Schule im Rücken, sie wirken also nur durch ihre Persönlichkeit. Sie werden von Kindern und Jugendlichen freiwillig aufgesucht, keine Schulpflicht zwingt die jungen Besucher zur Teilnahme. Von Sozialpädagogen können Lehrer viel lernen. Methoden aus Erlebnis- und Theaterpädagogik, den Mut zum produktiven Chaos mit Schreien, Tanzen und Körperkontakt.

Aber auch die Sozialpädagogen können von Lehrern lernen, vor allem wenn sie an einer Schule arbeiten. Dort werden sie oft zur Hausaufgabenbetreuung eingesetzt und zur Förderung von Kindern und Jugendlichen mit Lernschwierigkeiten. Die anspruchvollste Arbeit in der Schule, das Lernen von SchülerInnen mit Lernschwierigkeiten, wird Personen anvertraut, die das nicht studiert haben. Weil sie billig sind.
Und so lässt man den Zynismus zu, dass diese Kinder und Jugendlichen sich zweimal scheitern sehen: Einmal im Unterricht und ein zweites Mal in der Hausaufgabenbetreuung durch die Arbeit mit nicht qualifizierten Lehrpersonen.

42.
Die Nordischen Länder und England blicken auf deutsche Schulen

[8]

Siehe Link EU-MAIL im Anhang

[9]

Genauere Information in: Höhmann u.a.: Lernen über über Grenzen, 2008

Wie verschiedene Länder mit der Heterogenität ihrer Schülerschaft und mit individualisiertem Lernen umgehen, wollten einige LehrerInnen aus verschiedenen Ländern – Norwegen, Schweden, Finnland, England und Nordrhein-Westfalen – wissen und besuchten sich gegenseitig (2004/05). Es entstand das Projekt „European Mixed Ability and Individualised Learning", kurz EU-MAIL-Projekt, das von der Europäischen Union gefördert wurde. In Deutschland verfolgt das Projekt das Ziel, Fortbildungen für das Lernen mit heterogenen Gruppen, auch auf Fächer bezogen, anbieten zu können.[8] Alle beteiligten Länder bis auf Deutschland haben ein integriertes Schulsystem bis zur Oberstufe. Um überhaupt eine Vergleichbarkeit mit deutschen Schulen zu erhalten, wählte man vier Gesamtschulen in NRW als Projektschulen aus.[9]

Was fiel den Besuchern an deutschen Lehrern auf? Am meisten erstaunte sie, dass die deutschen Lehrer, obwohl sie an Gesamtschulen unterrichten, dennoch das Ideal einer homogenen Lerngruppe verfolgen und ihre „guten" und „schlechten" Schüler in verschiedene Lerngruppen (A-, B- und C-Kurse) aufteilen in der Vorstellung, so bessere Lernergebnisse zu erzielen. Den ausländischen Lehrern, die ständig mit allen Kindern, auch behinderten, zusammenarbeiten, war diese Vorstellung vollkommen fremd. An zweiter Stelle verwunderte sie, dass deutsche Lehrer nicht im Team arbeiten. Obwohl sie Gruppenarbeit unter den Schülern förderten, machten sie selbst ihre Arbeit allein. Wie sich in den Diskussionen herausstellte, fühlen sich die deutschen Lehrer auch so: allein gelassen und überarbeitet.

Die Besucher bewunderten die hohe fachliche und methodische Kompetenz der deutschen Kollegen, waren aber erstaunt, wie wenig sie über die individuellen Lernstände und Kompetenzen ihrer SchülerInnen wussten und wie wenig diese Thema waren. Deutsche Lehrer würden sich zu wenig Zeit nehmen, „um über gemeinsam unterrichtete Schüler und Schülerinnen zu sprechen." (Die Einsamkeit der Schüler). Die Besucher bemängelten „einen offensichtlich standardisierten Stundenablauf, in dem zuweilen den Aufgaben für die gesamte Klasse der Herausforderungscharakter fehle. Die Lernziele des Unterrichts waren den Schülerinnen und Schülern selten transparent." (Die Langeweile der Schüler). „Gerade aus Sicht der skandinavischen Partner haben die deutschen Schülerinnen und Schüler zu wenig Möglichkeit zur Eigeninitiative im Unterricht, geschweige denn zur Mitgestaltung des Unterrichtsverlaufs.

In den Partnerländern geht es darum, den Lernenden im gemeinsamen Prozess ernst zu nehmen und diese gemeinsame Verantwortung für erfolgreiche Lernschritte auch einzufordern." Stattdessen würden die deutschen Lehrpersonen „mehrheitlich dazu neigen, Fehler laufend zu verbessern oder Fehlverhalten ständig zu reglemen-tieren." (Was Widerstand und neue Konflikte provoziert: Reglementierte Lehrer - reglementierte Schüler.) Die Besucher sahen auch, dass die Umstände, unter denen die deutschen LehrerInnen arbeiteten, nicht förderlich waren: Die Klassenräume zu klein, die Klassen selbst zu groß, Lehrbücher oder andere Arbeitsmaterialien für einen differenzierten Unterricht fehlten ebenso wie ergänzende Lehr- und Nachschlagewerke für Migranten (z.B. wenigstens ein muttersprachliches Wörterbuch). Trotz dieser widrigen Umstände empfanden die Besucher das Schulklima angenehm. Sie hoben die Integration der multikulturellen Schülerschaft und „die deutlich spürbare Akzeptanz und gegenseitige Unterstützung der Schüler und Schülerinnen untereinander" hervor, „da diese hohe soziale Kompetenz den Unterricht in heterogenen Gruppen erleichtere."[10]

[10]
Alle Zitate aus: Höhmann u.a., 135 ff

**43.
Zweiter Brief
an Lehrende**

Liebe Lehrerinnen und Lehrer,

die neue Lern- und Feedback-Kultur stellt Aspekte in den Mittelpunkt, die viele von uns zu unserem Lehrerstudium motiviert haben: Wie kann ich das, was ich mit großem Interesse studiert habe, gut vermitteln und auch für SchülerInnen interessant machen? Fehlerzählen und Notenstempel waren nicht die Motivation, dieses Studium zu ergreifen.

Wenn Sie in den Mittelpunkt Ihrer Tätigkeit die kreative Arbeit mit den Lernenden stellen wollen, wenn das Lernen und nicht die Aussortierung Ihr Ziel ist, wenn Sie wissen, dass Noten falsch messen, subjektiv sind und demotivieren, wenn Sie Vielfalt und Inklusion als grundlegende demokratische Prinzipien anerkennen, dann verabschieden Sie sich von den Noten Fünf und Sechs als exklusiven Noten. Das ist keine Revolution – vielleicht eine in den Köpfen. Es ist eine Entscheidung, die selbst die Schulverwaltung mit ihrer Forderung nach Senkung der Wiederholerquote nahe legt. Wenn Sie Arbeiten auf diesem Niveau erhalten, und es sind ja nicht viele, geht es um mehr als um die Erteilung dieser Noten. Es geht um Ursachenforschung und Problembewältigung, gemeinsam mit dem Lernenden, mit Kolleginnen und Kollegen und den Eltern. Es geht um Förderung dieser Schüler. Arbeiten dieser Schüler reichen Sie später beim Fachbetreuer ein.

Das bedeutet nicht, keine Leistung zu verlangen, sie wird aber nicht zu einem für alle festgesetzten Zeitpunkt erbracht, sondern über einem längeren Zeitraum hinweg.

11

www.hvstephan.de und
www.blickueberdenzaun.de

Die Heinrich-von-Stephan-Oberschule in Berlin Moabit macht das seit Jahren.[11]

Die Akribie, mit der Klassenarbeiten erstellt, Fehler- und Notenschritte errechnet werden, wird durch das unstimmige Notensystem zum Unsinn. Das „pädagogische Ringen" um eine richtige Entscheidung wird zur Anmaßung. Gegenüber SchülerInnen, die ja nicht als Angeklagte, sondern als zu fördernde junge Menschen vor uns stehen, heißt das: Ich entscheide immer zu ihren Gunsten.

Diese Sätze stoßen weder unser Schul- noch unser Gesellschaftssystem um. Das Konkurrenzverhältnis bleibt bestehen. Die Auswirkungen der Konkurrenz in der Schule werden nur verschoben, bis die Kinder größer sind. So wie das in Europa mehrheitlich praktiziert wird.

Keine Fünfer und Sechser! Statt dessen Ursachenforschung und Förderung. So wenige Klassenarbeiten wie möglich, keine Exen! Mündliche Noten durch Unterrichtsbeiträge. Schwerpunkt ist das Lernen, nicht die Platzierung durch Noten.

Eine Notenstunde im Italienisch-Unterricht: Es war Januar, die Lehrerin wollte Noten machen für das Zwischenzeugnis. Paarweise sollten die SchülerInnen Dialoge vorführen, die dann benotet würden. Wir üben erst noch ein bisschen, sagten die SchülerInnen, bildeten Paare, standen im Klassenzimmer verstreut, weil es eine Abmachung war, sich auf der Piazza zu treffen.

Sie standen sich gegenüber, begrüßten sich, plauderten los, lachten, griffen nach ihren Heften oder dem Wörterbuch, um schnell etwas nachzuschlagen, da fiel es ihnen wieder ein oder sie riefen zu den anderen: Come si chiama ...? Sie bildeten Vierergruppen, weil sie das gleiche Thema hatten, gingen wieder auseinander, wie es auf der Piazza so geschieht. Die Lehrerin stand am Rande, gab manchmal Auskunft und hörte dem unentwirrbaren Plaudern zu. Etwas hilflos sagte sie am Ende der Stunde: Jetzt habe ich keine Noten.

44.

„Ich kann mich nicht um jeden Schüler kümmern!"

So die Klage von Lehrern bei schlechten Noten. In der Tat, in Klassen mit 30 Schülern ist das unmöglich. Es schon unmöglich in Klassen mit 25 und weniger Schülern. Allerdings ist es auch gar nicht nötig, sich um jeden einzelnen Schüler zu kümmern.

Die Vorstellung sich kümmern zu müssen, geht von einer veralteten Unterrichtskonzeption aus: Der Lehrer macht den Unterricht. Er ist der Akteur, der Planer, der Verantwortliche, der unter Druck Stehende, der Macher.

Die Schüler sind die passiv Aufnehmenden. Einige nehmen schlecht auf und erhalten schlechte Noten. Dann stehen auch diese Schüler unter Druck. Und eine Druck- und Angstatmosphäre breitet sich aus.

Wenn Schüler mit Angst vor Versagen eine Klassenarbeit schreiben, werden sie schlechter schreiben, als wenn sie sie mit der Zuversicht „Ich schaff das!" schreiben. Also geht es darum, in der Klasse eine Atmosphäre des Schaffens zu entwickeln. Reformpädagogen nennen das „Gelingensatmosphäre". Wie ist die zu erreichen?

Zwei Voraussetzungen:
• ein neues Schüler-, das heißt Menschenbild: Alle Kinder und Jugendlichen wollen und können lernen. Es gibt keine „Versager", keine „Überforderten". Keine Vorstellung von: „Hat die Grenzen seiner Leistungsfähigkeit erreicht – gehört nicht an unsere Schule."

• Klein anfangen. Nach wochen-, monate-, ja jahrelangem Vorangehen im Unterrichtsstoff, immer mit einem „Bodensatz" von Nicht-Verstehern und Nicht-Durchblickern gibt es einen Schlussstrich. Es wird Grundlagenarbeit gemacht. Diese Phase ist die schwierigste, da es nicht nur darum geht, das entsprechende Fachwissen zu vermitteln, sondern auch das Selbstbewusstsein dieser „schwachen" Schüler aufzubauen.

Das geht nur über Erfolgserlebnisse, und die sind nur mit Aufgaben der Grundlagenebene zu erreichen. Ja, runter mit dem Anspruchsniveau! Ja, zurück in die letzte und vorletzte und vorvorletzte Klasse! Und dort wird gründlich (im ursprünglichen Sinn des Wortes) gearbeitet. Mit Hilfe der starken Schüler. Wenn es dem Pädagogen gelingt, eine Vorstellung von „Wir wollen den Erfolg!" zu vermitteln, dann sind alle dabei, die Schwachen und die Starken.

Die Erfolgserlebnisse stärken die Schwachen, und mit dem neuen Gefühl „Ich kann was!" gehen sie zuversichtlich an die neuen und schwereren Aufgaben heran. Dann wird der Erfolg zum Selbstläufer.

Leistungsunterschiede wird es weiterhin geben, aber nicht in der bisherigen extremen Spreizung. Dass die Spannweite von sehr gut und sehr schlecht in Deutschland von allen Industrienationen am größten ist und von der gesellschaftlichen Stellung der Eltern und nicht von der möglichen Kapazität der Schüler abhängt, hat PISA aufgedeckt.

In den meisten Fächern geht es um kanonisch festgelegte Wissensinhalte, die nicht mehr hinterfragt werden. Das Nicht-mehr-Hinterfragen verursacht bei Schülern, für die der Sachverhalt neu ist, Verständnisschwierigkeiten.

Beispiel Mathematik:
Wieso ist 5 plus 3 gleich 8? Was sagt der Lehrende zu
$5+3 = 3+5 = 4+4 = 10-2 = 4937-4929 = -341+349$?
Was bedeutet „ist gleich"?
Wieso die Festlegung auf eine Lösung?
Was bedeutet „Lösung"?
Was heißt: geteilt durch?
Was heißt: wie oft geht x in y?
„Geteilt durch" und „geht in" müssen wie alle formelhaften Aussagen logisch verstanden sein, müssen verbal dargelegt werden können. Rechnen ist sekundär. Verbalisieren ist primär.

Die Grundlagen und die Funktionsweise der Grundlagen müssen klar sein. Eine Menge Aufgaben zu üben, auch noch mit schwierigen Zahlenbeispielen, ist sinnlos, solange die Grundlagen dessen, was da gemacht wird, nicht klar sind.

Prinzip eines erfolgreichen Lehrers: Ich sorge für Erfolgserlebnisse meiner Schüler.

45.
Schritte zur Veränderung
der Schule

Ausländische LehrerInnen kritisieren an deutschen LehrerInnen Verhaltensweisen, die ihnen so fremd wie den einheimischen vertraut sind. Neue Verhaltensweisen kann ein Lehrer allein kaum erfolgreich verwirklichen, die Zusammenarbeit des Kollegiums, der Schulleitung, der Schüler und der Eltern ist notwendig: die berühmte Schulentwicklung. Hier beginnen die Schwierigkeiten. Wo sollen sich die Beteiligten treffen, um zu diskutieren, zu planen, Materialien zu deponieren? Das Lehrerzimmer ist der am dichtesten besiedelte Raum in einer Schule, als Arbeitsraum eine Farce. In der Bibliothek muss es leise sein. So müsste die Initiativgruppe, solange keine Um- und Anbauten da sind, Klassenzimmer zu dem umgestalten, was sie eigentlich sein sollen: Arbeitsräume mit Schränken, Regalen, Computern und vieles mehr. SchülerInnen zerstören und klauen nichts, sobald sie verantwortlich einbezogen sind. Vielleicht wird durch die ganztägige Anwesenheit der Beteiligten die Schule ein Ort, an dem man gerne verweilt?

Als Anfang sind bestimmte Änderungen einer Initiativgruppe aber auch sofort möglich.

1. Der standardisierte Stundenablauf
der ausländischen LehrerInnen auffällt, ist dem Notenzwang und dem 45-min-Takt geschuldet. Daher Minimierung des Bewertungsunterrichts und Maximierung des offenen Arbeitsunterrichts, der umso fruchtbarer wird, je länger die Zeiteinheiten sind. Als erster Schritt können alle Fächer in Doppelstunden unterrichtet werden wie in der Artur-Kutscher-Realschule in München und einstündige Fächer werden 14-tägig für zwei Stunden angesetzt.
Die Leistungserhebung geschieht im Unterricht in Gesprächen –Vorrang hat das Lernen. In Finnland haben Lehrer eine Anwesenheitspflicht von 30 Stunden (60 min) und eine Unterrichtspflicht von 18 bis 23 Stunden (45 min). Da besteht Zeit für Gespräche.

2. Der Wunsch nach Homogenität
Auch er verdankt sich dem gleichschrittigen Fortgang des Notenunterrichts, in dem periodisch gleichförmige Prüfungen abzuhalten sind. Trotz der immer noch bestehenden alten werden nun neue aktivierende,

kommunikative Prüfungen vorgestellt. Die Qualitäts-institute fordern – die Häme ist unüberhörbar –, dass nicht nur kognitive Kompetenzen abgefragt werden sollen, sondern auch Selbst- und Sozialkompetenz, so dass die „Situationen, in denen Schüler etwas leisten, … vor diesem Anspruch konsequenterweise vielfältiger werden." Der Autor fährt fort: „Bei der Lektüre des Lehrplans (G 8, U.L.) müsste jedermann klar werden, dass künftig mit Leistungserhebung, -beurteilung und -bewertung mehr bewirkt werden muss, als von den gegenwärtigen Zeugnissen und Prüfungsformen geleistet werden kann."[12] Klartext: Die traditionellen Prüfungs-formen entsprechen nicht den neuen Anforderungen. Konsequenz: Die alte Prüferei beenden. Stattdessen in neuen „Situationen", die „Selbst- und Sozialkompetenz" fördern.

[12]
Staatsinstitut für Schul-qualität und Bildungs-forschung 2004/2005, 176 f

3. Reglementierung des Schülerverhaltens
Erhöhte Selbstverantwortung, Mitgestaltung des Unterrichts und selbständige Wahl der Arbeitsthemen durch die SchülerInnen verringern deren Langeweile und Widerstand. Für LehrerInnen gilt, größere Distanz zu den eigenen Vorstellungen zu entwickeln und den Blick aufs Positive zu trainieren. Pluralität bedeutet Verschieden-heit der Ansichten.
In etlichen Schulen gibt es Trainingsräume, in denen SchülerInnen eine Auszeit nehmen oder mit einer Lehrperson sprechen können. Wenig hilfreich ist es, wenn diese sich nur als Aufsichtsperson sieht. In der Werner-Stephan-Oberschule in Berlin ist durch kluges Zeitmanagement der Trainingsraum immer besetzt mit einer Lehrperson, die eine besondere therapeutische Ausbildung hat. SchülerInnen finden dort also professio-nelle Hilfe.

4. Statt Klagen – Supervision oder politische Aktion.

5. Statt Überfallnoten – Bringnoten
Eine Möglichkeit, mit der jeder Lehrende heute beginnen kann. Mit der Klasse wird besprochen: Kein Überfall-Abfragen mehr, sondern die Lernenden melden sich zum Abfragen. Ein weiterer Schritt: Die Lernenden erhalten eine Liste von Themen, die im nächsten halben Jahr behandelt werden, und können selbst entscheiden, zu

welchem Thema sie sich gezielt vorbereiten und für den Lehrenden eine Stütze sein wollen, indem sie Teile des Unterrichts übernehmen.[13]

[13]
Genauere Erläuterung bei Jonas Lanig 2006, 110f

6. Angst vor Prüfungen

wird von LehrerInnen häufig nicht ernst genommen. Auf die Klage „Zuhause hab ich noch alles gewusst, in der Klassenarbeit war's weg", regieren sie abwehrend: „Hast halt nicht richtig gelernt." Diese Reaktion ist der alten Tradition zu verdanken. Und genau auf die beziehen sich dann Schulberatung und Schulpsychologische Dienste, wenn sie zu Stressbewältigungstrainings, Prüfungsvorbereitungstrainings, Methodentrainings, Selbstsicherheitstrainings und Baldrian oder Ritalin raten statt für die Abschaffung von Prüfungen, die psychologisch nicht zu verantwortende Reaktionen hervorrufen. Der Neurowissenschaftler Manfred Spitzer meint, dass in unserem Schulsystem die Angst gleich mit gelernt würde. Das sei ziemlich dumm.

Ritalin wird Kindern und Jugendlichen zu viel und zu häufig verschrieben

Der Arzneiverordnungsreport 2009 stellt fest, dass die im Jahr 2008 verordneten Tagesdosen von Methylphenidat/Ritalin gegenüber 2007 um 145 Prozent gestiegen sind. (Arzneiverordnungsreport 2009, hg. von U. Schwabe und D. Pfaffrath, 799) Der Drogenbeauftragte des Bundesgesundheitsministeriums sagt, dass die Frage der „Langzeitwirkung von Methylphenidat noch unbefriedigend beantwortet" sei.

Er nennt „besorgniserregend", dass durch fehlende fachspezifische Qualifikation Ritalin von Ärzten auch in nicht indizierten Fällen verschrieben werde und fordert die Bundesärztekammer auf, ein Kompetenznetzwerk ADHS zu entwickeln. (www.bmg.bund.de vom 21.5.2008) Der Hirnforscher Gerald Hüther hat Kinder beobachtet, die acht Wochen auf einer Alm lebten, ohne Medikamente, und zusammen mit zwei Beteuern für alles, was sie zum Leben brauchten, selbst gesorgt haben (Reportage im STERN 45/2009).

Er schlussfolgert: „ADHS ist die Folge veränderter Sozialerfahrungen", und meint damit, dass Kinder ihre „Klammeraffenbeziehung" zur Mutter nicht gut überwunden und dadurch nicht gelernt haben, ihre Aufmerksamkeit auf ein gemeinsames Drittes zwischen Mutter/Vater und Kind zu lenken. Es fehlen gemeinsame Erlebnisse in der Familie oder im Freundeskreis. (Psychologie heute, März 2010)

7. Umgang mit Jahrgangsstufentests

Sie stehen in direktem Widerspruch zur Individualisierung des Unterrichts. Die Schulverwaltung fordert sowohl Gleiches für alle und prüft das Gleiche in Einheitsprüfungen ab als auch Individuelles für jedes einzelne Kind und macht daran die pädagogische Kompetenz der Lehrenden in Rankings fest.

Wer fordert, dass diese unsinnigen und schlecht ausgearbeiteten Tests in einer schülerunfreundlichen Atmosphäre abgehalten werden müssen? Es entspricht dem Umgang in einer demokratischen Schule und es entspricht dem „neuen Geist des Lehrplans", mit den Lernenden Unklarheiten, die in diesen Tests häufig vorkommen, zu klären und ihnen über Stolpersteine hinweg zu helfen.

8. Statt Stress beim Entwerfen von Klassenarbeiten

und Korrekturen mit Fliegenbeinchen-Zählerei nachts am einsamen Schreibtisch zu Hause: Neue Lern- und Feedback-Kultur in Teamarbeit mit den KollegInnen in der Schule.

9. Streitgespräche um einen Bewertungspunkt – welche Würdelosigkeit!

„Es ist zu hoffen, dass die Rhetorik der individuellen Förderung endlich umgesetzt wird in echte Förderung."[14] In einer demokratischen Schule sind Gespräche über Lerninhalte und Projekte, die SchülerInnen sich vorgenommen haben, essentiell. Dabei kann man viel erfahren über ihre Lernstrategien, was Voraussetzung für effektive Förderung ist.

10. Statt Streitgespräche mit Eltern, hinter denen immer der Kampf um Noten steht:

Sinnvolle Gespräche über das bisher Geleistete und das weitere Fortkommen des Lernenden. Immer steht das Erreichte im Vordergrund. Das Fehlende wird nicht in Vorwürfen formuliert, sondern positiv als Schritte weiteren Lernens.

[14]
Brigitte Schumann:
Die Arbeit musste eine Drei
werden. In: Stähling und
Wenders 2009, 62

11. Statt Hausaufgaben, die lustlos und damit ohne Lernerfolg gemacht werden:

Ganztagsschulen, in denen LehrerInnen da sind, die man fragen kann. Durch individualisierenden Unterricht verlieren Hausaufgaben ihre Bedeutung, da Schüler sowieso an ihren Themen arbeiten. Forschungen des Max-Planck-Instituts für Bildungsforschung in Berlin und aus der Schweiz zeigen die Sinnhaftigkeit von Hausaufgaben auf, wenn sie sorgfältig und mit Engagement gemacht werden. „In einer üblichen 45-Minuten-Lektion muss sich der einzelne Schüler dem Lerntempo der Klasse anpassen und kommt vielleicht 2 Minuten wirklich dran. Mit 20 Minuten Hausaufgaben ist er zehnmal länger aktiv beteiligt und nach eigenem Tempo."[15] Diese Arbeit könnte aber genau so gut in einer Ganztagsschule mit rhythmisiertem Unterricht erledigt werden.

[15]

Inge Schnyder in der NZZ vom 31.8.2008

12. Schulbücher

mit denen Lernende selbständig und langfristig arbeiten können auf verschiedenen Lernstufen. Informative, klar strukturierte Aufgaben und Arbeitshinweise mit Quellen statt für den Lernfortschritt bedeutungslose Comics und andere Bildchen.

13. Zentrale Abschlussprüfungen

Statt Moralpredigten und Vorwürfe („Mit dieser Lernhaltung schaffst du es nie!"): mit den SchülerInnen Paukeinheiten planen, in denen Prüfungsaufgaben der vergangenen Jahre gepaukt werden (Starck Verlag). Sie sind also ein gemeinsam organisierter Verstoß gegen den offenen Unterricht. Die Paukeinheiten müssen begrenzt sein, dazwischen wieder schönes, freies Lernen.

14. Stress beim Übertritt in der 4. Klasse

Statt das Leben zehnjähriger Kinder mit Verletzungen, Enttäuschungen, stummen Vorwürfen und Nachhilfe[16] zu belasten: Kein Übertritt, sondern gemeinsames Weiterlernen bis zum Mittleren Abschluss. Solange das noch nicht möglich ist: Übertritt frei geben. Die Freigabe des Elternwillens macht sinnvolle Beratung erst möglich, aber auch notwendig. Realschulen und Gymnasien verwenden den Probeunterricht durch den Grundsatz „Im Zweifel für den Lernenden" nicht mehr als

[16]

Nach Auskunft von Leiterinnen von Grundschulen nimmt rund ein Drittel der Kinder der 4.Klassen an Nachhilfe und Übertritttrainings teil.

Selektionsinstrument. Sie behalten ihre SchülerInnen. Als Diagnoseinstrument für spätere Förderung kann der Probeunterricht sinnvoll sein.

15. Statt Klassenwiederholung und Abschulung

(Aussonderung auf eine niedrigere Schulart): Förderung durch qualifiziertes Personal. So sind für offenen Unterricht z.B. zwei Lehrpersonen wichtiger als kleinere Klassen. Manche Schulen sind genial im Finden von Fördermöglichkeiten, wie man bei vielen Schulen der Gruppe „Blick über den Zaun"[17] sehen kann. Als Beispiele seien das Friedrich-Schiller- Gymnasium in Marbach genannt oder die Nikolaus-August-Otto-Oberschule in Berlin, die bald Gemeinschaftsschule ist, oder die Willy-Brandt-Gesamtschule in München. All diese Schulen übernehmen durch Mehrarbeit ihrer Lehrpersonen, durch ein ausgefeiltes Tutorenkonzept, für das auch gezahlt werden muss, durch Heranziehen von Senioren und vieles mehr Aufgaben, für die eigentlich der Staat einer demokratischen Gesellschaft verantwortlich ist. In politischen Aktionen äußern sich bisher SchülerInnen und Studierende. Vielleicht tun das bald auch LehrerInnen aller Schularten.

[17]
www.blickueberdenzaun.de

46. Arbeit in einer demokratischen Schule

Arbeit in einer demokratischen Schule bedeutet immer: Kommunikation auf Augenhöhe, wenig Hierarchie, viel Transparenz und Vertrauen zwischen allen Beteiligten: Lernende, Lehrende, Schulleiter und andere Mitarbeiter der Schule und Eltern.

Teamarbeit

Teamarbeit ist Grundlage gelingender Schulen[18], ohne sie ist keine Innovation möglich. Die Türen der Klassenzimmer offen zu lassen und sich gegenseitig im Unterricht zu besuchen, ist ein kleiner, vertrauensbildender Anfang. Teamarbeit ist keine kurzfristige Angelegenheit. Sie beruht nicht nur auf Sympathie für den Partner, sie ist ein Arbeitsprinzip, das bedeutet, dem anderen zuzuhören, fremde Vorstellungen in das eigene Konzept aufzunehmen und eigene aufzugeben, um ein Drittes, Neues zu entwickeln.
Vielleicht müssen LehrerInnen sich erst der unendlichen Einsamkeit ihrer Arbeit bewusst werden, um zu erahnen, wie beglückend und heilsam Teamarbeit sein kann.

[18]
Reinhard Kahl in seinen Filmen

Teamarbeit bedeutet länger in der Schule zu bleiben, gemeinsam an Themen zu arbeiten, die anderen in der Gruppe besser kennen zu lernen, sie zu achten und selbst geachtet zu werden. Ökonomisch betrachtet entstehen durch Zusammenarbeit Synergien, die die Arbeit im Team produktiver machen als Einzelarbeit.

Psychologisch betrachtet lernt man die KollegInnen als Menschen kennen. In den Ländern, in denen in Schulen im Team gearbeitet wird, ist das Burnout-Syndrom unter Lehrern unbekannt. Teamarbeit bedeutet, die Schule in die eigene Hand zu nehmen und Verantwortung zu übernehmen für das, was man dort tut. Trotz hunderttausender kleinlicher Vorschriften der Schulverwaltung. Ohne Regelverstoß keine Innovation.

Wer bestimmt an Schulen?

Die an Schulen die Mehrheiten bilden, haben dort am wenigsten zu sagen: die SchülerInnen und ihre Eltern. Zwar gibt es die Klassenelternsprecher, den Elternbeirat und das Schulforum an der Schule. In Bayern und NRW ist es dann mit der Interessenvertretung der Eltern zu Ende.[19] Sie müssen sich privatrechtlich in Vereinen organisieren, finanziert durch Beitrittszahlungen, und sie können von der Schulverwaltung gehört werden oder auch nicht. Zu ihrer Schwäche trägt außerdem bei, dass jeder Verein auf sein Eigeninteresse pocht, getrennt nach Schularten und Konfessionen, so dass die Eltern vollkommen zersplittert sind. In Bayern in 12 Verbänden, in NRW in 14 Verbänden. Nur der Bayerische Elternverband (BEV) und die Landeselternkonferenz (LEK) NRW)[20] vertreten Elterninteressen aller Schularten. In den anderen Bundesländern gibt es gesetzliche Landeselternvertretungen, die über ein Anhörungsrecht bei den Schulministerien und vor dem Parlament verfügen, über finanzielle Förderung und Räume mit Equipment.

In allen Bundesländern gibt es gesetzliche Schülervertretungen. Das Demokratieverständnis der Länder zeigt sich in den Rechten, die sie SchülerInnen zubilligen. Bayern hat als letztes Bundesland eine gesetzliche Schülervertretung, den Schülerrat, anerkannt. Bis dahin haben die SchülerInnen in Bayern, organisiert in einem Verein, jahrelang gekämpft und alles selber geplant und bezahlt.

[19]
Interessant, dass in einem traditionellen CSU- und in einem bisher traditionellen SPD-Land die gleichen Verhältnisse bestehen.

[20]
www.bayerischer-elternverband.de, www.landeselternkonferenz-nrw.de

21

LandesschülerInnen-
vereinigung e.V.

Diese mutige Gruppe gibt es heute noch![21]

Es gibt Mitbestimmungsgremien an den Schulen, unter anderen das Schulforum bzw. die Schulkonferenz, in dem die Schulleitung immer das letzte Wort hat.

Es gibt die SMV, die an manchen Schulen sehr aktiv ist, an anderen organisiert sie gerade mal das Verschenken von Nikoläusen oder Osterhasen. Sie ähnelt da dem zum Cateringservice degradierten Elternbeirat.

22

Lanig 2006, 159

Die Arbeit in diesem Mitbestimmungsgestrüpp ist mühsam. Oft müssen Eltern und SchülerInnen eine Bittstellerhaltung einnehmen. Aber auch der Elternbeirat selbst vernachlässigt seine demokratische Funktion, wenn er sich nicht um die Vernetzung mit der Elternschaft bemüht. Demokratie wird an den meisten Schulen nicht gelebt. Und so sucht sich Meinungsäußerung ihr Ventil in Spickmich und in der Abi-Zeitung. „Die zusätzlichen Befugnisse einiger weniger Eltern- und Schülerfunktionäre sind noch kein Ersatz für die ausgebliebene Demokratisierung des pädagogischen Alltags."[22] Wie der aussehen könnte, schlägt Jonas Lanig, Lehrer aus Nürnberg, in seinem Buch „Lehrer verändern Schule – Jetzt" vor. Einige Beispiele sollen vorgestellt werden.

Feedback für Lehrende
Während SchülerInnen die am häufigsten beurteilte Menschengruppe sind, sind Unterricht und Verhalten der LehrerInnen unantastbar. Auch hier gilt: Wer sich nicht äußern darf, sucht sich ein Ventil in Störung des Unterrichts. Für die Beurteilung des Unterrichts sind SchülerInnen aber Experten.

23

Lanig 2006, 161 ff

24

Lanig 2006, 161 ff

Sie können „einschätzen, wie effektiv der Unterricht angelegt ist und ob hier tatsächlich ein angstfreies Klima herrscht. Nur sie können sich ein fachkundiges Urteil über die Wahl der richtigen Methoden und einen fairen Umgangston erlauben. Deshalb ist jede Unterrichtsentwicklung auf die Mitsprache und Mitarbeit der Schüler angewiesen."[23] Auch das muss gelernt werden, eine unstrukturierte Diskussion oder Notenzeugnisse nach alter Art sind nicht die Lösung. Lanig schlägt[24] etliche Methoden und ein Schülerteam vor, das sie vermittelt.

Beispiel Satzanfänge:
Sie tun uns keinen Gefallen, wenn ...
Es gehört zu Ihren Stärken, dass ...
Sie hätten eingreifen müssen, als ...
Ich gehe gern in Ihren Unterricht, weil ...

In einer demokratischen Schule sollte auch Eltern
das Recht zugestanden werden, in einer Umfrage die
pädagogische Arbeit der Lehrenden und die Elternarbeit
einzuschätzen, deren Ergebnisse im Jahresbericht veröffentlicht werden können.

Schulparlament und Schulverfassung

Ihre Kraft können Einzelmaßnahmen erst entfalten,
wenn sie in ein Gesamtkonzept der Schule eingebettet
sind, das alle an Schule Beteiligten erarbeitet haben
und in dem auch Eltern und SchülerInnen Mitbestim-
mung nicht als Gnade zugebilligt wird, sondern als
Recht, das in einer Schulverfassung festgeschrieben
ist. Die Entwicklung einer Schulverfassung, der Magna
Charta einer Schule, ist ein langwieriger Prozess, in
der „die Lehrkräfte und Schulleitung einen Teil der
ihnen zustehenden Rechte aus freien Stücken an die
Schüler und ihre Eltern abtreten. ... Schülervertretung,
Elternbeirat, Lehrerkonferenz und Schulleitung müssen
sich auf einen Themenkatalog verständigen."[25]

[25]
Lanig 2006, 172

Schriftliche Umfragen an alle Eltern und Schüler,
Diskussionen in kleinen Gruppen, deren Ergebnisse an
ein Redaktionsteam weitergeleitet werden, die je nach
Größe der Schule wieder in Gesamt- oder Stufenver-
sammlungen diskutiert werden, lassen eine Stimmung
entstehen, in der Kommunikationskultur, Ideenreichtum
und das Glück der Teilhabe ihre Kraft entfalten können.
Mehr denken mehr. Auch hier sind der Prozess und die
Transparenz der Entscheidungen entscheidend für den
Erfolg.

In der Präambel werden die Grundsätze der Schule, ihr
Profil oder ihr Leitbild festgehalten. Neben den die Schul-
entwicklung betreffenden Punkte wie Schule als lernende
Organisation, Leistung und Kompetenzen (Unterrichts-
qualität, Lehrer als Moderatoren), Qualität der Lehr- und
Lernmethoden, Umgang mit Vielfalt (Moderner Lehrplan)

26

*aus: Bausteine der
Schulentwicklung der
Robert-Bosch-Gesamtschule
Hildesheim, Deutscher
Schulpreis 2008,
www.rbg-hi.de*

und außerschulische Partner[26] sollen hier einige Aspekte genannt werden, die vor allem Schüler und Eltern betreffen:

• Klassenbildung: Die Klasse ist der wichtigste soziale Ort an der Schule, die es nach Möglichkeit zu erhalten gilt. Neue Klassenbildung soll nur einmal im Verlauf der Schulzeit möglich sein. Ein zwei- oder dreitägiges Seminar soll das Kennenlernen der neuen SchülerInnen ermöglichen.

• Jede Klasse hat das Recht, wenigstens eine ihrer Lehrkräfte für das nächste Jahr auszuschließen.

• Stundenplan: Pädagogische Initiativen dürfen nicht an den Vorgaben des Stundenplans scheitern: Stundentausch für Lernen in Epochen, Nachmittagsunterricht vierzehntägig im Wechsel, die Schulstunden eines Vormittags werden um 5 min gekürzt, die gewonnene Zeit für besondere Aktivitäten verwendet. z .B. für die „Wir-Stunde", die der Klassenlehrer, auf alle Fälle ein vertrauter Lehrer ständig betreut. „Wir-Stunden" im Rotationsprinzip sind zum Scheitern verurteilt. Wie soll Vertrauen vor ständig wechselnden Lehrern entstehen?

• Gäste von außen sind ausdrücklich willkommen und bedürfen keiner besonderen Genehmigung.

• Wenn 20 Prozent der Eltern es wünschen, wird eine Klassenversammlung einberufen, je nach Wunsch mit oder ohne die LehrerInnen der Klasse.

• SMV und Elternbeirat haben das Recht, an Lehrerkonferenzen teilzunehmen, solange nicht Belange einzelner Schüler beraten werden. Sie werden rechtzeitig über Termin und Tagesordnung informiert und bringen eigene Positionen ein.

• Schüler ab einer bestimmten Jahrgangsstufe haben das Recht, ihre Belange vor der Klassen- und Lehrerkonferenz selbst zu vertreten.

• Eltern minderjähriger Schüler haben das Recht, ihr Anliegen vor dem Disziplinarausschuss zu vertreten. Sie können von einem Mitglied des Elternbeirats begleitet werden.

27

Lanig 2006, 154
und unveröff. Skript

• An Elternsprechtagen ist auch der Elternbeirat zu sprechen.[27]

47.
Zweiter Brief an Eltern

Liebe Mütter und Väter,

Ihre Tochter, Ihr Sohn wird sich an einer demokratischen Schule wohl fühlen und allein schon dadurch gute Leistungen erreichen. Schwer zu glauben für all die, die durch eine Notenschule gegangen sind und die die ständige Taxierung von Allem und Jedem in einer Leistungsgesellschaft täglich erleben. Aber selbst die Unternehmen haben gelernt, dass eine gute Atmosphäre leistungssteigernd ist. In der Schule geht es darum anzuerkennen, dass die Messung einer so komplexen Tätigkeit wie Lernen nie korrekt sein kann und darum, Heranwachsenden Zeit zu lassen, ihre Fähigkeiten und Kompetenzen erst einmal zu aufzubauen und auszuarbeiten.
Noch aber wird Ihre Tochter/Ihr Sohn mit Noten traktiert und Sie sehen sich genötigt darauf zu reagieren.

Oberste Regel: Gelassenheit.
Auch guten Noten gegenüber. Keine Gratifikationen, auch nicht von Oma! Entscheidend ist der Inhalt der Arbeit, das, was Ihr Kind geschrieben oder errechnet hat. Wenn Sie das Rechnen, die Fremdsprache oder den anderen Gegenstand nicht verstehen, geben Sie es vor ihrem Kind ehrlich zu. Und es entstehen die besten Gespräche. Bei schlechten Noten: trösten und ermutigen. Und in vorsichtigen nachdenklichen Gesprächen heraus bekommen, welche Umstände zu der schlechten Note geführt haben. Keine Warum-Fragen, das weiß das Kind selbst nicht, sondern: Wie ging's dir während der Klassenarbeit? Hast du die Aufgaben verstanden? Hat die Zeit gereicht? Was war schwer? Gab's auch etwas Leichtes? Und langsam nähert sich das Kind seinen Gefühlen und Gedanken.

Gelassenheit gilt auch bei schlechten Noten. Ein Dritt-Klasskind sagte auf die Ermahnung sich mehr anzustrengen: Wieso, das langt doch in der 4. Klasse. Das sagen auch die erfahrenen Schülerinnen und Schüler von krätzä e.V. in Berlin: Wenn du nicht am Durchfallen bist oder einen Übertritt schaffen musst, sind Noten egal. Viel wichtiger ist, wie Ihr Kind sich fühlt: Pech gehabt? Ein Missgeschick? Nicht aufgepasst und nichts gelernt? Meist steckt hinter diesen Verhaltenweisen absolute Abneigung gegen das Fach: Es ist sooo langweilig. Das teilen Sie der Lehrperson mit: „Mein Sohn/Meine Tochter kann nicht lernen, weil Sie so langweilig unterrichten." Obwohl der Sachverhalt so ist, sagen Sie das nicht.

Machen Sie freundliche Vorschläge für Unterrichtsmethoden, die alle die Aktivierung der SchülerInnen zum Ziel haben und die Lehrperson entlasten. „Kinder sind gerne aktiv und wollen nicht nur zuhören." Sie können vorschlagen, die Lehrperson möge den Stoff der nächsten Stunden in Häppchen portionieren und den SchülerInnen als Gruppenarbeit übergeben, die die Ergebnisse in kleinen und kurzen Arbeitsblättern und Zeichnungen oder auf Folien oder Powerpoints präsentieren. Oder für Mathematik: Die nächsten Aufgaben in Vierergruppen bearbeiten, nach dem Prinzip Schüler helfen Schülern. Diese Arbeiten sind auch für Grundschulkinder möglich, das zeigen Reform- und innovative Schulen. Möglich wäre auch eine Studentin zu finden, die ein Praktikum machen will oder eine pensionierte Lehrperson als Assistentin oder Sie verweisen auf Klippert[28] oder einen anderen Methodenguru ... Die Situation zeigt: Zwei Lehrpersonen, die sich ergänzen, sind wichtiger als kleine Klassen.

Schwieriger bei schlechten Noten ist es, wenn Ihr Sohn/ Ihre Tochter sich unsicher im Stoff fühlt. Gemeinsam, und hier auch mit der Lehrperson überlegen, was zu machen ist. Leider wird die Hilfe der Lehrperson sich bald erschöpfen in der Empfehlung von Nachhilfe-Unterricht. Jeder 8. Schüler nimmt Nachhilfe (12,2%), mehr als 1 Mrd. Euro jährlich geben Eltern dafür aus.[29]

Transparenz der Notengebung – darauf sollten Sie immer achten. Trotz allen pädagogischen Ermessens der Lehrperson (oder Willkür) muss sie nachvollziehbar und dokumentiert sein. Vor allem in den weiterführenden Schulen werden den SchülerInnen Erwartungshorizont und Notenschlüssel mitgeteilt. Schon bei den Aufgabenstellungen erfahren sie, wie viele Punkte zu erreichen sind.

[28]
Heinz Klippert,
Methodentraining,
8. Auflage 2009

[29]
K. und A. Klemm,
Bertelsmann Stiftung
Jan. 2010

Gespräche mit LehrerInnen: Gelassenheit. Die zu wahren, ist, wenn es um das eigene Kind geht, schwierig. Aber es ist das einzige, was hilft. Wenn Sie auf die Lehrperson eindonnern, wird sie je nach Temperament zurückdonnern oder Sie kühl abblitzen lassen. In jedem Fall haben Sie verloren.

Für Gespräche bereiten Sie sich vor: Was wollen Sie herausbringen? Was ist Ihr Ziel? Reden Sie nicht viel. Stellen Sie Fragen und beobachten Sie. Lassen Sie die Lehrperson reden. Fallen Sie ihr nie ins Wort, warten Sie. Wenn Sie das Gefühl haben, die Lehrperson, die sich immer ein bisschen schuldig oder unsicher fühlt (ohne das zu zeigen), hat alles gesagt, was sie auf dem Herzen hat, dann sprechen Sie. Gut vorbereitet und sachlich, und Sie bestehen darauf, dass es Aufgabe der Lehrperson ist, Ihre Tochter/Ihren Sohn zu guten Leistungen zu führen. Es ist der Job der Lehrer. Daran machen Sie deren Professionalität fest. Ihre Tochter/Ihr Sohn mag schwierig sein. In jedem Beruf gibt es schwierige Fälle. Die gilt es zu bewältigen. Die Verantwortung dafür abzuschieben, ist in den meisten Berufen unmöglich. Stellen Sie sich einen Arzt vor, der sagt: Die Operation ist mir zu schwierig, die mach ich nicht. Die Förderung Ihres Kindes ist Aufgabe der Lehrperson. Nicht Ihre und nicht die der Nachhilfe-Institute.

Die Angst mancher Eltern, Kritik an LehrerInnen könnte negative Folgen für ihr Kind haben, ist unbegründet. Keine Lehrperson hat Interesse an nervenaufreibenden Auseinandersetzungen. Will sie also dem Kind wieder eine schlechte Note erteilen, wird sie diese sehr genau überlegen und sehr gut absichern. Eltern erreichen also eher eine vorsichtige Behandlung des Kindes als eine Bestrafung.

Leider gibt es Situationen, in denen eine einvernehmliche Lösung nicht möglich ist. In der Grundschule, in der noch sehr kleine Arbeiten verlangt werden, kann z.B. in einem Diktat, das an sich schon eine problematische Leistungskontrolle ist, ein Fehler eine Notenstufe ausmachen. Fünf Fehler gleich Note Fünf. Oft ist diese strenge Vorgehensweise bei Kindern, die vor kurzem noch Analphabeten waren, unverständlich. Es kann sein, dass Sie nichts erreichen, da LehrerInnen wegen ihres pädagogischen Ermessens eine nicht normierte Gestaltungsfreiheit haben. Sie wenden sich an nächst höhere Instanzen: FachbetreuerIn, SchulleiterIn, Schulrat/Schulrätin, Ministerialbeauftragte/r (MB). Für Sie ist es gut, wenn Sie zu zweit auftreten, gegebenenfalls mit jemandem aus dem Elternbeirat. Je weniger sich diese Instanzen angegriffen fühlen und je souveräner sie reagieren können, desto eher ist eine Einigung möglich. Wenn nicht, bleibt der Weg an die Öffentlichkeit oder zum Rechtsanwalt. Im Gegensatz zu Lehrern, denen als Beamte enge Grenzen gesetzt sind, können sich Eltern und Elternbeiräte jederzeit an die Medien wenden, und sie werden mit einem gut begründeten Fall Gehör finden. Oft ist der Weg zu den Medien, die zur Zeit kaum positiv über unser Bildungssystem berichten, wirksamer als der zum Rechtsanwalt. Rechtsanwälte können traditionell bei Notenkonflikten nur Formalfehler bearbeiten: Ankündigung, Dauer und andere Umstände der Klassenarbeit, den Schwierigkeitsgrad zu beurteilen, ist kaum möglich. Aber Eindeutigkeit der Fragestellung, wurde gefragt, was im Unterricht durchgenommen wurde, Anzahl der Arbeiten und Notenschnitt in der Parallelklasse oder Herkunft der plötzlich aufgetauchten schlechten Noten sind bedeutsame Aspekte. Ebenso Fehlzeiten der Lehrperson oder häufiger Wechsel von Lehrpersonen.

Diese Probleme sind Folge eines Schulsystems, in dem es primär um Einsortierung der Kinder geht. Sie können innerhalb dieses Systems letztlich nicht gelöst werden. Eine andere Schule, die ihre Aufgabe primär darin sieht, Kinder in der Entfaltung ihrer Fähigkeiten zu fördern, kann nur durch politische Aktivität erreicht werden. Hier haben Sie als Eltern eine große Verantwortung und großen Einfluss. Die Schulministerien haben Respekt vor Eltern. Deren Möglichkeiten der Kritik in der Öffentlichkeit sind größer als die von Lehrern.

Vertrauen in Ihr Kind brauchen Sie, wenn Sie einigermaßen vernünftig mit unvernünftigen Noten umgehen wollen, und Vertrauen in Ihr Kind brauchen Sie, wenn Sie sich eine demokratische Schule (fast) ohne Noten vorstellen. Wie soll das gehen, Lernen ohne Noten? Gegenfrage: Glauben Sie, Ihr Kind will dauernd

Analphabet und unwissend sein? Wie soll das gehen, Lernen nach Interesse? Dann macht mein Kind nur Spiele und Musik. Stellen Sie sich das einmal ernsthaft vor: Jeden Tag Spiele und Musik. Der Pädagoge Falko Peschel stellte eine Liste der häufigsten Elternfragen zum Offenen Unterricht auf. Eine von ihnen lautet: Was ist mit Kindern, die in einem Fach überhaupt nichts machen? Seine Antwort lesen Sie im Anhang.

Viele Mütter, aber auch Väter glauben vor allem ihre Grundschulkinder zu unterstützen, indem sie sehr viel für sie tun: Bei den Hausaufgaben daneben sitzen, Schrift monieren, Fehler verbessern, noch mal abschreiben lassen, abfragen, wiederholen, üben, Hefte kontrollieren, Schulranzen kontrollieren oder packen, und und und. Im Wesentlichen fördern Sie die Unselbständigkeit Ihres Kindes. Beispiele: Statt es in die Schule zu bringen, weil der Weg so gefährlich ist, sollten Sie gemeinsam das Verhalten an den schwierigen Punkten üben und das Kind schließlich vertrauensvoll alleine gehen lassen. Den Sportsack tragen Sie ihm nicht nach. Nach kurzer Zeit wird Ihr Kind den Sack nicht mehr vergessen.

Das Lernen mit dem Kind kann das Gegenteil dessen bewirken, was Sie beabsichtigen: Es kann sein, dass Ihre Lernstrategien mit denen Ihres Kindes überhaupt nicht übereinstimmen und Sie Blockaden statt Lernleistung hervorrufen. Mit den Folgen: Tränen, Verzweiflung, Zorn und Schwächung des Selbstbewusstseins Ihres Kindes. Schlimmstenfalls können Sie Schulverweigerung hervorrufen (Lehrer natürlich auch).

Es gibt verbotene Fragen. Eine davon ist: Wie war's in der Schule? Wie die Antwort auf diese täglich gestellte Frage ausfällt, erleben Sie ja selbst. Wenn Sie sie aber nicht täglich und zudem ernsthaft stellen und sich Zeit nehmen für Nachfragen und voller Neugier zuhören, dann werden Sie die tollsten Geschichten erfahren und können einsteigen, vom Irrsinn Ihrer Schulzeit zu erzählen ...

Eine verbotene Frage: Wie war es in der Schule? Sie ist nicht verboten, wenn Sie von Ihrer Schulzeit erzählen.

Natürlich können Sie Ihr Kind abfragen und mit ihm wiederholen und pauken – wenn Ihr Kind Sie darum bittet. Wenn Sie nicht nur abfragen, sondern sich auch für die Inhalte interessieren und darüber sprechen und eigene Gedanken einbringen, - plötzlich sind Sie in einem intensiven Gespräch, auf Augenhöhe, und Sie denken beide und lernen beide. Wie Sie sich denken können, mehr als wenn Sie nur abfragen. Wenn Sie nicht als Pädagogin/als Pädagoge über Ihrem Kind stehen, dann können Sie viel machen. Dann können Sie ihrem Kind auch lachend sagen: Idiot! und ihm erzählen, wie Sie selbst sich gestern oder heute idiotisch verhalten haben. Sie können gegen (fast) alle Regeln verstoßen, wenn Sie das Einverständnis Ihres Kindes haben. Und Sie sich beide lustig machen über – das, worüber Sie beide so lachen. Inkonsequenz macht klug. Das Spielen mit Normen macht klug. Dann kann Ihr Kind unterscheiden, wann die Befolgung angebracht ist, wann nicht.

Entscheidend ist, dass Sie sich wirklich dafür interessieren, was Ihr Kind in der Schule macht und ihm Raum lassen, darauf zu reagieren oder nicht. Aber auch Sie haben Wahlfreiheit. Sie haben das Recht zu sagen: Geh du mal in die Schule und mach dein Ding. Zu unterscheiden: Ihr Job, der Job Ihres Kindes, der Job der Schule/LehrerInnen. Natürlich ist es schön, wenn Sie sich mit der entsprechenden Achtung für den Job Ihres Kindes interessieren.

Es lohnt sich aber auch, sich nicht nur für das eigene Kind zu interessieren, sondern an der demokratischen Entwicklung der Schule mitzuarbeiten. Einer Schule, in der alle Kinder sich in ihrer Vielfalt kennen lernen, mit und von einander lernen können, um so die Vielfalt der Welt zu erfahren. Dazu ist Ihre Vernetzung in der Gemeinschaft der Schule wichtig, in der Klasse Ihres Kindes, beim Elternbeirat, bei den Lehrenden und bei klugen Projekten der Schule. Durch Zusammenarbeit werden Probleme produktiv gelöst, und die vielen Kompetenzen, die in einer Schule versammelt sind, können sie zu einem Zentrum von demokratischem Denken und Menschlichkeit machen. Ziel ist, dass nicht mehr die Schulart die entscheidende Rolle spielt, sondern das, was und wie die SchülerInnen in dieser Schule lernen (mit den angebotenen Abschlüssen der Mittleren Reife und des Abiturs). Wie der Reformpädagoge Otto Herz sagt: In einer Schule, in der die Welt zu Hause ist.

48.
Fünfter Brief an Lernende

Liebe Schülerinnen, liebe Schüler,
ihr denkt ja so oft, dass ihr allein die Verursacher eurer Leistungen seid. „Ich bin halt da nicht so begabt!" Das stimmt ja gar nicht! Die Umstände beeinflussen euer Lernen. Unter guten Umständen lernt sich's gut. In Schulen, in denen ihr nicht als abzufüllende Objekte behandelt werdet, sondern mit Achtung, auf Augenhöhe und mit einer selbstkritischen Haltung der LehrerInnen, in Schulen, in denen ihr euch einbringen könnt, eure Ideen, eure Kritik, euer Anders-haben-wollen, in einer Schule, in der der Lehrplan nicht als unbeweglicher Gott vor euch steht, dem ihr euch unterwerfen müsst, sondern in der Lernen als ein gemeinsamer Prozess geplant, diskutiert und immer weiter entwickelt wird, in so einer Schule könnt ihr besser lernen. Ihr könnt entscheiden: Ich mache jetzt das (und nicht jenes) allein oder mit der und dem, an dem und dem Ort, in der und der Zeit. Das Ergebnis meiner Arbeit präsentiere ich so und so.

Die Bewertung der Arbeit geschieht nicht durch eine vom Lehrer erteilte Note, in der ihr die Hinnehmenden seid. Die Bewertung wird eine Besprechung zwischen dir und dem Lehrer, und ihr denkt gemeinsam nach, was wie gelaufen ist, warum es so gelaufen ist, was schwierig war, was leicht, und ihr erkennt durch das Gespräch, was ihr hättet anders machen können und worauf ihr bei der nächsten Arbeit achtet, oder was euch aus welchen Gründen sehr gut gelungen ist. Ihr merkt: Das Gespräch wird selbst zum Lernprozess.

Lernen und das Nachdenken über Lernen ist wie ein Zopf, in einander verflochten, und in beides seid ihr verwoben, ins Lernen und ins Nachdenken übers Lernen. Ihr seid die Macher, ihr seid die Verantwortlichen. Eine große, aber auch beflügelnde Umstellung. Ihr seid nicht mehr die passiven Zuhörer oder träumenden Nicht-Zuhörer, in den Stuhl gelehnt, Beine unterm Tisch ausgestreckt, müdes Lächeln zum Lehrer: Ach, fragen Sie uns doch ab! Natürlich steht ihr jetzt, neben eurem Produkt, neben eurem Lehrer, auf Augenhöhe, und redet über den vergangenen Arbeitsprozess und auch über den zukünftigen. Natürlich ist es mehr Arbeit, auch für eure Lehrer ist es mehr Arbeit, aber sie befriedigt mehr. Könnt ihr euch vorstellen, dass ihr mehr lernt?

Natürlich wird die Schule eure Schule, natürlich richtet ihr das Klassenzimmer nach euren Bedürfnissen ein. Natürlich geht ihr ins Lehrerzimmer und natürlich erläutert ihr euren Standpunkt vor der Lehrerkonferenz. Natürlich ist eine/r eurer SprecherInnen bei den Elternbeiratssitzungen dabei und hört nicht nur zu, sondern bringt sich auch ein. Natürlich finden Elternsprechabende zu dritt oder zu viert statt – Mutter, Vater, Lehrer und du. Natürlich sagen finnische Schüler nicht mehr, ihr seid kindisch.
Wie gesagt: In einer guten Umgebung lernt sich's gut. Jetzt seid auch ihr für die Umgebung verantwortlich. Claro?

Gauß und Humboldt denken nach

Ein Schriftsteller, der unser Schulsystem durchlaufen hat,
sieht sich mit der empirischen Wissenschaft konfrontiert,
wie sie misst und zählt und rechnet und vergleicht, wie
sie in Diagrammen, Statistiken, Tabellen und Büchern
darstellt, was sie gemessen, gezählt, gerechnet und
verglichen hat.

Dieser Schriftsteller lässt den Mathematiker Gauß sagen:
„Der Tod würde kommen als eine Erkenntnis von
Unwirklichkeit. Dann würde er[30] begreifen, was Zeit und
Raum waren, was die Natur einer Linie, was das Wesen
einer Zahl."[31]

[30]

Gauß

[31]

Kehlmann, 2006, 282

Aber Humboldt, den Weltenwanderer, der sich in einer
knarrenden Kutsche befindet, zurückkehrend von einer
Forschungsreise durch Russland, ständig bewacht
von zaristischen Wächtern und nun bewacht von
preußischen Wächtern, den Weltenwanderer Humboldt
lässt der Schriftsteller sagen, er werde alle Tatsachen
aufschreiben, „jede Tatsache der Welt, enthalten in einem
einzigen Buch, alle Tatsachen und nur sie, der ganze
Kosmos noch einmal, allerdings entkleidet von Irrtum,
Phantasie, Traum und Nebel; Fakten und Zahlen, sagte er
mit unsicherer Stimme, die könnten einen vielleicht
retten."[32]

[32]

Kehlmann, 2006, 293

Anhang

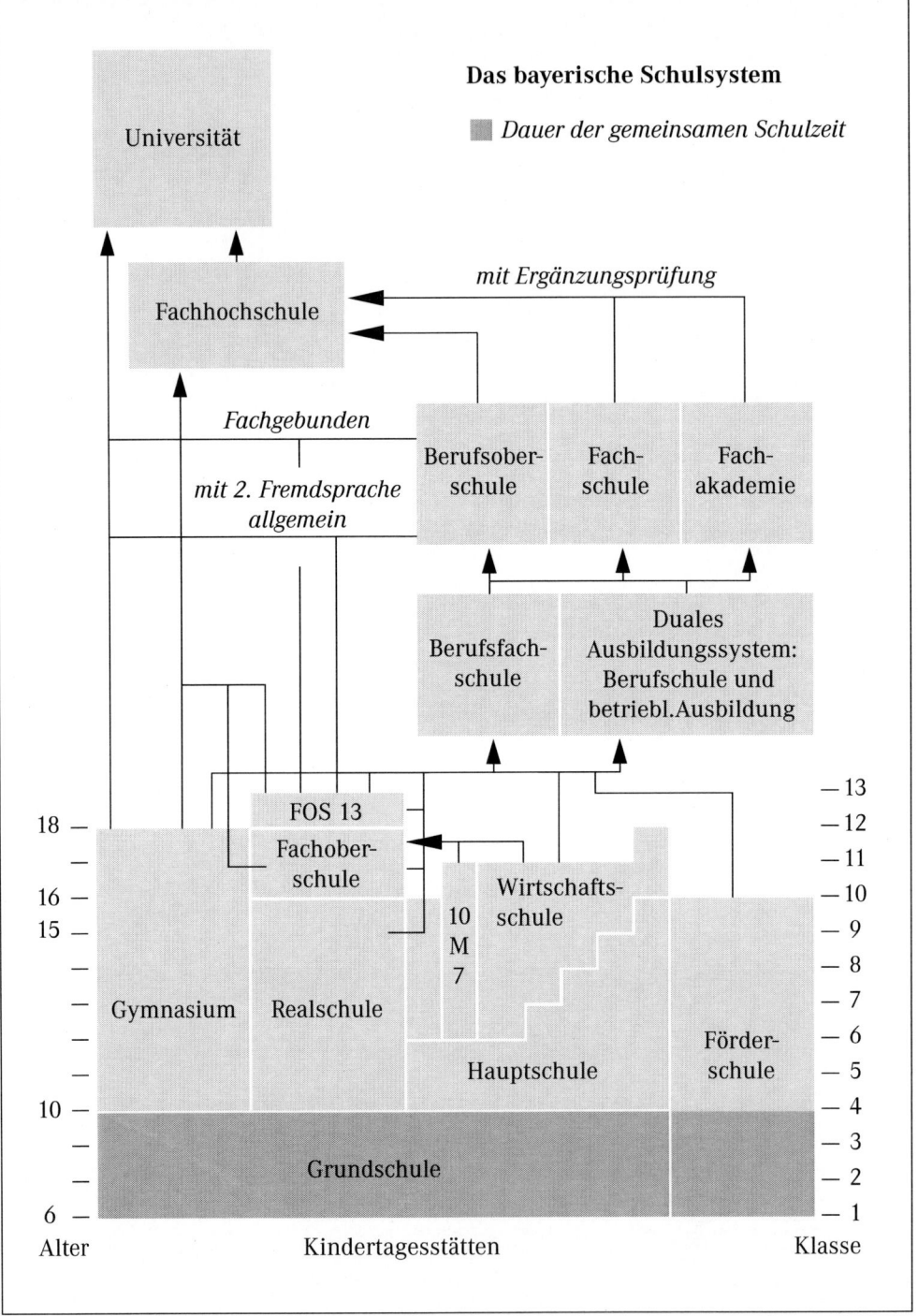

Das bayerische Schulsystem

Dauer der gemeinsamen Schulzeit

Universität

Fachhochschule

mit Ergänzungsprüfung

Fachgebunden

mit 2. Fremdsprache
allgemein

Berufsober-schule

Fach-schule

Fach-akademie

Berufsfach-schule

Duales
Ausbildungssystem:
Berufschule und
betriebl. Ausbildung

FOS 13
Fachober-schule

10
M
7

Wirtschafts-schule

Gymnasium

Realschule

Hauptschule

Förder-schule

Grundschule

18 —
—
16 —
15 —
—
—
—
10 —
—
—
6 —

Alter

Kindertagesstätten

— 13
— 12
— 11
— 10
— 9
— 8
— 7
— 6
— 5
— 4
— 3
— 2
— 1

Klasse

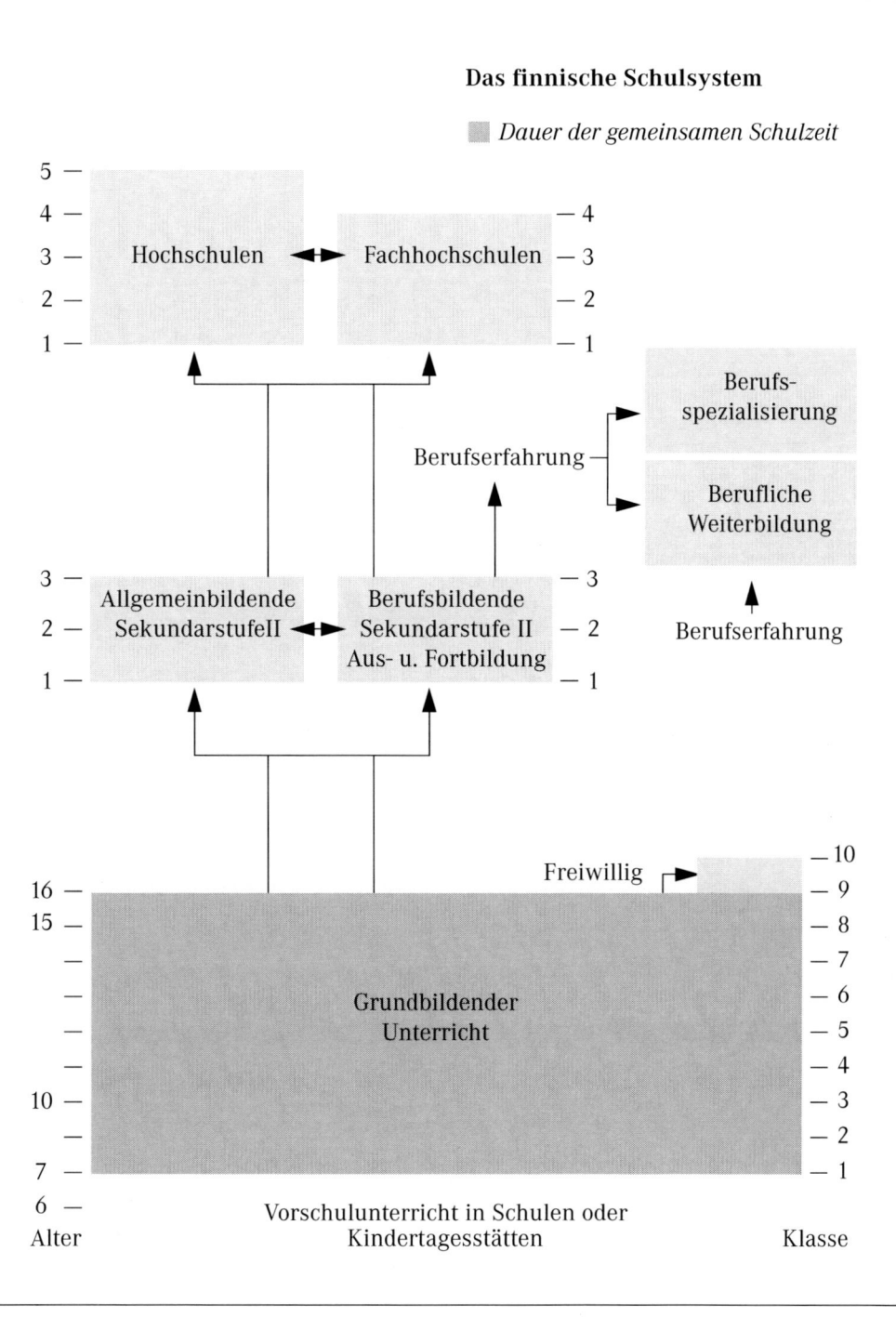

Das finnische Schulsystem

Dauer der gemeinsamen Schulzeit

Hochschulen ◄► Fachhochschulen

Berufserfahrung

Berufs-spezialisierung

Berufliche Weiterbildung

Allgemeinbildende SekundarstufeII ◄► Berufsbildende Sekundarstufe II Aus- u. Fortbildung

Berufserfahrung

Freiwillig

Grundbildender Unterricht

Vorschulunterricht in Schulen oder Kindertagesstätten

Alter

Klasse

Kosten des „Sitzenbleibens"

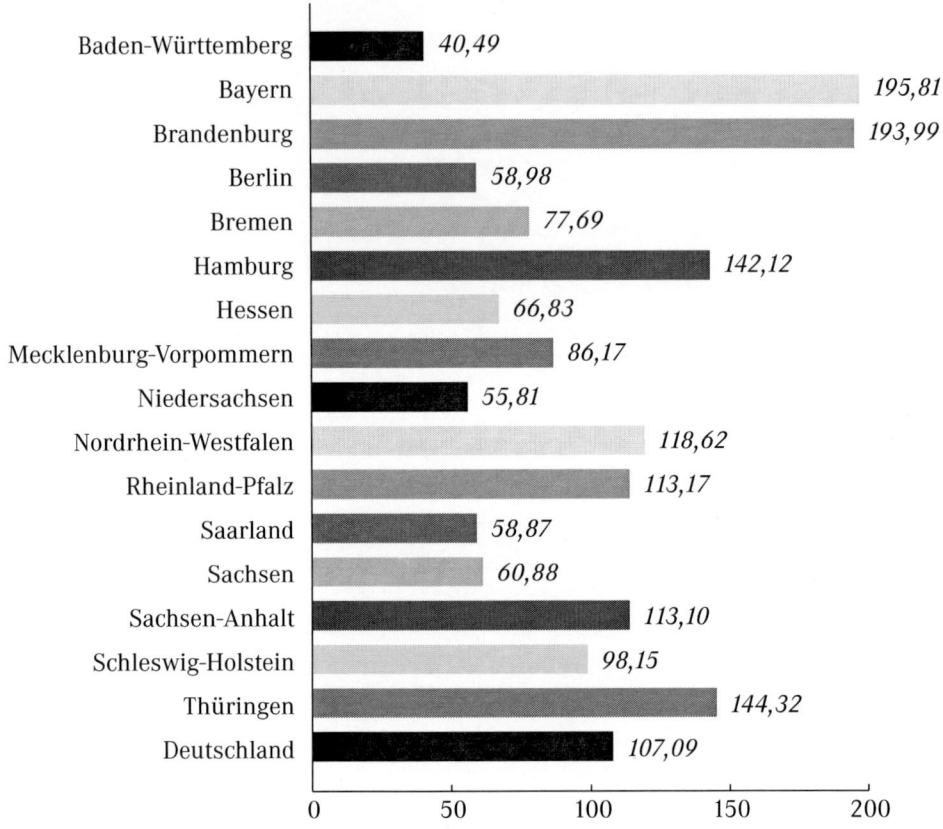

Bundesland	Kosten
Baden-Württemberg	40,49
Bayern	195,81
Brandenburg	193,99
Berlin	58,98
Bremen	77,69
Hamburg	142,12
Hessen	66,83
Mecklenburg-Vorpommern	86,17
Niedersachsen	55,81
Nordrhein-Westfalen	118,62
Rheinland-Pfalz	113,17
Saarland	58,87
Sachsen	60,88
Sachsen-Anhalt	113,10
Schleswig-Holstein	98,15
Thüringen	144,32
Deutschland	107,09

** Ausgaben für Klassenwiederholungen dividiert durch
die Anzahl aller Schüler/innen an allgemeinbildenden
Schulen je Bundesland.
Quellen: Eigene Berechnungen basierend auf Tabelle 6
und Statistisches Bundesamt, Fachserie 11, Reihe 1,
2007/08, S. 18ff., Bertelsmann Stiftung*

Um die Bundesländer überhaupt vergleichen zu können
– bevölkerungsreiche mit vielen Schülern und kleine
mit wenigen Schülern oder Stadtstaaten – wurden die
jährlichen Ausgaben für Klassenwiederholungen in
den einzelnen Bundesländern zu allen Schülerinnen
und Schülern an allgemein bildenden Schulen in dem
jeweiligen Bundesland ins Verhältnis gesetzt.

„Sitzenbleiben" kostet eine Milliarde Euro
Klassenwiederholungen – teuer und unwirksam

Eine Studie des Bildungsforschers Klaus Klemm, in Auftrag gegeben von der Bertelsmann Stiftung 2009, stellt fest: Wiederholen bringt den Wiederholenden nichts. Sie pendeln sich wieder auf dem gleichen niedrigen Leistungsstand vor der Wiederholung ein. Und der ist niedriger als der von Schülern gleicher Leistungs-kompetenz, die nicht wiederholt haben. Auch die stärkeren Schüler profitieren nicht vom Aussortieren der schwächeren Schüler. „Das Bemühen um die Herstellung tendenziell leistungshomogener Lerngruppen wirkt damit nicht leistungssteigernd."

Das zeigt sich auch im internationalen Vergleich. Sowohl die schwächsten Schüler, die v.a. in Hauptschulen lernen, als auch die stärksten, v.a. in Gymnasien, bleiben „deutlich hinter den Altersgleichen anderer Länder mit weniger ausgeprägt leistungshomogenen Lerngruppen zurück." (S.8) Intelligente heterogene Unterrichtsarrangements sind offensichtlich denen eines aussondernden Unterrichts überlegen. Die Überlegenheit heterogener Lerngruppen zeigt sich in Deutschland aber auch in innovativen Gesamtschulen, die geringe Wiederholerquoten und überdurchschnittliche Landesergebnisse erreichen wie die IGS Bonn Beuel oder die Jenaplan Schule und andere.

Die Studie zeigt auf:
• etwa eine Viertelmillion Schüler musste im Jahr 2007/08 eine Klasse wiederholen

• die Wiederholerquote der Länder ist sehr unterschied-lich: von 1,7 Prozent in Baden-Württemberg (niedrigste Quote) bis zu 3,6 Prozent in Bayern (höchste Quote)

• die Wiederholerquote der Schularten ist sehr unter-schiedlich: von 1,3 Prozent in den Grundschulen (niedrigste Quote) bis 5,0 Prozent in den Realschulen (höchste Quote).

Die PISA-Studie 2003 zeigt auf: In keinem anderen Land der Welt wird „Sitzenbleiben" so häufig praktiziert wie in

Deutschland – ein knappes Viertel der Fünfzehnjährigen hat mindestens einmal eine Klasse wiederholt. Eine FORSA-Umfrage 2006 zeigt auf: 66 Prozent der Deutschen halten Sitzenbleiben für sinnvoll.

Jörg Dräger, zuständig für Bildungsprojekte der Bertelsmann Stiftung, sagt in einer Pressemitteilung vom 3.9.2009, die Milliarde, die das Sitzenbleiben jährlich kostet, könne erheblich besser investiert werden in individuelle Förderung der Schüler, vor allem in unteren Klassen, wenn Lücken und Demotivation noch nicht so groß sind. Die Forderung der Schulministerien und Schulleiter an die Lehrer, die Wiederholerquote zu senken, ohne Geld und andere Ressourcen zur Verfügung zu stellen, ist zynisch. Daher:

Eine Milliarde Euro statt in Sitzenbleiben in individuelle Förderung investieren!

Exklusion	Integration	Inklusion

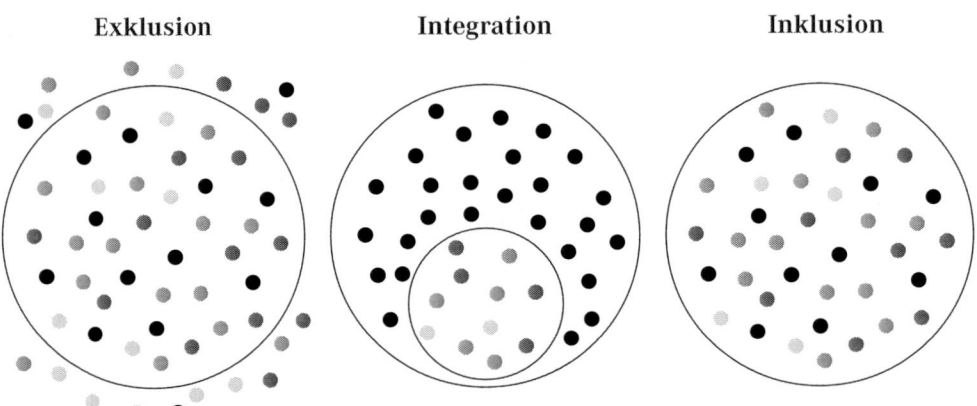

Integration und Inklusion Seit Deutschland die UN-Menschenrechtskonvention 2009 unterzeichnet hat und Übersetzungsprobleme auftraten, werden der bisher in Deutschland übliche Integrationsbegriff und der neue aus dem Angelsächsischen kommende Begriff Inklusion diskutiert. Das Menschenbild der Inklusion betont, dass alle Menschen gleich und alle verschieden sind.

Während Integration von einer Mehrheitsgesellschaft ausgeht, in die die „Anderen" aufgenommen und eingegliedert werden (lat. integrieren = in ein übergeordnetes Ganzes einfügen), umfasst das inklusive Menschenbild von vorne herein alle Menschen in ihrer individuellen Verschiedenheit. Philosophisch gesehen ist der Dualismus „normal – nicht normal" und folglich „behindert – nicht-behindert" aufgelöst. Jeder Mensch gilt in seiner Art gleich.

Für das Bildungssystem heißt das: individuelle Entwicklungsmöglichkeiten für jedes einzelne Kind nach dem Grundsatz: Jedes Kind ist einzigartig. Nicht: Förderung der Schwachen, sondern: gute Lernbedingungen für alle.

Was das Abitur so bringt – Notenschnitte der Leistungskurse in Bayern

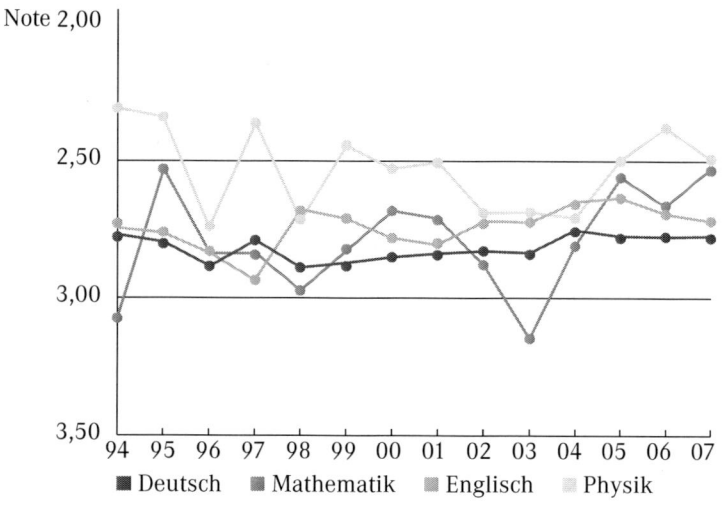

Quelle: Bayerisches Staatsministerium für Unterricht und Kultus 1994-2007.

Was sagt uns diese Grafik? Über die Fächer und ihre Gegenstände? Über Benotung? Über Fragestellung? Über Noten überhaupt?

Essays

Christoph:

Lautes Reden, ich sitze auf meinem Stuhl in der hinteren Ecke des Raumes und starre gebannt zur Tür -

Irgendwie ahne ich, dass es diese Stunde passiert
Hoffentlich ist er krank, kommt nicht, ich will nicht, nicht heute, lass mich noch einen Tag in Ungewissheit bitte, komm nicht.
Hoffnung ist Lebenselixier, wie Wasser.
Neben mir erzählt ein Freund euphorisch, dass er nächstes Jahr endlich kein Bio mehr hat, aber leider wohl nur mit einer 3 abschließen kann, weil er krank war, als die letzte Schularbeit geschrieben wurde.
Der hat Sorgen, Mann! Der hat überhaupt keine Ahnung was es eigentlich bedeutet jetzt schon ans nächste Schuljahr denken zu können.
NEEEIN
Die erste Hoffnungsbarriere bricht
Der Lehrer rauscht durch die Tür

So, guten Morgen

Er hat sie vergessen, er ist noch nicht fertig mit der Korrektur, bitte. bitte lass mich noch dieses Wochenende Spaß haben mit der Hoffnung es doch noch zu schaffen

GUTEN MORGEN

allmählich legt sich gespannte Stille über den Raum

Also ihr wisst ja, das Schuljahr dauert nicht mehr lange und für ein paar war diese Ex die letzte Möglichkeit weiterzukommen
Leider hat es nicht bei allen geklappt aber dazu später, jetzt kommt erstmal die Verbesserung.

Aus, alles aus
Stimmen erheben sich, die das Blatt von der
Verbesserung haben wollen, damit sie wissen, was sie
falsch gemacht haben- Scheiße man
Ist mir doch egal was Falsches oder Richtiges auf dem
Blatt steht, das Einzige was zählt ist die Zahl, die rechts
oben über dem Namen!

Verbesserung der 4ten Extemporale aus der Chemie
Die erste Aufgabe war ein Geschenk, wie man da was
verkehrt machen kann ist mir ehrlich gesagt unbegreiflich,
aber es gibt hier echt solche Helden

Ausschalten
Einfach auf den Knopf drücken wie bei einem PC, und
weg. Alles würde ich jetzt für so einen Schalter an
meinem Kopf geben.
Alles! Nichts mitbekommen

Ja die 1. hab ich falsch gemacht. Ende
Scheiße wieso gibts hier nirgends einen Knopf

Wieso ich?
Bis zur 7. war alles gut, ok der beste Schüler war ich
nicht, aber am Ende des Jahres war Durchfallen nie ein
Thema. Bis irgendwann in der Achten
Da ist etwas zerbrochen, kaputt gegangen.
In mir
Oder etwas ist verstopft und jetzt kann es nicht mehr
fließen. Das Schreiben bei Exen und Schulaufgaben
Seitdem versage ich regelmäßig, wenn ein Blatt vor mir
liegt, das verlangt beantwortet zu werden.
Es kommt einfach nichts Richtiges raus aus mir
In so einer Situation
Und ICH KANN NICHTS MACHEN
Scheiße Scheiße

Die 2. Aufgabe war schon besser, gut

Ausfragen geht halbwegs,
aber immer diese weißen Blätter, diese auseinander
geschobenen Tische, die gespannte Atmosphäre
Dann ist alles weg
ALLES

Wieso passiert mir so was
Wenn das hier nicht klappt ist wieder ein Jahr im Arsch
Ein kostbares Lebensjahr. Dabei hab' ich soviel vor.
Südamerika oder Afrika bereisen. Weg in die Ferne
Dann in eine kleine Wohnung ziehen und Tiermedizin
oder Journalistik studieren

Aufgabe Nummer 3, da haben sich viele noch mal gerettet,
komisch

was hab ich da geschrieben, verdammt, was? bin ich
einer von den Angesprochenen?

Die Wohnung würde meine Mutter zahlen, aber mit
solchen Noten. Da lacht sie nur
Und Journalistik studieren? Pustekuchen
Dabei bin ich nicht faul, sondern lerne und lese viel
Sehr viel, mehr als die meisten in meiner Klasse
Und gerne
Und Unterricht finde ich spannend, ich stell den Lehrern
oft Fragen, die sie selber nicht beantworten können

Ich würde Ihren Sohn ohne Probleme versetzen, er ist
sehr interessiert, beteiligt sich massiv am Unterricht und
ist eine große Bereicherung
Aber wir sind eine staatliche Lehranstalt und wir sind
an die Regeln gebunden, die uns das Kultusministerium
vorschreibt
Tut mir sehr Leid
Hat Ihr Sohn Probleme?
Warn Sie schon mal beim Psychologen -

Und die letzte Aufgabe war dann noch der Bonus.
Insgesamt ein Schnitt von 2,9, viermal die 1

Alles Kacke mir gehts ganz gut, ich weiß bloß nicht was
mit mir los ist. Verdammt wieso schaffen es Leute, die
eigentlich viel schlechter sind als ich, aber ich nicht?
Dabei will ich so viel machen.
Noch mal ein Jahr verlieren, EIN JAHR

Und leider auch dreimal die 6
Also ich teile sie jetzt aus, sie ist nicht nach Noten geordnet
Scheiße, alles vorbei

Jackie:

Wirklichkeit und Visionen

Angst ... riesige, unbekämpfbar scheinende, nicht enden
wollende Angst ...

Rundblick durch die Klasse – ... alle schreiben wie verrückt
und kritzeln auf den Schulaufgabenblättern herum ...

Wo ist meine Konzentration? Oh je, Herr X schaut schon
wieder so, als würde er meine Angst wittern ... und bei
Rückgabe kommt dann wieder so ein Kommentar wie
beim letzten Mal ..."Na, merken Sie nicht langsam, dass
Sie nun mal nicht so gut in der Schule sind, um sich auch
noch in der Bildungspolitik zu engagieren?"... Genau
dann stehe ich schon wieder so dämlich da, vor meiner
Klasse, vor meinem Lehrer und vor meiner Mum.

Es klingelt - Abgabe ... innere Wut ... Alles-umsonst-
Gedanken ... mit Selbstvorwürfen wird alles in die Tasche
geschmissen und dann nix wie raus ...
Warum fällt es mir oft so schwer mich für den Unterricht
zu begeistern?

Als ich wieder mal am Boden zerschlagen nach einer
schlechten Note das Klassenzimmer verlassen will, da
fragt mich doch mein Lieblingslehrer, was ich denn
überhaupt machen will, wenn ich mit der Schule fertig
bin, ... meine ehrliche Antwort scheint ihn keineswegs zu
verwundern ... ganz im Gegenteil, er unterstützt mich!

Allgemein gesehen, wage ich die Behauptung
aufzustellen, dass viele SchülerInnen den Lerneifer
verlieren, weil fast kein Lehrer - und unser Schulsystem
schon gar nicht –auf uns SchülerInnen eingeht!

Uns wird dadurch alles genommen, was wir haben ...
unsere Fähigkeiten zu wünschen, zu träumen, zu hoffen,
zu glauben, zu vertrauen ... Wir haben noch nicht viel,
wir lernen noch, wir wachsen noch, wir sind noch
lange nicht fertig ... aber der Raum für diese Prozesse
fehlt an den Orten, an denen wir die meiste Zeit unsrer
Entwicklung verbringen: in der Schule! Und genau an der
Stelle muss ich kurz mein Lieblingszitat von Otto Herz
zitieren: „Schule ist eure Lebenszeit ... lasst sie euch von
niemandem nehmen!"

Felix:

NOTEN?
Egal ! ?

Von jedem wird das Gleiche erwartet, egal ob man
begabt ist oder nicht, egal ob man es begriffen hat oder
nicht, egal ob man es will oder nicht. Jeder muss es in
derselben Zeit erledigen, egal wie alt, egal wie trainiert,
egal wie ausgeruht. Jeder bekommt für eine Antwort nur
eine gewisse Anzahl Punkte, egal wie viel man weiß. Und
wenn nach der Meinung gefragt wird, darf diese nicht
im Widerspruch zu dem stehen, was man im Unterricht
vermittelt bekommen hat.

Jeder bekommt die gleichen Noten. Egal, ob er gerade
um einen geliebten Menschen trauert, Kummer hat, sich
verliebt hat, sich sozial oder gesellschaftlich engagiert
oder in einer schwierigen Familie lebt. Die Menschen
als Individuum sind bei der Notengebung egal. Egal
ist es auch, dass für zwei identische Leistungen oft
verschiedene Noten vergeben werden.

Aber was für Noten man hat, ist eben nicht egal; sie
entscheiden über unsere Zukunft. Wenn man einen
Job sucht, wird man nicht gefragt „Was können Sie?",
sondern „Was haben Sie für Noten?".

Hat man schlechte Noten, hat man also auch schlechte
Lebenschancen.

Aber das ist auch egal.

Kinder der 6. Klasse
an einem Gymnasium zum Thema:
Wir bekommen die Klassenarbeit/Schulaufgabe zurück

Kira:

Noch fünf Minuten bis die Geschichtsstunde aus
ist. Danach haben wir Mathe und bekommen die
Schulaufgabe heraus. Andauernd schaue ich nervös auf
die Uhr, doch die Zeit kriecht wie im Schneckentempo
dahin. Ich brauche in Mathe eine Eins, sonst schaffe ich
keine Zwei mehr ins Zeugnis. Doch dass ich das nicht
hinkriegen werde, ist mir völlig klar. Der Lehrer labert
irgendein langweiliges Zeug, ich schaue wieder auf
die Uhr. Noch genau zwei ganze Minuten. Dann läutet
es endlich. Der Geschichtslehrer geht hinaus, und der
Mathe-Lehrer kommt ins Klassenzimmer.

Wie stehen auf. sagen „Guten Morgen" und setzen
uns. Dann fängt der Lehrer an, den Fehlersprung
zu erläutern, dann, wie viele Noten es von Eins bis
Sechs gibt. Nur einen Einser! Jetzt fängt er auch noch
an, die Schulaufgabe zu verbessern, und wir müssen
mitschreiben. „Mensch, kann der die Schulaufgabe
nicht gleich herausgeben", denke ich genervt. Ich werde
immer nervöser. Und dann, endlich, gibt er sie heraus.
Drei Schüler sind vor mir dran, dann geht er auf mich
zu. „Hilfe!" Er legt die Schulaufgabe auf meinen Tisch.
Ich drehe sie sofort um, so dass ich die Note nicht sehen
kann. „Oh Gott, wenn das jetzt eine Sechs ist", denke ich.
Dann, langsam, hebe ich die Schulaufgabe an. Ich habe
eine Zwei. „Na ja", denke ich, „dann wird es eben dieses
Jahr eine Drei im Zeugnis."

Philip:

Als ich an diesem Morgen im Klassenzimmer ankomme,
weiß ich sofort, dass wir heute unsere Mathe-Schulaufgabe rausbekommen, denn meine Klassenkameraden
reden schon ganz aufgeregt darüber. Als es klingelt,
setzten wir uns ganz schnell auf unsere Plätze, weil wir
sonst womöglich die Schulze doch nicht rausbekommen!
Manchmal wäre mir das sogar lieber.

Unser Lehrer erscheint mit dem Rucksack, der schon
nach dem Grauen riecht, das in ihm steckt. Wir müssen
aufstehen. wenn er uns begrüßt. Das Begrüßen hört
sich ungefähr so an: „Guten Morgen!" Wir antworten

darauf im Chor: „Guten Morgen, Herr S.!" Das ist jeden Tag so. Danach dürfen wir uns hinsetzen. Nun packt er seinen Rucksack aus und da sehe ich schon das Grauen in seinem Ordner. Langsam macht sich ein komisches Gefühl in meiner Magengrube breit. Wie immer fragt ein Schüler: „Herr S., bekommen wir jetzt die Schulaufgabe raus?" Er antwortet ebenfalls wie immer: „Am Ende der Stunde."

Ich hasse es, wenn er diesen Satz sagt, denn jetzt bekomme ich noch mehr Bauchweh und kann mich vor Aufregung nicht richtig auf den Unterricht konzentrieren. Mein Bauchweh wird nun immer stärker und stärker. Ich fange an zu glauben, dass ich die schlechteste Note in der Klasse habe. Mein Banknachbar scheint dasselbe zu denken wie ich. Fünf Minuten bevor der erlösende Gong ertönt. ist es so weit. Der Lehrer öffnet den Ordner des Grauens und holt die Schulaufgabe heraus. Zum Glück gibt er uns die Arbeiten nicht alphabetisch heraus, da wäre ich schon als Siebter dran. Als er schließlich meinen Namen ruft, klopft mir das Herz bis zum Hals und ich meine, dass ich jeden Moment tot umfalle. Die Blicke meiner Klassenkameraden spüre ich in diesem Augenblick wie Nadelstiche im Rücken. Als ich dann die Arbeit in meinen Händen halte, ist schlagartig alles Bauchweh weg, auch wenn ich keine so gute Note bekommen habe. Ich fühle mich irgendwie erleichtert und bin froh, dass alles vorbei ist.

Laura:

Es ist Freitag. Unsere Deutschlehrerin hat gestern gesagt, dass wir die Schulaufgabe rausbekommen werden. Ich gehe langsam die Straße entlang und überlege, was ich wohl haben werde. Eigentlich ging's mir recht gut, aber dieser Höhepunkt, ich bekomme ihn nicht hin! Vielleicht habe ich eine Fünf oder eine Vier. Der Höhepunkt, find ich, ist das Schwierigste. Vor der Schule begegne ich Julia, meiner Banknachbarin. Auch sie denkt schon nach, was sie hat. Desto weiter ich in die Nähe des Klassenzimmers komme, desto mehr bin ich aufgeregt. Als ich ins Klassenzimmer gehe, fällt mein Blick sofort an die Tafel, wo Deutsch steht. Ich gehe mit Julia auf unsere Plätze, und schon gongt es. Ich zitter und zitter. Frau Q. betritt die Klasse. Ich werde immer aufgeregter, während Frau Q. über die Arbeit spricht. Und schon ist es so weit. Der

Schweiß läuft mir eiskalt den Rücken hinunter. Frau Q. sagt meinen Namen. „Oh nein!" denke ich und spüre, wie mein Herz in die Hosentasche rutscht. Frau Q. legt die Schulaufgabe auf meinen Tisch. Bibber, Bibber. Jaaaa, es ist eine Zwei! Juhu! Ich freue mich. Nie hätte ich das gedacht.

Nadine:

Heute bekommen wir in der 2. Stunde die Mathe-Schulaufgabe heraus. Auf dem Weg vom Bahnhof zur Schule bin ich total aufgeregt. Ich gehe wie immer mit Kira und Teresa zur Schule, da wir im selben Bus fahren. Beide sind auch aufgeregt.

Endlich sind wir in der Schule angekommen. Wir gehen ins Klassenzimmer und setzen uns auf unsere Plätze. Jetzt haben wir Französisch. Frau B. betritt das Klassenzimmer und erklärt irgendetwas über Nomen und Verben. Ich schaue mich verstohlen um. Keiner scheint richtig bei der Sache zu sein. „Nadine!", flüstert Teresa mir zu. „Was ist?", frage ich und drehe mich zu ihr um. „Wie lange haben wir noch?" Ich schaue auf die Uhr und antworte: „Fünf Minuten." „Aha. Meinst du, dass Herr S. die Schulaufgabe gleich rausgibt?", fragt mich Teresa. Ich zucke die Schultern und antworte: „Vielleicht."

Jetzt gongt es! Frau B. verlässt das Zimmer. Ich werde noch aufgeregter. Was, wenn ich eine Sechs habe und wie bringe ich das meinen Eltern bei? Herr S. kommt herein. Er grüßt uns, gibt den Schnitt bekannt und sagt, dass es 3 Einser, 7 Zweier, 8 Dreier, 8 Vierer, 4 Fünfer und 2 Sechser gab. Teresa und ich schauen uns an und es ist klar, dass wir dasselbe denken: 2 Sechser, einer für mich und einer für Teresa.

Herr S. fängt an, die Schulaufgaben auszuteilen ...
„Teresa, gut", sagt er zu ihr und gibt ihr die Arbeit. Sie hat eine Drei! Jetzt gibt er mir meine Schulaufgabe ...
Auch eine Drei!!! Ich bin sehr froh, dass ich noch eine Drei und keine Sechs habe.

Eva Schmoll

Wie aus „dummen Kindern" kluge Kinder werden
Die Leiterin der Nikolaus-August-Otto-Oberschule, Berlin,
berichtet.

**Sie sind eine besondere Schule: Zu Ihnen kommen
vor allem sehr schwache Schüler und Schülerinnen
aus ganz Berlin. Dennoch bieten Sie Haupt- und Real-
schulabschluss an. Wie machen Sie das?**
Also, wir haben uns vor 25 Jahren überlegt: Wie
muss man Schule anders denken? Die Kinder und die
Gesellschaft haben sich verändert und wir können nicht
mehr so weitermachen wie gehabt. Dann haben wir vor
20 Jahren einen Schulversuch genehmigt bekommen, in
dem wir den Tag neu organisiert haben. Ausgangspunkt
war: Wir machen einen Test in den 10. Klassen und
gucken mal, was ist in den 10 Jahren Schule hängen
geblieben. Und das Ergebnis war so niederschmetternd,
dass wir völlig frei waren, und gesagt haben: Wenn denn
gar nichts hängen bleibt, dann können wir auch alles
ganz anders machen, denn schlimmer als das, was ist,
kann es nicht mehr werden.

In diesem Test waren auch Realschüler dabei, die da
völlig versagt haben. Es gab Schüler, die haben sofort
den Stift weggelegt und gesagt: Das kann ich nicht. Und
es gab auch welche, die in Mathe eine Eins hatten und
trotzdem konnten sie es nicht. Also auch die Besten,
die wir an dieser Schule hatten, haben kläglich versagt
in diesem Test. Und wir haben festgestellt, dass sie
offensichtlich kurzfristig abspeichern können und das
spucken sie dann in den Prüfungen aus.

Aber das sagt nichts über das Lernen aus. Sie können
sich nichts herleiten und sie kennen keine Zusammenhänge. Sie haben ganz offensichtlich nichts begriffen.
Wir haben feststellen müssen, dass das Wissen nicht
verankert ist. Sie können nur auswendig lernen, aber
das können auch geistig behinderte Kinder in einem
gewissen Rahmen. Aber über das Lernen, was ja der
eigentliche Auftrag einer Schule ist, sagt es nichts aus.
Und dann haben wir uns überlegt: Wie müsste Schule
sein? Und daraufhin haben wir entschieden: Mathematik
und Deutsch brauchen sie jeden Tag, da hatten sie
richtige Hänger. Wir haben daher tägliche Trainingspha-

sen in diesen beiden Fächern. Und den ganzen anderen Unterricht haben wir vernetzt und themenzentriert, außer Englisch und Sport, die werden noch einzeln unterrichtet. Wir haben ab 11 Uhr ein Unterrichtsthema eine ganze Woche lang, manchmal sogar drei Wochen am Stück.

Kennenlern-Phase

Das geht in der 7. Klasse los mit dem Projekt: Wir lernen uns kennen. Wir nehmen die Schüler mit den stärksten Belastungen. Wir wissen: Das sind Schüler, die kein Regelverhalten haben, die Lerndefizite haben, die Wahrnehmungs- und Konzentrationsstörungen haben. Es sind die Schüler mit den schwierigsten Biographien, Kinder mit den stärksten Krankheiten, Integrationskinder, viele Heimkinder, d.h. wir haben schon eine ganz besondere Klientel. Wir haben aber auch die besseren Bedingungen. Wir haben immer zwei Lehrer in der Klasse. Und von daher müssen wir uns auch für diese Kinder, die uns am nötigsten brauchen, zur Verfügung halten. Wir können jetzt nicht sagen: Da sollen die anderen Schulen damit klar kommen. Wir nehmen uns die Sahnehäubchen vom Kuchen.

Wir haben ja auch für dieses andere Konzept sechs zusätzliche Lehrerstellen bekommen, was für eine kleine Schule von 200 Schülern enorm viel ist. Deshalb sehen wir das auch für uns als Auftrag. Dadurch, dass alle Klassen Integrationsklassen sind, sind noch weitere Stunden dazu gekommen, so dass wir tatsächlich zwei Lehrer pro Klasse haben. Und ein Team von zwei bis drei Lehrern, die alle Fächer in dieser Klasse unterrichten. Das heißt, es ist fast eine familienähnliche Situation.

In jedem Team sind ein Mann und eine Frau tätig, also „Vater und Mutter", weil viele dieser Kinder keinen Vater haben, ihn nicht einmal kennen. Wir Frauen können den Jungs zwar Grenzen setzen, aber wir sind nicht die männlichen Vorbilder. Und deshalb achten wir sehr darauf, dass in jeder Klasse „Vater" und „Mutter" sind. Da sie alle Fächer unterrichten, findet auch eine sehr enge Anbindung an die Lehrer statt, weil die Jugendlichen in ihrer Kindheit das Vertrauen zu den Erwachsenen verloren haben. Sei es, weil die Erwachsenen unzuverlässig waren, oder weil die Grundschule diesen einen schlechtesten Schüler nicht mehr so bedienen konnte, wie er es gebraucht hätte. In Klassen mit über 30 Schülern in der Grundschule übersieht man schnell das eine Kind, das seit Jahren nichts mehr mitbekommt. Und die Jugendlichen entwickeln dann eine Einstellung, dass sie dumm sind, dass sie faul sind und dass sie selbst verantwortlich sind für ihr Scheitern in der Schule. Und mit dieser entmutigenden Einstellung kommen sie zu uns und haben erst einmal auf gar nichts Lust.

Und dann geht es darum, den Jugendlichen ihre Stärken zu zeigen und ihnen deutlich zu machen: Bei uns bist du willkommen - nicht: Dich mussten wir nehmen. Sondern: Wir haben dich für diese Schule ausgewählt. In diese Schule werden pro Schuljahr 250.000 € zusätzlich investiert. Das ist ein wahnsinniger Vorteil gegenüber anderen Schulen.
Und den wollen wir für dich, für uns, für alle nutzen. So starten wir immer mit dem Projekt: Wir lernen uns kennen. Und immer der Schlechteste einer Grundschulklasse kommt zu uns, d.h. die kennen sich gar nicht, weil sie von überall und weit her kommen.

Beobachtung
Wir machen in diesem Projekt ganz viele Spiele, z.B. mit Partner-Interviews und jeder stellt dann seinen Interviewpartner in der neuen Klasse vor. Und schon während dieser Interviewphase können die Lehrer beobachten, wie sich wer entwickelt. Wenn einer nichts aufschreibt, ist das schon der erste Hinweis darauf, dass er vielleicht gar nicht lesen und schreiben kann. Oder, wer stellt keine Fragen, wer nimmt keinen Kontakt auf usw.

Das ist die Zeit der Beobachtung und Diagnose für uns: Welche Schüler haben wir vor uns? Und bei welchem Schüler müssen wir ganz vorsichtig sein? All das checken wir ab, um einen sanften Einstieg in das schulische Lernen zu ermöglichen, denn die, die hier sind, haben ja in der Schule versagt bis jetzt. Und so gehen wir ganz vorsichtig ran und nach vier Wochen des Kennenlern-Projekts machen wir eine kleine Fahrt und wenn wir wieder zurückkommen, dann steigen wir in den Unterricht ein.

Elterntraining

Eltern und Lehrer lernen sich kennen – als Partner
Eine weitere Geschichte ist, dass die Eltern, die ihre
Kinder hier anmelden, ein Elterntraining zu Erziehungs-
fragen bei uns absolvieren müssen, sonst nehmen wir
das Kind nicht auf. Die machen 10 x 2,5 Stunden Elterntraining, nachdem sie ihr Kind angemeldet haben und
bevor das Kind aufgenommen wird. Das Elterntraining
wurde im Lauf der Jahre mit den Eltern gemeinsam
entwickelt, es ist sehr wachstumsorientiert und passt
sehr gut zu unserer Schule. Wir sprechen nicht nur über
Erziehung, sondern ich zeige ihnen auch alle Elemente,
die wir im Unterricht verwenden, also Kommunikations-
training, Teamtraining usw., diese Methoden lernen die
Eltern im Elterntraining kennen, damit sie wissen, wovon
ihre Kinder sprechen.

Und ich sage auch den Eltern: Wir sind eine Schule, die
sich einmischt. Da, wo wir Gesprächsbedarf sehen, da
werden wir Sie auffordern, zum Gespräch zu kommen.
Daher: Überprüfen Sie, ob unser Konzept zu Ihnen passt.
Und die Eltern fühlen sich bei uns willkommen geheißen.
Wir haben gesehen, dass nicht nur das Kind als Klassen-
schlechtestes ein Außenseiter war, sondern die Eltern
auch. Wenn die auf üblichen Elternabenden waren, ging
es oft um Themen, die am Problem, das ihr Kind hatte,
total vorbeigingen und dann blieben sie einfach weg.
Und die Schule sah nur, dass sich die Eltern nicht für die
Schule und ihr Kind interessieren. Für die Eltern war das
schon eine große Umstellung bei uns. Die waren oft so
verunsichert – bis wir Partner wurden.

Umwege sind Lernwege

Wir finden, dass Schüler ihre eigene Struktur finden
müssen. Sie müssen lernen sich selber zu strukturieren
und nicht immer nur unsere Struktur aufgedrückt
bekommen. Die können nicht immer nur zu mir laufen,
um Hilfe zu holen. Wenn ich selber mal beschäftigt bin,
dann müssen sie ihre eigene Struktur finden. Drum
verlasse ich auch mal in Situationen, die ungefährlich
sind, das Klassenzimmer, damit sie ihre Struktur finden
können. Das habe ich in 33 Jahren gelernt: Sie müssen
ihre Struktur finden und nicht unsere. Früher dachte
ich auch: Hier bist du, da willst du hin, dann nimm den
kürzesten Weg. Aber die Umwege, die diese Kinder

gehen, im Lernen, im Verhalten, in Allem, das sind langfristig ganz wertvolle und kostbare Schätze, weil sie an diesen Umwegen unglaublich wachsen. Und die bringen eine Vielfalt in das Leben dieser Jugendlichen, die in vielen Bereichen unvergleichbar ist. Erst gestern kam ein ehemaliger Schüler vorbei, der sehr schwierig war und als er unsere Schule verließ, dachten wir: Den haben wir nicht erreicht. Ein intelligenter Junge, aber immer Auflehnung und immer die anderen sind schuld. Und dann kam er gestern und hat uns voll Stolz erzählt, dass er das Fachabitur geschafft hat. Und das ist es: Hier lernen sie das Lernen. Der Test würde wahrscheinlich auch nicht besser ausfallen als damals, aber keiner würde den Test weglegen.

Jeder würde sich trauen anzufangen so gut er kann und, wenn Hilfsmittel zugelassen wären, dann würden die den Test in Null-Komma-Nix ausfüllen. Wenn die im Internet recherchieren könnten, wenn die Lexika benutzen dürften und sonst irgendwie an Informationen kommen könnten. Die können sich mittlerweile organisieren und auf den Punkt lernen, und mit einer Verzögerung von ein paar Jahren geht bei denen das Lernen weiter. Die kriegen nicht leichter eine Lehrstelle als andere Hauptschüler und deshalb gehen sie häufig weiter auf Schulen, auch, weil sie weiterlernen wollen. Ich glaube, dass wir den inneren Kern der Menschen erreichen, dass wir die Herzen öffnen können und diese Lernblockade auflösen können, hin zu: Ich bin wer, ich kann was, ich kann mich auch an Regeln halten und mich auch überwinden und Lernen hört mit der Schule nicht auf. Und obwohl wir so eine Negativauslese hier an der Schule haben, haben wir ein ganz buntes und vielfältiges Leben, das wir nutzen müssen. Und aus all den Defiziten, die wir hier haben, kann auch jeder was daraus lernen.

Die Kraft des eigenen Lernens

In meiner Klasse ist ein sehr stark lernbehinderter Junge, der konnte keinen Blickkontakt halten. Der sprach immer nur vor sich hin und fummelte mit irgendwelchen Bildchen herum. Inzwischen ist er in einem Jahr so toll gereift, dass er schon viele Male Blickkontakt hält und seine Bildchen nicht mehr braucht. Er ist viel selbstbewusster geworden und auch seine Mitschüler sagen, dass er jetzt mit ihnen öfter spricht. Und das sagen die härtesten Jungs, die, bei denen ganz schnell „Was ist das für ein Depp!" auf der Zunge liegt. Aber selbst die können Verständnis für den anderen lernen, in was für einer Not dieser Junge war, dass er sich verkriechen musste. Wir haben bessere Bedingungen hier als andere Schulen und natürlich kostet die Arbeit mehr Geld, das gibt es nicht zum Nulltarif, aber dann kann man wirklich ganz viel machen und ganz viel erreichen. Und es entsteht Enormes, was man vorher gar nicht absehen kann.

Statt Vorurteile – Kennen lernen!

Auch die Eltern erobern sich langsam den Lebensraum Schule, die eine Mutter bietet einen Nähkurs an, die andere einen Kochkurs und wieder eine andere möchte die Renovierung des Schülercafés übernehmen. Die Berührungsängste Lehrer-Eltern sind plötzlich weg. Vorher kamen die Eltern schon mit so einem unguten Gefühl, weil jeder seine eigene schwierige Schulzeit mitbringt. Die Schule hat sich keine Gedanken gemacht, warum die Eltern wegbleiben und jeder hat seine Vorurteile gepflegt. Jetzt lerne ich durch die Eltern-trainings, dass ich voller Vorurteile war: Jetzt hab ich die schon dreimal angerufen und die kommt nicht, die interessiert es eben nicht.

Jetzt sehe ich, was dahinter ist, und dass das eine viel längere Geschichte ist. Und ich nicht am Tage X, an dem ich eine Mutter kennen lerne, ansetzen kann, sondern dass ich ihre Geschichte mit berücksichtigen muss. Insofern, sind wir eine Schule, die immer weiterlernt. Wir haben den Anspruch an uns, in Bewegung zu bleiben. Wir holen die Kinder da ab, wo sie stehen, d.h., wenn sie nicht lesen und schreiben und rechnen können, dann dürfen sie das bei uns noch mal nachholen. Wir schauen immer, was kann dem einzelnen Kind nützen. Und es ist enorm, was sich dann tut.

Noten sind Briefe an die SchülerInnen

Wir haben verbale Beurteilungen. Die Schüler kommen natürlich mit vielen Fünfern und Sechsern zu uns, und so können wir mit Noten natürlich nicht weiter machen. Entweder müssten wir die Noten aushebeln, was keinen

Sinn macht, oder sie haben weiterhin schlechte Noten, aber das motiviert nicht. Wir geben von der 7. Klasse bis zur 10. Klasse verbale Beurteilungen und ab der 8. Klasse werden sie mit Ziffernzeugnissen ergänzt. Und in diesen eineinhalb Jahren sind doch schon ganz viele Lernblockaden gelöst, so dass sie durchaus deutlich bessere Zensuren bekommen als sie in der Grundschulzeit hatten. Die Verbalbeurteilungen werden direkt an die Schüler geschrieben, das sind vier bis acht getippte Seiten, und da kann man ihnen sagen, wie ihr Lernen ist.

Respekt vor der Persönlichkeit der Kinder

Wir arbeiten viel entspannter als Lehrer an anderen Schulen. Wir sind zu zweit in der Klasse und wenn mal alles schief läuft, dann gehen wir zusammen unter. Das Prinzip ist Deeskalation, d.h. schon bei der Anmeldung wird die ganze Familiengeschichte aufgenommen. Denn das, was wir da hören, sagt uns schon viel über das, was uns erwarten wird. Wenn wir da einen Schulverweigerer haben, dann spreche ich mit ihm schon in diesem ersten Gespräch darüber, was ihm helfen würde, sich vielleicht doch gegenüber Schule anders zu verhalten.

Oder jemand, der ein dickes Verhaltensproblem hat, den frage ich, ob er merkt, dass er jetzt sauer wird. Und wenn er es merkt, ob es ihm hilft, wenn er rausgehen und seine Wut ausagieren kann. Und die Schüler steigen da schon drauf ein und sie sind dann hinterher auch wieder bereiter am Unterricht teilzunehmen. Wir warten nicht ab, bis es schwierig ist, sondern wir versuchen den Punkt schon vorher zu finden. Jeder ist anders als der andere und jeder darf hier auf seinem Level lernen und dann ergeben sich auch viel weniger Konflikte, weil die Kinder nicht so überfordert sind. Wir finden es ganz wichtig, diesen Respekt im Umgang miteinander, Respekt vor den Defiziten der Kinder und Respekt vor der Persönlichkeit der Kinder.

Viel Arbeit – viel Erfolg

Die Unterrichtsvorbereitung ist schon enorm, denn wir können nicht mehr mit Büchern arbeiten, weil wir so eine heterogene Gruppe haben. Wir haben vom lernbehinderten Sonderschüler bis zum guten Realschüler, der nur ein massives Verhaltensproblem hat, alles. Und wir müssen alle Levels bedienen, d.h., dass wir alles Material selbst erstellen müssen und das ist enorm viel Arbeit. Da sitzen wir wahrscheinlich doppelt so lange wie jeder andere Lehrer. Und im Klassenzimmer benutzen wir die Zeit, um den Schüler individuell zu fördern, der etwas nicht versteht. Wir arbeiten im Team, jeder von uns kann sich auf einen oder zwei Schüler konzentrieren, die anderen arbeiten selbständig. Es ist ein entspannteres Arbeiten, aber vom Zeitaufwand ist es enorm. Das sagen wir aber auch den Kollegen, die sich bei uns bewerben.

Und wir dürfen uns auch die Lehrer aussuchen. Und wir haben auch immer öffentlich erklärt: Wenn die Verordnung nicht zu unseren Kindern passt oder zu dieser Schule, dann werden wir die Paragraphen eben so zurechtbiegen, wie wir sie brauchen. Wir können nicht 15 Jahre warten, denn da haben unsere Kinder keine Chance mehr. Aber es hat uns auch nie jemand einen Stein in den Weg gelegt. Da haben wir großes Glück und wir sind auch sehr dankbar für diese Unterstützung.

Schulversprechen der Schüler/innen
der Werner-Stephan-Schule Schuljahr 2009/2010

1.
Ich akzeptiere und respektiere jeden Lehrer, jede
Lehrerin und alle Schüler/innen – egal welcher Herkunft
oder mit welcher Behinderung.

2.
Es ist uns wichtig, dass die Toiletten an unserer Schule
sauber sind. Ich verlasse sie so, wie ich sie vorgefunden
habe.

3.
Ich nehme keine Waffen, Drogen oder rechtsradikale
Sachen mit in die Schule.

4.
Das Verbreiten pornographischer und gewalttätiger
Videos ist strengstens verboten.

5.
Sexuelle Belästigung ist in der Schulzeit und auf dem
Schulhof strengstens untersagt.

6.
Ich fange keinen Streit und keine Prügelei an, auch nicht
außerhalb der Schule bzw. vor anderen Schulen.

7.
Wenn ich in einen Konflikt verwickelt bin, wende
ich mich an die Vertrauensschüler oder im Notfall
an die Vertrauenslehrer/innen. Ich informiere keine
schulfremden Personen.

8.
Ich beschmiere das Schulgebäude nicht.

9.
Ich benutze kein fremdes Eigentum ohne vorherige
Erlaubnis.

10.
Wir rauchen nicht in der Schule.

Es wird nur vor der Schule hinter der roten Linie geraucht.

11.
Ich störe und belästige die Nachbarn in der Umgebung nicht. Bei Beschwerden wende ich mich an die Lehrer/innen.

Ich verspreche mich an die Regeln zu halten. Wenn ich das nicht tue, muss ich die Konsequenzen tragen.

Reiner Haag,
Vertrauenslehrer
Siegfried Arnz,
Schulleiter

Ein Versprechen an die Schulgemeinschaft und seine Folgen.
Lernkultur, Menschlichkeit und Eigenverantwortung versus Gewalt, Erpressung und Machtkämpfe
Erfahrungen aus der Werner-Stephan-Oberschule Berlin

Einleitung

An der Werner-Stephan-Oberschule im Berliner Bezirk Tempelhof-Schöneberg mit gemeinsamem Unterricht in allen Klassen von Schüler/innen mit und ohne Behinderung, einem Förderkonzept für ausländische Seiteneinsteiger aus zurzeit 35 verschiedenen Nationen, sowie einem umfassenden Betreuungskonzept ist unter dem Leitgedanken, eigenverantwortliches Lernen und Selbstwirksamkeit zu fördern, ein erfolgreiches Schulmodell entwickelt worden. Vor dem Hintergrund, dass in Berlin die Hauptschulen, die nur von ca. 10 % eines Schülerjahrgangs besucht werden, Sammelbecken für benachteiligte Jugendliche aller Art sind, heißt die Devise an der WSO:

Gegen Schulfrust neues Selbstbewusstsein und Lernerfolg ermöglichen in einem von Schüler/innen und Lehrer/innen gemeinsam verantworteten guten Schulklima und einer veränderten Lernkultur
• durch Zulassen und Fördern von Schülerverantwortung und Streitschlichterkompetenz
• durch Entwicklung individueller Lernwege mit individueller Förderung und Leistungsanforderung
• durch Koop-Unterricht mit durchgängigem 2-Pädagogenprinzip
• durch Entspannung und individuelle Betreuung u.a. in der Schulstation

• durch umfassende Berufsvorbereitung durch vielfältige Betriebspraktika und Beratung sowie den Arbeitslehre-Unterrichtsprojekten Schülerfirma und Cafeteria
• durch Seminarfahrten mit erlebnispädagogischen Elementen und Inhalten der Politischen Bildung
• durch die Nutzung einer eigenverantwortlichen Lehrer-arbeitszeitressource durch das 40-Minutenmodell

Mit diesem schulischen Gesamtkonzept arbeitet die Schule mit im Verbund Selbstwirksamer Schulen e.V., der nach PISA und Erfurt in seiner Greifswalder Erklärung umfassende Veränderung von Schule fordert. (...)

Die Entstehung des Versprechens an die Schulgemeinschaft

(...) Außerdem herrschte bei den Schüler/innen Unzufriedenheit mit der bestehenden Schulordnung.
Diese wurde wie auch an anderen Schulen üblich von den Lehrern/innen geschrieben und den Schüler/innen übergestülpt, um sie in erster Linie damit zu disziplinieren. Diese Schulordnung musste dann in den folgenden Jahren immer wieder und unzählige Male von Missetätern als Strafe abgeschrieben werden.

Allmählich jedoch reifte die Erkenntnis heran, dass ein solches Regulativ wie die Schulordnung für eine demokratische Schulgemeinschaft völlig unpassend ist.

Aus der Erkenntnis heraus, dass Schülermitverantwortung und demokratische Beteiligung im Schulleben nicht erreicht werden kann durch die totale Bevormundung seitens der Lehrer/innen, gab es den Impuls des Vertrauenslehrers an die Schülervertretung, selbst Vorstellungen zu entwickeln wie eine gemeinsame Ordnung von den Schüler/innen/ für die Schüler/innen aussehen könnte. Die Schülervertreter/innen erstellten daraufhin zum ersten Mal vor sieben Jahren auf einer SV-Tagung Regeln für das Zusammenleben an der Werner-Stephan-Oberschule, das „Versprechen an die Schulgemeinschaft". Seither gibt es jedes Jahr ein neues Versprechen. Einige Regeln werden beibehalten (Ich bringe keine Waffen und keine Drogen mit etc.), andere werden überarbeitet und neu formuliert, andere werden ergänzt.

Die Vorgehensweise ist immer die Gleiche:
Die Klassenstufenteams der Schülervertreter/innen
entwickeln in Arbeitsgruppen einen gemeinsamen
Vorschlag. Jede/r Schülervertreter/in überarbeitet das
Versprechen des letzten Jahre zunächst für sich selbst
und erstellt dann mit den anderen seines Jahrgangstuf-
enteams einen gemeinsamen Vorschlag. Aus den vier
Vorschlägen der Jahrgangstufen 7,8,9 und 10 wird dann
durch Vergleich, Diskussion und Vereinheitlichung das
neue Schulversprechen entwickelt.

In den darauffolgenden Tagen diskutieren die Klas-
sensprecher das neue Versprechen in den Klassen und
jede/r einzelne Schüler/in bekundet mit Unterschrift,
sich an diese Regeln halten zu wollen. Das neue
Versprechen wird dann mit den Unterschriften der
Schüler/innen in der Klasse ausgehängt.
Zum Halbjahr wird dann bei einer weiteren Tagung die
Wirksamkeit des neuen Versprechens evaluiert und
eventuelle Veränderungen oder Maßnahmen diskutiert.
Das Schulversprechen hat sich im Laufe der Jahre zu
einer wichtigen Säule der Schulgemeinschaft der Werner-
Stephan-Schule entwickelt.

**Das Konzept des Streitschlichtens an der Werner-
Stephan-Oberschule**
Die Klassensprecher/innen formulierten auf einer
SV-Tagung ihr Bedürfnis, mehr Kompetenz im Beilegen
von Streitigkeiten und Konflikten zu erwerben. Daraus
entwickelte sich das Konzept des Streitschlichtens an
der Werner-Stephan-Oberschule, das seit ca. 7 Jahren
erfolgreich durchgeführt wird. Streitschlichter und
Vertrauensschüler/innen greifen bei akuten Konflikten
ein, beenden den Streit, beruhigen die Streitenden und
führen erfolgreich Schlichtungsgespräche. Mittlerweilen
haben von 320 Schülern/innen der WSO ca. 80 das
Streitschlichten gelernt und greifen bei Streitigkeiten
ein. 26 Schüler/innen davon sind ausgebildete Vertrau-
ensschüler/innen, die den 7. Klassen als Paten zur
Verfügung stehen. Sie führen auch die Schlichtungsgespräche. Zum Gesamtkonzept der Schule gehört, dass
Konflikte nicht unter den Teppich gekehrt werden,
sondern ernst genommen, bearbeitet und gelöst werden.
Schlichtungsgespräche sind nicht freiwillig, sondern für

die Streitenden Pflicht, wenn sie nicht Disziplinarmaßnahmen ausgesetzt werden wollen.
Das Streitschlichtermodell hat sich als äußerst wirksam
in der schulischen Praxis erwiesen. Die Zahl der
klassischen Disziplinarmaßnahmen hat sich erheblich
verringert.

Konsequenzen dieser Entwicklung

Das Klima an der Schule wurde erheblich verbessert.
Die Schüler/innen empfinden die Schule als ihre Schule.
Das Selbstbewusstsein der Schülervertreter/innen hat
sich erheblich gestärkt. Nach dem Schülertreffen der
Partnerschulen des Verbunds Selbstwirksamer Schulen
formulierten sie, dass sie stolz wären auf die WSO zu
gehen. Trotz eines hohen Konfliktpotentials kommt es
kaum noch zu gewalttätigen Auseinandersetzungen.
In Konfliktsituationen versuchen die Schüler/innen,
ihre im Streitschlichtertraining gewonnene Kompetenz
anzuwenden.

Während ein Teil der Lehrer/innen noch nicht in der
Lage ist, sich von ihren alten „Schubladen", gefüllt mit
Misstrauen, Kontrolle und Machterhaltung, zu trennen
und mehr Partizipation und Verantwortung durch die
Schüler/innen zuzulassen, spricht der Erfolg für das
Konzept und überzeugt immer mehr:
Die „Versprechen an die Schulgemeinschaft", das
Zulassen und Fördern von Schülerverantwortung und
das Streitschlichterkonzept sind zu einem entscheiden-
den Bestandteil eines Schulklimas geworden, in dem es
auch schwierigen Schüler/innen gelingen kann, ihren
Möglichkeiten entsprechend erfolgreich zu lernen.

Informationen:

Homepage der Schule: *www.wso-berlin.de*
und Homepage der Selbstwirksamen Schulen:
www.selbstwirksameschulen.de

Offener Unterricht:
Kinder lernen nach eigenen Interessen

Der Pädagoge Dr. Falko Peschel beantwortet eine häufig gestellte Frage:

Was ist mit Kindern, die in einem Fach überhaupt nichts machen?

„Wenn ich mir früher in der Schule immer hätte aussuchen können, was ich hätte machen wollen, ich hätte nie Mathe gemacht ..." Diese Frage ist wahrscheinlich die mit Abstand am häufigsten gestellte Frage, die uns begegnet – vor allem, wenn wir mit Studierenden arbeiten (die auch an der Uni noch mit Pflichtklausuren, die oft nur maximal ein Fünftel aller Teilnehmer bestehen, nicht gerade zu Mathematikliebenden ausgebildet werden). Es scheint für viele Studierende oder Lehrer nach ihrer eigenen Schulzeit unvorstellbar zu sein, sich jemals freiwillig mit Mathematik (oder Physik) beschäftigt haben zu wollen. Wir halten das allerdings nicht für ein fachimmanentes Problem. Es ist viel wahrscheinlicher, dass die negative Einstellung zu den besagten Fächern aus jahrelangem Unterricht resultiert, der die ihnen innewohnende Faszination auf das unverstandene Reproduzieren von Formeln und Verfahren reduziert hat – anstatt den lernenden Schülern die hochspannenden Strukturen und Zusammenhänge bzw. die Erforschung von Gesetzmäßigkeiten und Naturphänomenen nahe zu bringen.

Das Spezialisieren auf bestimmte Fächer bzw. das Vermeiden eines bestimmten Faches konnten wir so nicht feststellen. Während einzelne Kinder bzw. Kindergruppen sich am Anfang eher länger nur einem bestimmten Fach und danach dann einem anderen gewidmet haben, ist dieses Arbeiten mit der Zeit immer gleichmäßiger geworden, so dass in den höheren Schuljahren meist alle Fächer an einem Tag vorkamen. Dies ist sicherlich auch darauf zurückzuführen, dass die Kinder immer zügiger gearbeitet haben und somit relativ mehr Zeit hatten, verschiedene Sachen anzugehen. Aber auch die Kinder, die über Wochen nur geschrieben haben, haben irgendwann gesehen, dass andere Kinder schon „mit so großen Zahlen rechnen" – und das wollten sie dann auch können. Daraufhin haben sie sich dann tagelang genauso

ausdauernd und motiviert mit Mathematik beschäftigt
wie vorher mit dem Schreiben.

Hätte man als Lehrer ein Schreibverbot und einen
Mathematikzwang ausgesprochen, wäre wahrscheinlich
in Bezug auf beide Fächer ein verheerender Motivations-
einbruch erfolgt. Vielleicht wäre den Kindern sogar die
ganze Lust auf eigenständiges Lernen bzw. die Schule
genommen worden – ein Phänomen, das im traditionellen Unterricht sogar empirisch belegt ist: je länger
die Kinder die Schule besuchen. desto weniger Lust
haben sie auf diese. Und genau das haben wir so nicht
erlebt. Es spricht nichts gegen Impulse oder Tipps des
Lehrers, aber ein Zwang scheint innerhalb des Bereichs
selbstgesteuerten Lernens nicht nur unlogisch, sondern
kontraproduktiv. Selbst die Kinder, die ein Fach oder
einen bestimmten Bereich, z.B. Mathematik oder Recht-
schreibung, wirklich nicht gerade geliebt haben, haben
allesamt darauf geachtet, dass sie zumindest „am Ball"
blieben. Durch das interessegeleitete Lernen konnten sie
ihren Interessen nachgehen – und hatten dadurch wahrscheinlich genügend Lernlust und Zeit, auch Interesse an
von ihnen weniger geliebten Fächern auszubilden.

*aus: Falko Peschel: Offener Unterricht. Idee, Realität,
Perspektive und ein praxiserprobtes Konzept zur
Diskussion. Teil II, 2009 249f*

Deutscher Schulpreis

Seit 2006 wird jährlich der Deutsche Schulpreis von
der Robert Bosch Stiftung und der Heidhof Stiftung an
hervorragende Schulen verliehen.
www.deutscher-schulpreis.de

Auswahlkriterien
Schulen müssen besondere Leistungen, gemessen an
ihrer Ausgangslage, in den Kernfächern, in sportlichen,
künstlerischen und anderen Bereichen vorweisen
können. Sie müssen produktiv mit Vielfalt umgehen und
die Besonderheiten aller SchülerInnen berücksichtigen
können.
Die Unterrichtsqualität bemisst sich daran, wie
selbständig die SchülerInnen in und außerhalb der
Schule ihr Lernen praktizieren. Verantwortung für sich

und andere und für Sachen in einem guten Schulklima und in einer Schule als lernende Institution zeichnen diese Schulen aus. Genauere Beschreibung der Kriterien: *http://schulpreis.bosch-stiftung.de*

2006
Grundschule Kleine Kielstraße in Dortmund
www.grundschule-kleine-kielstraße.de
Offene Schule Waldau in Kassel
www.osw-online.de
Jenaplan-Schule in Jena
www.jenaplan-schule-jena.de
IGS Franzsches Feld in Braunschweig
www.igs.ff.de
Max Brauer Schule in Hamburg
www.maxbrauerschule.de

2007
Robert-Bosch-Gesamtschule in Hildesheim
www.robert-bosch-gesamtschule.de
Helene-Lange-Schule in Wiesbaden
www.helene-lange-schule.de
Friedrich-Schiller-Gymnasium in Marbach
www.fsg-marbach.de
Carl-von-Linné-Schule in Berlin
www.linne-schule.cidsnet.de
Montessori-Oberschule in Potsdamm
www.potsdam-montessori.de

2008
Wartburg-Grundschule in Münster/NRW
www.wartburg-grundschule.de
Grund- und Hauptschule mit Werkrealschule in Altingen/ Baden-Württemberg
http://inhalt.altinger-konzept.de
Gymnasium Schloß Neuhaus in Paderborn
www.gymnasium-schloss-neuhaus.de
IGS Bonn-Beuel in Bonn
www.gebonn.de
Schule am Voßbarg in Rastede/Niedersachsen
www.schuleamvossbarg.de
Grundschule im Grünen in Berlin
www.grundschule-im-gruenen.de

Werkstattschule in Bremerhaven
www.werkstattschule-bremerhaven.de

Weitere Schulen, die für den Deutschen Schulpreis
nominiert wurden:
http://schulpreis.bosch-stiftung.de

Im Jahr 2009 wurde kein Schulpreis verliehen.
Die Auswahl für 2010 läuft.

Literaturliste

- Bambach Heide 1994: *Ermutigungen. Nicht Zensuren. Ein Plädoyer in Beispielen. Ch-Lengwil*

- Baumert, Stanat, Watermann (Hg.) 2006: *Herkunftsbedingte Disparitäten im Bildungswesen. Vertiefende Analysen im Rahmen von PISA 2000, Wiesbaden*

- Baumert, Jürgen u.a. 2009: *Frühübergang in ein grundständiges Gymnasium – Übergang in ein privilegiertes Entwicklungsmilieu? Ein Vergleich von Regressionsanalyse und Propensity Score Matching. Zeitschrift für Erziehungswissenshaften H.2, 189-215*

- Baumgart/Lange/Wigger, Hg. 2005: *Theorien des Unterrichts, Bad Heilbrunn*

- Bayerwaltes Marga 2002: *Große Pause! Nachdenken über Schule, München*

- Beutel Silvia-Iris 2005: *Zeugnisse aus Kindersicht, Kommunikationskultur an der Schule und Professionalisierung der Leistungsbeurteilung, Weinheim, München*

- Bohl Thorsten 2001: *Prüfen und Bewerten im Offenen Unterricht, Neuwied, Kriftel*

- Bos W. u.a. 2003: *Erste Ergebnisse aus IGLU. Schülerleistungen am Ende der 4. Jahrgangsstufe im internationalen Vergleich, Waxmann Münster, New York, München, Berlin*

- Bos W. u.a. Hg. 2004: *Einige Länder der Bundesrepublik Deutschland im internationalen Vergleich, Waxmann Münster*

- Brügelmann Hans 2005: *Schule verstehen und gestalten. Perspektiven der Forschung auf Probleme von Erziehung und Unterricht, Konstanz*

- Czisch Fee 2004: *Kinder können mehr. Anders lernen in der Grundschule, München*

de Groot Adriaan D. 1971: *Fünfen und Sechsen. Zensurengebung: System oder Zufall. Berlin, Basel*

- Dimenäs/Andresen/Cruickshank/Ojala/Ratzki 2006: *Our Children – How can they succeed in school? A European Project about Mixed Ability and Individualised Learning, Jyväskylä, Finland*

- Dobert Hörner u.a. 2002: *Die Schulsysteme Europas. Grundlagen der Schulpädagogik, Hohengehren*

- Expertise des Grundschulverbandes 2006: *Brügelmann Hans u.a.: Sind Noten nützlich und nötig? Ziffernzensuren und ihre Alternativen im empirischen Vergleich. Frankfurt*

- Farnkopf/Riechert/Schnorbach 2006: *Vergleichsarbeiten in der Grundschule. In: hlz Zeitschrift der GEW Hessen für Erziehung, Bildung, Forschung, 12/2006*

- Christian Füller 2008: *Schlaue Kinder; schlechte Schulen. Wie unfähige Politiker unser Bildungssystem ruinieren – und warum es trotzdem gute Schulen gibt. München*

- Christian Füller 2009: *Die gute Schule. Wo unsere Kinder gerne lernen. München*

- Götz Margarete/Müller Karin, Hg. 2005: *Grundschule zwischen den Ansprüchen der Individualisierung und Standardisierung. Wiesbaden*

• Hartinger Andreas/ Fölling-Albers 2002: *Schüler motivieren und interessieren. Bad Heilbrunn 2002*

• Hartmann Michael 2002: *Der Mythos von den Leistungseliten. Frankfurt/Main*

• Heid Helmut 1996: *Was ist offen im Offenen Unterricht? In: Zeitschrift für Pädagogik, 34. Beiheft, Weinheim, Basel 1996, 159-172*

• Heid Helmut 1991: *Problematik einer Erziehung zur Verantwortungsbereitschaft, Neue Sammlung 31, H.3, 459-481*

• Heimlich Ulrich 2009: *Lernschwierigkeiten, Bad Heilbrunn*

• Hentig Hartmut von 2003: *Schule neu denken. Eine Übung in pädagogischer Vernunft. Weinheim*

• Hentig Hartmut von 1985: *Die Menschen stärken, die Sachen klären. Reclam Ditzingen 1985*

• Herrmann Ulrich 2005: *Die nationale Testservice-Agentur IQB. Der Abgesang auf pädagogische Schulentwicklung. In: Neue Sammlung. 2/2005, 299-306*

• Höhmann, Katrin/ Rainer Kopp/Heidemarie Schäfers/Marianne Demmer 2009: *Lernen über Grenzen. Auf dem Weg zu einer Lernkultur, die vom Individuum ausgeht, Opladen und Farmington Hills*

• Holzapfel Hartmut 2003: *Von Finnland nach Bayern. In: Neue Sammlung 4/2003, 427-435*

• Huisken Freerk 2001: *Erziehung im Kapitalismus. Von den Grundlügen der Pädagogik und dem unbestreitbaren Nutzen der bürgerlichen Lehranstalten. Hamburg*

• Huisken Freerk 2005: *Der PISA-Schock und seine Bewältigung. Wieviel Dummheit braucht/verträgt die Republik? Hamburg*

• JacobsonLenore/RosenthalRobert 1970: *Schüler leisten, was ihre Lehrer von ihnen erwarten. In: betrifft: erziehung, 12/1970*

• Jahnke Thomas 2006, *Bildung verflacht. In: hlz Zeitschrift der GEW Hessen für Erziehung, Bildung, Forschung, 12/2006*

• Ingenkamp Karlheinz (Hg.) 1971/1977: *Die Fragwürdigkeit der Zensurengebung, Weinheim, Basel*

• Jachmann Michael 2003: *Noten oder Berichte? Die schulische Beurteilungspraxis aus der Sicht von Schülern, Lehrern und Eltern, Opladen*

• Jürgens Eiko 2005: *Leistung und Beurteilung in der Schule, St. Augustin*

• Jürgens Eiko 1999: *Zeugnisse ohne Noten, Braunschweig*

• Kegler Ulrike 2009 *In Zukunft lernen wir anders. Wenn die Schule schön wird. Weinheim*

• Kehlmann Daniel 2006: *Die Vermessung der Welt, Reinbek bei Hamburg*

• Key Ellen 1902: *Das Jahrhundert des Kindes*

• Klaus Klemm 2009: *Klassenwiederholungen – teuer und unwirksam. Bertelsmann Stiftung*

• Klieme Eckhard 2003: *Bildungsgerechtigkeit zu fördern, ist ein wesentliches Ziel. Interview aus: Erziehung und Wissenschaft 2/2003*

• Lanig Jonas 2004: *Gegen Chaos und Disziplinschwierigkeiten, Mühlheim an der Ruhr*

• ders. 2006: *Schüler auf Vergleichstests vorbereiten, Mülheim an der Ruhr*

• ders. 2006: *Lehrer verändern die Schule jetzt, Mühlheim an der Ruhr*

• ders. 2008: *Bessere Chancen für alle durch individuelle Förderung*

• Liegmann Anke Barbara, 2008: *Schulformwechsel. Perspektiven auf schulische Selektionsprozesse, Bad Heilbrunn*

• Lübke Silvia-Iris 1996: *Schule ohne Noten, Opladen (Diss.)*

• Maier Markus 2001: *Das Verbalzeugnis in der Grundschule. Anspruch und Wirklichkeit. Landau*

• Merkelbach Valentin 2004: *Schule ohne Noten – wie soll das gehen? Dialogische Leistungsbewertung als Element einer anderen Lernkultur. In: PISA-Info 01/2005 (GEW-Informationen)*

• Merkelbach Valentin 2007: *Wozu ein Hauptschulabschluss ohne Hauptschule? In: PISA-Info 01/2008 (GEW-Informationen)*

• Olechowski R./Rieder Karin 1990: *Motivieren ohne Noten. Wien, München*

• Peschel Falko 2009: *Offener Unterricht. Idee, Realität, Perspektive, Bd I und II, Baltmannsweiler (Hohengehren)*

• PISA-Konsortium Deutschland 2005: *PISA 2003, Der zweite Vergleich der Länder in Deutschland – Was wissen und können Jugendliche? Münster, New York, München, Berlin*

• Preuss-Lausitz (Hg.) 2008: *Gemeinschaftsschule – Ausweg aus der Schulkrise? Konzepte, Erfahrungen, Problemlösungen, Weinheim und Basel*

• Ratzki Anne 2006: *Erziehung und Wissenschaft, Januar 2006, 25*

• Ratzki Anne 2009: *Verlockende Zweigliedrigkeit, PISA-INFO 9/2009, GEW-Informationen*

• Ratzki Anne 2003: *Leistung bewerten. Was Noten leisten – und was nicht. Lernende Schule 21/2003, 4-7*

Richter Ingo 1999: *Die 7 Todsünden in der Bildungspolitik, München, Wien 1999*

• Riegel Enja 2004: *Schule kann gelingen! Wie unsere Kinder wirklich fürs Leben lernen. Die Helene-Lange-Schule in Wiesbaden. Frankfurt/M*

• Roeder P.M. 1997: *Entwicklung vor, während und nach der Grundschulzeit. In: Weinert/Helmke (405-421)*

• Sacher Werner 1994: *Prüfen – beurteilen – benoten: theoretische Grundlagen und praktische Hilfestellungen für den Primar- und Sekundarbereich, Bad Heilbrunn*

• Sauer/Gamsjäger 1996: *Ist Schulerfolg vorhersehbar? Die Determinanten der Grundschulleistung und ihr prognostischer Wert für den Sekundarschulerfolg, Göttingen*

• Schäffer Fritz 2006:
Hilflose Augenärzte
in: Bayerische Schule
1/2006, 21

• Schumann Brigitte
2007: *„Ich schäme mich*
ja so!" Die Sonderschule
für Lernbehinderte
als „Schonraumfalle",
Klinkhardt, Bad Heilbrunn

• Schumann Brigitte
2009: *Pragmatische*
Scheinlösungen oder
ein demokratisches
Schulsystem. Wider
die Zweigliedrigkeit.
PISA-INFO 10/2009,
GEW Informationen

• Seidl Roland 2009: *Reißt*
diese Schulen ein! Wege aus
der Bildungskrise. München

• Singer Kurt 2009: *Die*
Schulkatastrophe. Schüler
brauchen Lernfreude statt
Furcht, Zwang und Auslese,
Weinheim und Basel

• Spitzer Manfred 2002:
Lernen. Gehirnforschung
und Schule des Lebens.
Heidelberg und Berlin

• Staatsinstitut für Schulqualität und Bildungs-
forschung: *Jahresbericht*
2004/2005: Neues Lernen
nach PISA, München

• Stähling Reinhard
und Wenders Barbara
2009: *Ungehorsam im*
Schuldienst. Der praktische
Weg zu einer Schule für alle.
Grundlagen der Schulpäda-
gogik Bd. 66, Hohengehren

• Stern Elisabeth u.a.
2005: *Lehr-Lern-Forschung*
und Neurowissenschaften:
Erwartungen, Befunde
und Forschungsperspek-
tiven, Bonn, Berlin

• Terhart Ewald 2002:
Nach PISA , Hamburg 2002

• Thiel Oliver 2005:
Modellierung der Bildungs-
gangempfehlung in
Berlin (edoc.hu-berlin.de/
dissertationen/thiel-oliver)

• Thum Hans W. 2005:
„Der neue Geist des
Lehrplans". Konsequenzen
für die Leisstungserhebung,
in: Staatsinstitut für
Schulqualität und
Bildungsforschung,
Neues Lernen nach PISA,
München, S. 173-177

• Valtin Renate Hg. 2002:
Was ist ein gutes Zeugnis?
Noten und verbale Beurtei-
lungen auf dem Prüfstand.
Weinheim, München

• VBE 2003: *Faire*
Leistungschancen
für alle? Sonderpäd-
agogische Förderung
zwischen Tradition und
Neuorientierung, Berlin

• Vierlinger Rupert
2009: *Steckbrief*
Gesamtschule, Wien, Köln

• Weinert/Helmke, Hg.
1997: *Entwicklung im*
Grundschulalter. Weinheim

• Welscher-Forche Ursula,
1999: *Lernen fördern mit*
Elementen des Szenischen
Spiels, Hohengehren

• Wengert Hans Gert
2000: *Leistungsbeurtei-*
lung in der Schule. In:
Bovet/Huwendiek (Hg.):
Leitfaden Schulpraxis.
Pädagogik und Psychologie
für den Lehrerberuf,
Berlin S. 240-263

• Wenzel Klaus 2006:
„Die wollen uns nichts
Böses." Bayerische
Schule 1/2006 18-21

• Ziegenspeck Jörg
1973/1977: *Zensur*
und Zeugnis in der
Schule, Hannover

Links

Aba-Fachverband

für offene, handlungsorientierte Arbeit mit Kindern und Jugendlichen, ein Verband für Kinder- und Jugendzentren, Abenteuer- und Bauspielplätze, Spielplatzgestaltung, Institutionen kinderfreundlicher Stadtplanung, der Ausbildung sowie der Interessenvertretung für Kinder und Jugendliche.
www.ABA-Fachverband.org

Aktion Mündige Schule

www.freie-schule.de
Das Schulwesen in der Zivilgesellschaft setzt auf Freiheit und mündige Bürger. Das Erbe des Obrigkeitsstaates in Deutschland behindert bis heute echte Reformen
Aktive und alternative Schulen
http://coforum.de

Archiv der Zukunft – Netzwerk

www.adz-netzwerk.de
Gegründet 2007 von dem Bildungsjournalisten Reinhard Kahl als Forum der Intelligenz der pädagogischen Praxis. Ein unfertiges, wachsendes Netzwerk von Bildungsakteuren, die neue Ideen für demokratische Schulen entwickeln. Filme von Reinhard Kahl: Treibhäuser der Zukunft - Kinder!

Behinderte Gemeinsam geht es besser!

www.eine-schule-fuer-alle.de

BER Bundeselternrat

www.bundeselternrat.de
Ansprechpartner der Landeselternräte

Bildungsklick

www.bildungsklick.de
Veröffentlichungen in Zeitungen, Zeitschriften, Pressemitteilungen u.a. zu Bildungsfragen

Blick über den Zaun

„... ist ein Verband reformpädagogisch orientierter Schulen, der seit 1989 besteht, um Schulentwicklung „von unten" zu betreiben. Ziel des „Blick über den Zaun" ist es durch regelmäßige wechselseitige Besuche (peer reviews), durch Tagungen und das Anwerben weiterer Schulen dazu beizutragen, dass Schulen im direkten Erfahrungsaustausch von einander lernen und einander anregen, ermutigen, unterstützen. Liste der über 100 beteiligten Schulen: *www.blickueberdenzaun.de*

BLLV Bayerischer Lehrer- und Lehrerinnen-verband	*www.bllv.de* Verband für LehrerInnen aller Schularten
Deutscher Schulpreis	*www.deutscher-schulpreis.de* und *http://schulpreis.bosch-stiftung.de*
Eine Schule für alle in Bayern e.V.	*www.eine-schule.de*
EU-Mail Projekt,	in dem sich LehrerInnen aus Großbritannien, Norwegen, Schweden, Finnland und Nordrheinwestfalen gegenseitig be- und untersuchten. Thema: Schule und Schulpolitik in Europa, *www.eu-mail.info*
Freie Schulen	*www.freie-alternativschulen.de*
Freinet Schulen	*http://freinet.paed.com* „Wenn es Kinder gäbe, die ausschließlich in der Schule gelernt hätten - und nirgendwo sonst - würde man den totalen Misserfolg dieser Lernform feststellen. Wir meinen, und die Erfahrung liefert uns in jedem Moment den Beweis, dass das Kind sich selbst erzieht - nicht durch von außen herangetragenen Unterricht, sondern durch experimentelles Versuchen im Leben selbst." Élise und Célestin Freinet
Forum Kritische Pädagogik	*www.forum-kritische-paedagogik.de* Herausgegeben von Prof. Ulrich Herrmann und anderen, bietet ohne die langen Vorlaufzeiten der Zeitschriften erziehungswissenschaftliche Informationen. Siehe auch die Internetzeitschrift „Pädagogisches Journal"
GEW Gewerkschaft Erziehung u. Wissenschaft	*www.gew.de* Gewerkschaft für alle im Bildungsbereich Tätigen von der Kinderkrippe bis zur Universität
GGG Gemeinnützige Gesellschaft Gesamtschulen	*www.ggg.de*
Georg Lind	Verteilt Medien- und Forschungsberichte – Presse und Info

Jena-Plan-Schulen	*www.jena-plan.de* Kerngedanken: • selbsttätiges Arbeiten • gemeinschaftliches Zusammenarbeiten und –leben • Mitverantwortung der Schüler- und Elternschaft
Länger gemeinsam lernen	*www.laenger-gemeinsam-lernen.de* Ein Schulsystem in einer demokratischen Gesellschaft hat die Aufgabe, alle Kinder entsprechend ihrer Möglichkeiten gemeinsam optimal zu fördern, nicht nur in ihren kognitiven Fähigkeiten, sondern ihrer Gesamtentwicklung.
Mittendrin e.V.	Der Verein setzt sich ein für inklusive Schulen. "Seit rund 25 Jahren gibt es in Deutschland Schulen, in denen jedes Kind willkommen ist und individuell gefördert wird. Die didaktischen Methoden für den zieldifferenten Unterricht sind entwickelt und weiter entwickelt worden. In Dutzenden von wissenschaftlichen Studien sind diese Unterrichtskonzepte begleitet und überprüft worden. Es ist alles erforscht und alles in der Praxis erprobt. Es ist Zeit für die Schule für Alle. Überall." *www.eine-schule-fuer-alle.info*
Montessori-Schulen	*www.montessori-deutschland.de*
Sudbury Schulen	*www.sudbury.de* 1968 gegründet in Sudbury Valley im US-Bundesstaat Massachusetts nach konsequent demokratischen Grundsätzen: Selbstbestimmtes Lernen ohne Lehrplan und ohne Schulstunden. Alle Angelegenheiten werden im Schulparlament diskutiert und beschlossen nach dem Prinzip: one man – one vote.
VBE **Verband Bildung** **und Erziehung**	*www.vbe.de* Er tritt für ein ganzheitliches Bildungs- und Erziehungsverständnis ein, das "den Menschen nicht auf seinen gesellschaftlichen Verwertungsnutzen reduziert."
Waldorf-Schulen	*www.waldorfschule.de*

Dank an alle

die mir ihr Wissen sagten, so dass ich lernen und dieses Buch schreiben konnte.

Dank vor allem an all die Schülerinnen und Schüler, die mir ihre Erfahrungen mitteilten, SchülerInnen aus allen Schularten in ganz Deutschland. Auch wenn eure Interviews nicht im Buch erscheinen – es wäre tausend Seiten dick geworden – eure Beiträge sind dennoch in die Abhandlung eingeflossen. Und – ihr habt mich immer ermutigt!

Dank an alle Lehrerinnen und Lehrer aller Schularten, die sich trotz Arbeit bis zum Anschlag Zeit nahmen, mich zu informieren über die Verhältnisse und Besonderheiten ihrer Schule und ihrer Schulart in ihrem Bundesland. Im Buch finden sich Wissen und Erfahrung nicht nur von Lehrenden aus vielen Teilen Deutschlands, sondern auch von Lehrenden aus den USA, aus Schweden, Finnland, Polen und Italien.

Im Buch werden einzelne Schulen genannt, die ich besucht und wo ich teilweise unterrichtet habe. Die Nennung dieser Schulen ist ungerecht. Es gibt unzählige andere, die zu nennen, genau so wichtig wäre. Man kann die meisten von ihnen in der Liste der Schulen von „Blick über den Zaun" einsehen.

Ich danke meinen Freundinnen und Freunden, mit denen ich in langen Gesprächen über Schule und Lernen nachdachte. Ich danke Andreas Hanika von der Heinrich-von-Stephan- Gemeinschaftsschule in Berlin-Moabit, zu dem ich als Ahnungslose kam und der mir die Impulse für alles weitere gegeben hat. Ich danke Matthias Hofbauer und Ursula Walther, meinen Lektoren und ich danke Ulli Sodemann, meinem mutigen Verleger.

Ich danke von Herzen Christine Huber und Brigitta Jankovics.

Ursula Leppert